# Bea Borelles
## Pferdetraining

Bea Borelle · Gudrun Braun

KOSMOS

| | |
|---|---|
| Der Pferdeplanet | 6 |
| Begeisterung und Freude beim Pferdetraining | 7 |

## Bewusst, befähigt, begeistert

| | |
|---|---|
| Leben mit Pferden | 9 |
| Meine Pferde | 10 |
| Meine Ausbilder | 14 |
| Aus Verstehen lernen und bewusst handeln | 15 |
| Motivation | 19 |
| Kommunikative Arbeitsatmosphäre: Auf dem Weg zur Begeisterung | 20 |
| Was ist Kommunikation? | 23 |
| Kreislauf der Kommandos | 24 |
| Spaß und Freude | 24 |
| Ermutigen und befähigen | 26 |
| Stimmliches Lob | 26 |
| Zu viel des Lobes? | 27 |
| Der niedliche Ben | 28 |
| Gut drauf? | 32 |
| Streicheln oder Handlob | 32 |
| Loben mit Futter | 33 |
| Wann füttert man? | 34 |
| Operationalisierende Konditionierung | 35 |
| Das Maß der Dinge | 37 |
| Trainingsziele stecken | 37 |
| Trainingszeit | 39 |
| Qualität des Ausbilders | 42 |
| Die richtige Umgebung | 42 |
| Freunde in der Nähe | 43 |
| Equipment und Co. | 43 |
| Autodidaktisches Training | 44 |
| Trainingszettel | 45 |
| Vielseitigkeit | 46 |
| Jedes Pferd ist anders, stimmt das? | 47 |

## Vertrauen und verstehen ist die Basis

| | 48 |
|---|---|
| Enstpannt und freudig starten | 49 |
| Freundschafts-TTouches | 49 |
| Körperarbeit | 52 |
| Spielidee Bergziege | 54 |
| Alltäglicher Umgang | 55 |
| Spielidee: Auftrensen vom Boden | 61 |

## Führtraining: Basisübungen

| | 64 |
|---|---|
| Pferde spüren Kompetenz | 65 |
| Weichen und folgen lassen, führen | 65 |
| Stimmkommandos | 69 |
| Führposition der Entspannung | 71 |
| Führpostion des energischen Vorwärts | 79 |
| Basisführposition | 81 |
| Führposition der Distanz | 85 |
| Führposition der Konzentration | 91 |
| Wechsel der Gangarten | 92 |
| Handwechsel | 93 |
| Dehnungshaltung in Volten und auf dem Zirkel | 93 |
| Vorhandwendung | 95 |
| Hinterhandwendung | 97 |
| Konterschulterherein und Schulterherein | 99 |
| **Trainingszettel:** 10 Minuten Führtraining für Einsteiger | 101 |
| **Trainingszettel: :** 10 Minuten Führtraining für Fortgeschrittene | 101 |

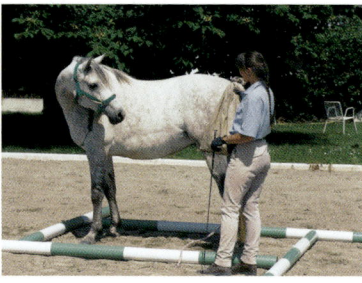

## Führtraining mit Hindernissen 103

| | |
|---|---|
| Spielen und trainieren | 103 |
| Die Statue | 104 |
| Klappersack | 106 |
| Podest | 107 |
| Brett und Wippe | 108 |
| Balancieren auf dem schmalen Brett | 110 |
| Stangen und Cavaletti | 111 |
| Stern | 114 |
| Übung mit Eimern | 115 |
| Reifen im Stangengang | 116 |
| Breites Reifenhindernis | 116 |
| Übungen mit Tonnen | 119 |
| **Spielidee:** | |
| Tonnengang mit Seilhalfter und frei | 120 |

## Arbeit an der Hand 122

| | |
|---|---|
| Dehnen und lösen an der Hand | 123 |
| Ausrüstung | 123 |
| Ab in die Dehnung | 124 |
| **Erste Übung:** | |
| Abrufbares Nachgeben im Unterkiefer | 126 |
| **Zweite Übung:** | |
| Extreme Dehnungshaltung | 128 |
| **Dritte Übung:** | |
| Flexionieren wie beim Reiten | 132 |
| **Vierte Übung:** | |
| Erste Dressurhaltung, Dehnungshaltung | 133 |
| **Der Kontakt zur Hand:** | |
| Drei Reaktionen und deren Korrekturen | 134 |
| **Fünfte Übung:** | |
| Dehnung nach links und rechts | 136 |
| **Sechste Übung:** | |
| Dehnen in Bewegung | 138 |
| Arbeit an der Hand | 138 |
| Flexioniert gehen | 140 |
| Bekanntes mit Neuem verknüpfen | 142 |
| Seitengänge | 144 |

## Reiten: Lösen, lockern, dehnen 158

| | |
|---|---|
| Gelöst, locker und in Dehnung reiten | 159 |
| Dehnungshaltung oder Erste Dressurhaltung | 161 |
| Spannung und Entspannung | 163 |
| Erste Dressurhaltung | 164 |
| Reiten in Dehnungshaltung | 165 |
| Flexionieren und Dehnen über das Zügelsignal | 166 |
| Pro und kontra Flexionierung | 167 |
| Stellung, Biegung, Flexionierung | 169 |
| Schenkel, Gewichts- und Zügelhilfen | 170 |
| Dehnen vom Sattel aus | 174 |
| Kontakt zur Reiterhand | 175 |
| Tempo | 179 |
| Dehnen im Schritt | 179 |
| Von extremer Dehnung zur Ersten Dressurhaltung | 180 |
| Dehnen in Volten und auf dem Zirkel | 182 |
| Figur der Acht | 183 |
| Handwechsel | 185 |
| Schlangenlinien | 186 |
| Rückwärtsrichten | 186 |
| Dehnen im Trab | 189 |
| Übergänge | 190 |
| Trabverstärkung | 192 |
| Galopp | 195 |
| Verlauf des Trainings | 200 |
| **Trainingszettel:** | |
| 10 Min. Reiten für Einsteiger | 201 |
| **Trainingszettel:** | |
| 10 Min. Reiten für Fortgeschrittene | 202 |
| Schulterherein | 202 |
| **Trainingszettel:** | |
| 5 Min. Reiten im Schulterherein für Einsteiger | 207 |

## Service 208

| | |
|---|---|
| Nützliche Adressen | 209 |
| Zum Weiterlesen | 210 |
| Register | 211 |

## > Der Pferdeplanet

Am 8.Oktober 1998 sah ich Bea und Ben zum ersten Mal zusammen arbeiten – im Vorfeld eines drei Tage dauernden Lehrganges, den Bea in Schneverdingen organisiert hatte. Ich beobachtete die beiden aufmerksam, ohne ein Wort zu sagen. Erst später erfuhr ich, dass Bea sich um den weiteren Verlauf des Lehrgangs große Sorgen machte: Sie befürchtete, einen dieser wortkargen Lehrmeister eingeladen zu haben, die vor lauter Einsilbigkeit bisweilen in völliges Schweigen verfallen. Die gibt es tatsächlich!

Doch mein Stillschweigen hatte andere Gründe. Zunächst einmal war ich beeindruckt, und ich musste nachdenken.

Beeindruckt... weil die Arbeit der beiden eine komplizenhafte Verbundenheit und eine Fröhlichkeit ausstrahlte, der man nur selten Zeuge wird. Spaß an der Dressurarbeit, das findet man in den Reitställen wahrlich nicht alle Tage!

Nachdenklich... Denn wie sollte man ergreifenden Schauspielern gegenüber von Technik sprechen, ohne den Zauber zu zerstören – auch wenn so manche Dinge hätten verbessert werden können? Die Dichter haben das Recht, sich in ihrer Ausdrucksweise ein paar Freiheiten zu nehmen. Ist es nicht genau das, was man unter „dichterischer Freiheit" versteht?

Ein Bild drängte sich mir auf: Ich stand als Antoine de Saint-Exupéry dem kleinen Prinzen gegenüber, der am langen Zügel mit seinem Schaf spielte. Nur dass es sich in diesem Fall um eine kleine Prinzessin handelte, und das Schaf in Wirklichkeit ein Pony in der Hohen Schule war.

Dieser erste Eindruck hat sich im Nachhinein weiter bestätigt. Bea ist der Kleine Prinz. Die Reife des Weisen gepaart mit der Frische und Fantasie der Kinder – diese Eigenschaften, die die Erwachsenen so schnell wie möglich zu verlieren trachten, weil sie sich so ernst nehmen. Wie unvernünftig!

In unserer Welt und in der Welt der Reiterei sind die kleinen Prinzen so selten und wertvoll wie das Wasser in der Wüste.

Alle diejenigen, die Kompetenz nicht mit Ernsthaftigkeit verwechseln und die so weise sind, ihre kindliche Seele zu bewahren, lade ich ein, den Planeten von Bea zu besuchen. Es ist ein ganz kleiner Planet, doch die Menschen dort besitzen genug Begabung, aus ihrem Pferd einen Freund zu machen.

Montréal-Les Sources
Philippe Karl

## › Begeisterung und Freude beim Pferdetraining

Ich möchte Ihnen mit diesem Buch die besondere Akzentuierung meiner Arbeit mit Pferden beschreiben, nämlich sich mit ihnen, den Pferden, in der gemeinsamen Arbeit miteinander zu freuen und das Training auf diese Weise sehr ansprechend zu gestalten.

Es fiel mir jedoch auf, dass dazu auch ein gehöriges Können notwendig ist, bis man sich in der Arbeit so sicher und vertraut fühlt, dass man selber Freude und Begeisterung ausstrahlen kann. Sie können anhand der Checklisten den Leistungsstand Ihres Pferdes überprüfen und somit an beliebigen Stellen des Buches einsetzen. Das Buch ist so aufgebaut, dass Sie die Themen unabhängig voneinander trainieren können, wenn Sie die entsprechende Vorarbeit mit Ihrem Pferd in der Vergangenheit geleistet haben.

Ein Buch bietet die Möglichkeit, in Ruhe und mit Muße zu lesen, nochmals nachzuschlagen, sich also Inhalte „Stück für Stück" zu erarbeiten. Der Text läuft Ihnen nicht davon. Lassen Sie ruhig einen Abschnitt auf sich wirken und durchleben Sie die angesprochenen Gedanken oder Anweisungen in den darauf folgenden Tagen mit Ihrem Pferd. Schritt für Schritt geht es voran.

Wenn Sie schließlich zusammen mit Ihrem Pferd auf den letzten Seiten angekommen sind, werden Sie sicherlich verstehen, dass man über die erfolgreiche Arbeit nicht nur zufrieden und stolz sein kann, sondern sich begeistert freut!

In diesem Sinne wünsche ich Ihnen viel Spaß und Erfolg im Training mit Ihrem Pferd.

Mein persönlicher Dank richtet sich an meine Co-Autorin Gudrun Braun für ihre hilfreiche Mitarbeit, an meinen geliebten Philippe für seine Zeichnungen und seine Anerkennung und vor allen Dingen an meine Freunde Elisabeth und Guyla von Barczay für ihre großartige Unterstützung beim Entstehen dieses Buches.

Montréal-Les Sources
Bea Borelle

## > Leben mit Pferden

Wenn ich mein Leben und mein Interesse an Pferden und ihrer Ausbildung verfolge, dann hat mich ein Thema stets bestimmt, nämlich: Wie kann ich einem Pferd bestimmte Inhalte vermitteln? Ist es möglich, zu hoher und perfekter Leistung zu kommen und weder auf dem Weg dorthin, noch beim Erreichen und Erhalten der hohen Leistung sein Pferd zu verschleißen? Ist dies überhaupt auf einem sanften, freundschaftlichen oder gar heiteren Weg möglich? Muss ich generell Druck ausüben oder womöglich das Pferd strafen?

Ich habe dabei in die verschiedensten Sparten des Reitens hineingeschaut, vom Springen bis zum Westernreiten, um feststellen zu können, welche Reitweise und Diszplin für mich wohl die Richtige wäre. Höchstleistungen faszinieren mich, daher ist deren Realisierung im Einklang zwischen Mensch und Pferd meine Kernfrage.

Die zweite Frage, die mich außerdem beschäftigt, ist: Kann ich mein Pferd mit der eigenen positiven Stimmungslage, z.B. Freude und Begeisterung, „infizieren"? Wenn ja, bekommt man dadurch auf die Dauer ein Pferd, das interessiert und begeistert mitmacht? Gibt es Pferde, die so gern ins Training wollen, dass sie sich regelrecht vordrängen? Kann man gewissermaßen Pferde zum Lachen bringen?

Letztendlich kam ich zu dem Ergebnis, dass mich die klassische Dressur als spezialisierte oder fortgeschrittene Arbeit mit dem Pferd am meisten interessiert und meinen Vorstellungen entspricht. Ich meine, dass man sein Pferd in der klassischen Dressur, sofern man sie korrekt durchführt, selbst in maximaler Leistung nicht zu Schaden reitet.

Wenn man dagegen an die Höchstleistungen im Westernsport denkt, zum Beispiel an Spins und Sliding Stops, dann würde ich diese als Lektionen beurteilen, die zu sehr zu Lasten des Pferdes gehen. Ähnliches findet bezogen auf Höchstleistungen auch im Springsport statt, und es kommt für mich nicht in Frage, Pferde zu verschleißen. Das wirft die Frage nach Sinn oder Unsinn dieser extremen Leistungen auf. Ist es sinnvoll, Pferde, da sie dieser Leistung nicht gewachsen sind, dafür zunächst zu züchten?

In klassischer Dressur sollte selbst das untalentierte und gehandicapte Pferd aus gymnastizierenden Gründen gearbeitet werden, auch wenn es nicht in Perfektion brillieren wird.

Eine besondere Form der Pferdeausbildung, in der ich zu ganz präziser und hoher Leistung kommen kann, sind Zirkuslektionen. Auch hierbei kann ich Pferde so trainieren, dass es nicht auf Kosten der Tiere geht.

**Ben strotzt vor Selbstbewusstsein.**

> ## Meine Pferde

Angefangen zu reiten habe ich im Alter von elf Jahren. Das war die Zeit, als es wohlstandsbedingt auf einmal viele Pferde gab, die aber nicht häufig genug bewegt wurden. Davon profitierte ich und zog los, ging im Dorf herum und fragte: „Darf ich Ihr Pony oder Pferd in Pflege nehmen und bewegen?"

Auf diese Weise konnte ich viele Jahre lang eine Rheinländer Stute namens Sabine reiten, die mich sicher durchs Gelände trug. Mit ihr konnte ich schlichtweg Pferd, Natur und Draußensein genießen, ich konnte den Lerchen beim Gesang zuhören und beim Ausritt den Rhein betrachten. Bei diesem Pferd stand ich vor keinen großen reiterlichen Anforderungen, weil Sabine eine sehr verlässliche Stute war. Sie war das erste Pferd, auf dem ich galoppierte und die mich über eine riesige Weide trug. Das war herrlich. Sabine vermittelte mir aber auch sehr viel Spaß dadurch, dass sie im Gelände im Galopp hohe Geschwindigkeit entwickelte. Ich genoss das Reiten in vollen Zügen und fand es faszinierend. Und dieses Gemisch aus Natur, Abenteuer und Zuverlässigkeit war es, was mich beim Reiten hielt. Vielen Dank, Sabine, für die unzähligen, schönen Stunden mit dir.

Immer wieder bekam ich „Zehnerkarten" für Reitstunden, insgesamt wohl an die drei oder vier. Es hielt mich jedoch wenig in den Reitschulen, weil mir die Atmosphäre nicht gefiel. Nach zweijähriger reiterlicher Pause begann ich dann während meines Studiums intensiv zu reiten, auch in Form einer Reitbeteiligung. Und dieses Reitbeteiligungspferd habe ich schließlich gekauft. Ich kaufte es, obwohl es ein sehr schwieriges Pferd war. Ich musste einen ganz neuen Weg einschlagen, den ich „offen sein für Möglichkeiten" nennen möchte.

Dieses Pferd war eine 5-jährige Anglo-Araber-Stute namens Monodie. Monodie war gefährlich, weil sie zeitweilig unkontrollierbar war und in diesen Momenten weder auf Menschen noch auf sich selber Acht gab. Was mich an dieser Stute reizte, war vor allem ihre Sensibilität und auch ihre Geschwindigkeit. Ursprünglich hatte ich vor, Monodie als Geländepferd zu nutzen – es stellte sich aber heraus, dass ich von einem „VW auf einen Porsche" umgestiegen war: Ich hatte meine zuverlässige Rheinländer Stute gegen einen Rennwagen getauscht.

Mir wurde schnell klar, dass ich den „Porsche" nicht „handeln" konnte – ich musste mich also umstellen, mich mit einer anderen Arbeitsweise auseinandersetzen und ganz neu einarbeiten, ein völlig anderes System entwickeln. Das Pferd war so schwierig, dass ich mit der Bodenarbeit begann, zu der es damals die ersten Bücher gab. Eine Freundin empfahl mir das erste Buch

**Monodie, Bea Borelles einst so schwierige Anglo-Araberstute**

von Linda Tellington-Jones. Mit Hilfe dieses Ratgebers begann ich, meine Stute systematisch an der Hand zu arbeiten. Ich schrieb mir die Inhalte auf Zettel, brachte sie in eine sinnvolle Reihenfolge und ging damit los in den Stall. Ich probierte, ob ich die Aufgaben der Reihe nach erarbeiten konnte, und fand heraus, was funktionierte und was nicht.

Mit Monodie entwickelte ich also mein eigenes, präzises Bodenarbeitsprogramm: Abrufbares Antreten, abrufbare Ruhe, abrufbares Anhalten, abrufbar auf der Linie bleiben. Daraus entstand die freie Arbeit in einer kleinen Halle, die man heute Round Pen nennen würde. Ich arbeitete mit ihr des Weiteren an der Longe, sodass ich, schon bevor ich Claus Penquitt oder Richard Hinrichs kennen lernte, mein Pferd in einer verhältnismäßig guten und soliden Verfassung hatte.

Nachdem ich mein Studium abgeschlossen hatte, begann ich als Sozialpädagogin zu arbeiten. Nun mangelte es mir an Zeit, mich Monodie so intensiv wie bisher zu widmen. Trotzdem wollte ich weiterkommen.

**Bea Borelle und Lusitano-Hengst Barros**

Dann tauchte Ben auf. Er war etwa dreieinhalb Jahre alt, biss, schlug aus, stieg und schrie nach Stuten, denn damals war er noch Hengst. Er war aufgeweckt, intelligent und hatte Charme – damit steckt er bis zum heutigen Tag noch jeden in die Tasche. Deshalb blieb er bei mir und wurde für mich zum grandiosen Lehrer.

Im Herbst 1996 kaufte ich den Lusitano-Hengst Barros (gesprochen Barusch), den ich, während ich in Portugal lebte, kennen gelernt und gearbeitet hatte. Allerdings stellte sich heraus, dass er eine unbeständige Gesundheit hatte. Nur einmal gelang mir ein Schaubild mit ihm: Ich stand auf seiner Kruppe und longierte Ben um uns herum. Ben zeigte dabei alle Gangarten und, während Barros gehorsam in der Statue verharrte, auch Spanischen Schritt. Er war außerordentlich eifersüchtig auf Ben, umso großartiger ist sein Gehorsam zu bewerten, stehen zu bleiben, ohne seinen Konkurrenten anzugreifen. Im Oktober 2000 habe ich Barros in den Himmel verabschieden müssen. Viel zu kurz war unsere Begegnung und viel zu wenig habe ich mit ihm auf Grund seiner häufigen krankheitsbedingten Auszeiten kontinuierlich trainieren können.

Meine Pferde haben mich Folgendes gelehrt:

*Sabine* Spaß am Reiten und die Begegnung mit der Natur. Konkret waren das: ein unabhängiger Sitz, sicheres Geländereiten.

*Monodie* Systematisches Denken und Vorgehen, Umdenken, Geduld, mich kompetent zu machen, den Weg der kleinen Schritte. Konkret waren das: Longieren, freie Arbeit, klassische Dressur, Bodenarbeit mit Scheu- und Gefahrparcours, die ersten Zirkuslektionen, Halsringreiten, Sicherheit im Gelände.

*Ben* Die Steigerung von Freude und Begeisterung, noch mehr Geduld, noch mehr zu differenzieren und zu analysieren, Strafen zu lassen und ausschließlich zu loben, Geschicklichkeit. Konkret waren das: die Arbeit an der Hand und am langen Zügel, Doppellonge, ein riesiges Repertoire an Zirkuslektionen und Schautricks, Schaunummern.

*Barros* Alles das, was ich mit den anderen gearbeitet habe und zusätzlich der Umgang und die Faszination eines Hengstes, daher Begeisterung und Liebe. Konkret waren das: das Einfahren vor der Kutsche, mit einem Hengst in der Freiheitsdressur zu tanzen.

Meine Pferde waren und sind meine Lehrer und sie haben mich umerzogen, weil sie frei von Vorwürfen sind. Das hat es mir leicht gemacht, meine Meinung oder mein Verhalten zu verändern.

## › Meine Ausbilder

Per Zufall stieß ich auf Claus Penquitt. Aus dem Interesse heraus, wie man noch schöner, noch präziser, noch harmonischer mit einem Pferd arbeiten kann, begann ich unter seiner Anleitung zu arbeiten. Mich faszinierte an Claus Penquitt seine ruhige Art, mit Pferden umzugehen, seine gute Didaktik dem Pferd gegenüber und seine sanfte, aber präzise Kommunikationsform.

Über Claus Penquitt kam ich zu Richard Hinrichs, einem bekannten und anerkannten Lehrmeister. Er führte mich auf den Weg der klassischen Dressur. Er lehrte mich sinnvoll gewählte Arbeitsverläufe und entspanntes Reiten mit unsichtbaren Hilfen, was er selbst demonstrierte bis hin zur Hohen Schule.

Ich lernte Barbara Heilmeyer kennen, mit der ich viel Spaß hatte, Pferde über Hindernisse zu trainieren. Barbara Heilmeyer praktiziert das Springtraining nach dem Chiron-System und ist eine im FS-Reitzentrum ausgebildete Freizeitreitlehrerin. Sowohl die im FS-Reitzentrum entwickelte so genannte Bruns-Behr-Methode wie auch das Chiron-Reiten basieren auf durchdachter Pädagogik und verständlichen didaktischen Abläufen, die ich durch Barbara Heilmeyer kennen gelernt habe.

Zeitgleich mit Richard Hinrichs traf ich Linda Tellington-Jones. Ich interessierte mich sehr für ihre Arbeit, weil ich mithilfe ihres Buches so große Fortschritte bei meiner Stute erreicht hatte.

Nun wollte ich selber sehen, wie sie ihre Methode in die Praxis umsetzte. Dass sich daraus viel mehr entwickeln sollte, passt in meine Philosophie „offen sein für Möglichkeiten". Ich durchlief die TTEAM-Ausbildung und habe in den letzten fünf Jahren zahllose Kurse geleitet und Pferde nach TTEAM ausgebildet und behandelt.

Weihnachten 1991 schenkte mir meine liebe Mutter das Buch von Monsieur Philippe Karl „Hohe Schule mit der Doppellonge". Dieses Werk bot mir, über die Arbeit mit Richard Hinrichs hinaus, reichlich Stoff für die weitere Ausbildung von Ben. Ich hegte viele Jahre lang den Wunsch, Monsieur Karl meine Arbeit mit Ben vorzustellen und uns von ihm überprüfen zu lassen. Zweimal konnte ich ihn mit seinem prächtigen Schimmelhengst Odin in Vorführungen des Cadre Noir bewundern. Die beiden live zu sehen, ließ mich träumen und bewog mich, meine Arbeit mit Ben noch weiter auszubauen. 1998 wurde ein Traum wahr: Ich konnte auf dem Teichhof in Schneverdingen fünf Seminare mit Monsieur Philippe Karl organisieren. Seitdem ist er nicht nur mein unschätzbarer Lehrer, sondern auch mein Ehemann.

Wenn es einen Schöpfer gibt, der seine Schäfchen durch das Leben leitet, dann bin ich ihm sehr dankbar für diesen Weg.

Vielleicht war es eine Form von Intuition, die mich zu diesen Lehrern führte. Jeder einzelne wählt auf seinem Gebiet eine sanfte, entspannte Kommunikation und eine überzeugende, verständliche Didaktik.

> **Aus Verstehen lernen und bewusst handeln**

Bei Richard Hinrichs entdeckte ich die Zirkuslektionen. Der Grund, warum mich die zirzensischen Übungen zunächst so faszinierten, war vor allem der Spaß dabei. Nach und nach merkte ich, welche neuen Möglichkeiten sich mir eröffneten, und ich trainierte auf eigene Faust weiter.

**Begeisterung wirkt ansteckend.**

Durch die der TTEAM-Methode zu Grunde liegende Schritt-für-Schritt-Strategie konnte ich jede Zirkuslektion in kleinste Einzelteile zerlegen und dadurch immer weiter entwickeln. Nicht zuletzt wurde ich durch Ben, mein Pony, von dem im Laufe dieses Buches noch öfter die Rede sein wird, angeregt, die Zirkuslektionen zu einem großen Repertoire auszuweiten.

Die Zirkuslektionen haben mich zu einer ganz wesentlichen Erkenntnis gebracht: Ein Pferd ist ein Wesen, das sich ganz klar über Zusammenhänge konditionieren lässt. Man muss im Training die Lernpsychologie der Pferde kennen und nutzen und darf dieser nicht zuwider handeln. Man gibt dem Pferd ein Zeichen, vermittelt ihm, was das Zeichen bedeutet und gibt ihm dann ein unmittelbares Feedback in Form eines Lobes.

Die Aufgabe ist kurz und überschaubar, und der Erfolg ergibt sich in rascher Folge. Signal – Umsetzung – Lob. Diesen klaren Zusammenhang muss man beim Üben von Zirkuslektionen beachten, dann ergeben sich die unmittelbaren Lernerfolge. So wird dem Pferd die gewünschte Bewegungsform völlig klar, was beim Üben einer Volte, einer Schlangenlinie, einer langen Galopp-Phase oder einer Traversale nicht der Fall ist. Das Pferd läuft allenfalls brav vor sich hin, aber am Ende der ganzen Ablaufketten sagt das Pferd doch nicht etwa: „Oh, das war eine Schlangenlinie durch die ganze Bahn in fünf Bögen. Das war ja wunderbar!" Und das nach einer Zirkuslektion prompt gegebene Lob bleibt womöglich auch noch aus.

Ich erlebe bei den Zirkuslektionen immer wieder, wie klar man einem Pferd den Zusammenhang zwischen dem, was man möchte, und dem, was das Pferd tun soll, sofort und prägnant vermitteln kann.

Der Lernpsychologie des Pferdes entspricht es, wenn es unmittelbar nach einer Handlung eine Rückmeldung bekommt. Ein Pferd kennt sich mit den konsequenten Handlungen seiner ranghöheren Gefährten aus und erkennt die Freiheit, die es von den Rangniederen erhält. In der Herde wird ein Pferd permanent konditioniert und kennt den Zusammenhang zwischen seiner Tat und der blitzschnellen Reaktion seiner Gefährten sehr genau. Will man Pferde mit Erfolg konditionieren, muss man innerhalb von Sekunden reagieren, korrigieren, loben, ermahnen.

Bei mir folgt auf die richtige Interpretation und Ausführung eines Signals ein unglaublich freudiges Lob. Ich konditioniere das Pferd darauf, dass auf das stimmliche Lob ein Futterlob folgt, ganz ähnlich wie beim Clicker-Training, bei dem das Tier den unmittelbaren Zusammenhang zwischen Click und Lob verstehen lernt.

**Der Verlauf einer positiven Konditionierung ist:**
Signal ▸ richtige Ausführung ▸ stimmliches Lob ▸ Futterlob ▸ Pause ▸ Stimmung ausklingen lassen ▸ Pferd nachdenken lassen ▸ Wiederholung des Signals ▸ richtige Ausführung ▸ und so weiter.

Ben im Spanischen Schritt am langen Zügel

Das lernende und reagierende Pferd zu beobachten ist hoch interessant. Zunächst nimmt das Pferd die Futtergabe dankend an – ohne sich dabei etwas zu denken. Bei weiterer Wiederholung der Lektion wird das Pferd immer „gieriger" auf das Lob und Futter. Es strebt immer mehr an, beides zu bekommen, und möchte herausfinden, was es dafür tun muss. Natürlich ist das Futterlob attraktiver als das stimmliche Lob, aber die Seele des Pferdes erheitert sich durch das stimmliche Lob. Auf jeden Fall habe ich meine Pferde noch nie so wach und freudig in der Ausführung gewünschter Übungen gesehen wie bei Zirkuslektionen.

So haben sich für mich Trainingsstrategien und Einblicke ergeben, auf die ich im Einzelnen eingehen will. Der Profit für das Pferd bei den Zirkuslektionen ist a) die Futtergabe, b) das stimmliche Lob und c) die gesamte positive Atmosphäre. Das Ergebnis: a) das Pferd führt aus, was es tun soll, und b) das Pferd arbeitet nicht nur willig, sondern begeistert mit.

Diese Erkenntnis übernahm ich mehr und mehr in meine übrige Arbeit und setzte sie entsprechend beim Longieren und auch beim Reiten ein. Ich lernte, jede Übung häufig genug zu unterbrechen, um den Pferden früh und oft genug ein Feedback zu geben. Durch häufiges Loben schaffe ich es, die Atmosphäre begeisternd zu gestalten.

Über die Zirkuslektionen ist es sehr leicht, eine Atmosphäre der Begeisterung zu schaffen, weil die Aufgaben als solche so witzig, so spritzig sind, dass man darüber Spaß und Freude erlebt.

**Das ist kein Springpferd, sondern Ben von hinten: In bester Springmanier fliegt er frei über die Kombination.**

Diese Erfahrungen, die ich im Laufe der Jahre mit vielen Pferden sammeln konnte, binde ich mittlerweile immer stärker auch in die anderen Arbeitsbereiche hinein. Kein Reiter würde nach einer Volte absteigen, neben dem Pferd stehend jubilieren und rufen: „Das hast du ganz wunderbar gemacht!". Letztendlich müsste das aber so sein, denn das würde der Lernfähigkeit eines Pferdes entsprechen und ein schnelles Lernen fördern.

Alle meine Pferde und Lehrer haben mich bereichert und mir verdeutlicht: Entscheidend ist, eine gute, präzise, aber sanfte Kommunikation mit dem Pferd. Daraus ergibt sich die Möglichkeit, mit dem Pferd gemeinsam zu feinster Präzision und zu hohen Fähigkeiten zu gelangen. Über diese Erkenntnis hinaus ist es heute mein Bestreben, nicht nur zu hoher Leistung zu kommen, sondern dabei das Pferd zu engagieren und zu begeisterter Mitarbeit zu motivieren – und mit feinsten, unsichtbaren Mitteln zu kommunizieren.

Natürlich kenne ich auch andere Trainingsmethoden wie sie z. B. von bekannten amerikanischen Trainern gezeigt werden. Ich will im Folgenden von der Vertreiben-Folgen-Rope-Methode sprechen. Für mich besteht der große Unterschied zu meiner Trainingsform der „lachenden Pferde" darin, dass diese Arbeit für das Pferd Lob und Profit (= positive Verstärker wie Futterlob, Handlob, Anerkennung, stimmliche Zuwendung) bedeuten, während das Vertreiben-Folgen-Rope-Prinzip für das Pferd Stress bis hohen Druck (= negative Verstärker) bedeuten, sodass sich das Pferd fragen muss: „Was droht mir, wenn ich nicht tue, was ich tun soll?"

> ***Ich gebe vor, was ich erreichen will:***
>
> ▸ *Ruhe, um Ruhe und Entspannung aufzubauen*
> ▸ *Freude, um Freude zu schaffen*
> ▸ *Liebe, um Liebe zu erhalten.*

## > Motivation

Als Erstes würde ich gerne auf Monika Krämer verweisen, die ein sehr interessantes Buch zum Thema „Pferde erfolgreich motivieren" geschrieben hat. Alle Aspekte, die sie nennt, sind wichtig, um ein Pferd in eine Verfassung zu versetzen, in der es mitarbeiten kann und möchte. Das beinhaltet vor allem, dass das Pferd gesund sein muss und man über eine Reitausrüstung verfügt, die zum Pferd passt und in Ordnung ist.

Ganz besonders am Herzen liegt mir, darauf hinzuweisen, dass Pferde körperlich fit sein müssen, wenn man sie wirklich intensiv reiterlich nutzt. Was heißt das?

Für mich heißt das vor allem, dass das Pferd kein Übergewicht haben darf. Ich treffe oft auf Pferde, die viel zu viel Ballast mit sich herumschleppen. Ein Pferd, das zu dick ist, hat einfach mehr Schwierigkeiten, seinen Körper entsprechend einzusetzen, und die Belastung für Gelenke, Sehnen und Knochen steigt. Ein behäbiges Pferd hat wenig Lust, sich engagiert zu bewegen, und es fällt ihm auch schwerer. Wo bleibt da also die Motivation? Durch Ben weiß ich sehr genau, wie schwierig es ist, ein Pony schlank zu halten – aber es ist die Mühe mehr als wert!

> ## Kommunikative Arbeitsatmosphäre: Auf dem Weg zur Begeisterung

Ich will mein Training so aufbauen, dass mich mein Pferd auf Grund von klarer Kommunikation und sinnvoll gewählten Schritten verstehen kann. Dazu benötige ich: 1. Kenntnis, 2. Techniken und 3. die bewusste Wahl dieser Elemente. Das heißt, wenn ich bewusst agiere und initiiere, dann erreiche ich damit auch beim Pferd bewusstes Vorgehen.

Ein wichtiger Aspekt ist für mich die Arbeitsatmosphäre, die ich grundsätzlich angstfrei und entspannt halten möchte. Dabei sichert mir mein kompetentes Auftreten einschließlich verständlicher Abläufe die angestrebte Alpha-Position, ohne diese über Dominanz (=Druck) erreichen zu müssen.

Wenn ich als Trainer kompetent auftrete, sichert das meine Position. Ich brauche dann keine stressvolle Atmosphäre ins Spiel zu bringen, um Respekt vom Pferd zu bekommen. Wenn ich meine Technik beherrsche und meine Strategie und meinen Aufbau einhalte, dann kann ich in einer entspannten Arbeitsatmosphäre bleiben.

Der große Vorteil liegt für mich darin, und das ist mir in meiner Arbeit mit Pferden sehr wichtig, dass ich das Pferd durch ein angstfreies Klima in die Lage versetze, denken zu können. Auch aus eigener Erfahrung heraus stimme ich mittlerweile Linda Tellington-Jones zu, die sagt, dass Pferde denken können und Prozesse denkend absolvieren. Ich möchte diese vorhandene Anlage so weit wie möglich fördern, ich will über mein Training die Intelligenz und das Denkvermögen eines Pferdes steigern, aber auch seinen Ausdruck.

Wir Vertreter der TTEAM-Methode gehen davon aus, dass man Pferden beibringen kann, ihr Reflexverhalten zu überwinden. Durch entsprechendes Training kann instinktives Verhalten durch kontrollierte und durchdachte Reaktionen ersetzt werden. Wir zeigen in unserem Training also Wege und Ziele auf, die das Pferd ohne den Menschen nicht erreichen würde. Pferde zu verstehen, zu befähigen und über sich selbst hinauswachsen zu lassen ist unser menschlicher Part in einer Partnerschaft, von der ich fasziniert bin und die ich anstrebe.

---

*Meiner Arbeit mit den Pferden und meinen Kursen geht der Leitspruch voran:*

- *Bewusst handeln = bewusstes Training*
- *Befähigt durchführen = befähigte Reiter und Pferde*
- *Begeistert steigern = begeisterte Pferde und Reiter.*

Ein Pferd kann über sich hinauswachsen, Reflexe und instinktives Verhalten können verändert werden zu bewusstem Handeln und befähigter Selbstkontrolle. Ich kann positive Stimmungsbilder fördern und negative immer weiter abschwächen.

Ich werde aus einem Kaltblut kein Vollblut machen oder umgekehrt, aber ich kann beide befähigen, sich anhaltend zu

**Ben in der Capriole**

verändern. Das schafft das Pferd nur mithilfe des Menschen. Pferde zu füttern und zu loben, exakt zum richtigen Moment und für erbrachte Leistung, heißt nicht, Pferde zu verhätscheln oder zu vermenschlichen. Klare Kommandos aus beruhigenden oder freudigen Sprechverläufen herauszuheben bedeutet nicht, Pferde sinnlos „zuzuquasseln".

Training non-verbal mit regungsloser Miene, großartige Lernschritte als Selbstverständlichkeiten anzusehen, Lob durch Pausen und ein bisschen Klopfen auf den Hals zu ersetzen, ist mir zu kümmerlich. Wir Menschen können mehr. Geduld, Verständnis, Zuwendung, Freude und Begeisterung sind Eigenschaften, die das Training wesentlich bereichern können.

> „Geht es zum wiederholten Mal nicht oder erleidet das Pferd in seinen Fortschritten einen Rückschlag, verlieren Sie nie die Nerven und die Geduld. Fangen Sie immer wieder von vorne an, bis das Endziel erreicht ist. Aber nur mit Geduld, Erfahrung und Ausdauer, Wille, Verständnis und Disziplin – und mit viel, viel Liebe."
> Freddy Knie Senior

In kleinen Schritten lehren zu können, ermöglicht es, geduldig zu sein. Verständnis regt an, nach einer verstehbaren Didaktik zu suchen. Gefühle verändern die Arbeitsatmosphäre und das Stimmungsbild des Pferdes. Am Ende erhalten wir das, wonach wir uns sehnen, die Anerkennung und Liebe unseres Pferdes.

Fühlen Sie sich von diesen Möglichkeiten angesprochen?

Die Führpositionen der TTEAM-Methode halten den Trainer davon ab, dynamisch bis stresssetzend zu agieren. Ein frei trainiertes Pferd befindet sich im höheren Stress herauszufinden, was es tun soll, als ein Pferd, das geführt in Übungen hineingeleitet wird. Techniken wie das häufige Kopfsenken und mit der Gerte Abstreichen, unterstützen den entspannten Trainingsverlauf. Daher spreche ich mich eindeutig für die Trainingstechniken und Philosophie der TTEAM-Methode aus.

Ich möchte noch einmal betonen, dass ich keinen Wert auf Dominanz lege, sondern auf Kompetenz. Es geht mir darum, Inhalte zu liefern, die Reiter kompetent machen. Wenn ich mich selbst immer weiter befähige, werde ich Strafe oder dominante Erziehungsfaktoren nur noch in Ausnahmesituationen benötigen.

Beispiel: Schon oft habe ich gesehen, dass das Rückwärtsrichten als erzieherische Maßnahme genutzt wird in Kombination mit einer massiv negativen Stimmungslage. Das Pferd hat einen Fehler gemacht, das Pferd wird rückwärts gerichtet. Aber es wird nicht nur einfach rückwärts gerichtet, es wird in einer aggressiven Stimmung rückwärts gerichtet. „Und du gehst jetzt noch eine Pferdelänge mehr!" Da wird ganz extrem in einem negativen Klima gearbeitet.

Und diese Vorgehensweise wird oft damit begründet, dass man klar dominierend vorgehen muss. Ich weiß aus Erfahrung, dass eine reine, klare Trainingstechnik genügt. Ein in aller Ruhe und souverän verlangtes Rückwärtsrichten ist für mich schon Erziehungsmaßnahme genug.

Und die Kompetenz eines guten Trainers liegt für mich darin, erstens technisch eine Maßnahme wie das Rückwärtsrichten realisieren zu können, und zweitens dies in einer souveränen, gelassenen Stimmungslage zu tun.

Ein amerikanischer Pferdeflüsterer behauptete in einem Seminar, jede Aufforderung zu einer Lektion bzw. deren Umsetzung bedeute Stress oder Schmerz für das Pferd. Ob non-taktil, verbal oder als harmlose Berührung. Dem möchte ich widersprechen. Solange Einwirkungen in einer so harmlosen Dosierung verlaufen, dass das Pferd sich absolut entspannt zeigt, sind diese Signale Informationen und kein Stress oder Schmerz. Empfinden Sie Stress, wenn Sie jemand an die Hand nimmt und Sie durch

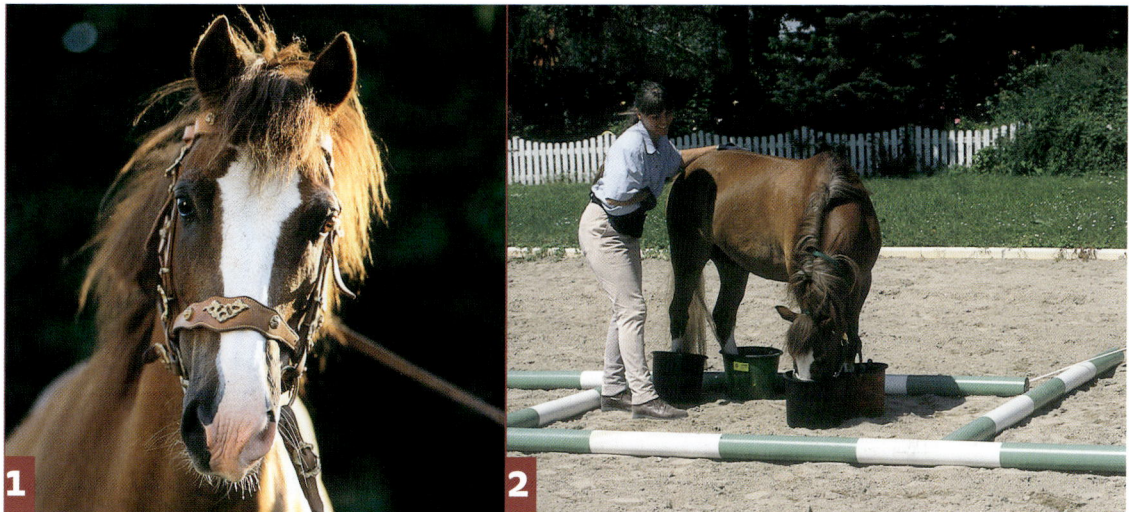

1 Bens Charme kann niemand widerstehen.

2 Loben durch Streicheln. Ben schaut nach, ob im Eimer nicht doch ein Leckerli versteckt ist.

eine vertraute Umgebung führt? Empfinden Sie Stress, wenn jemand Sie auffordert, etwas Ihnen Geläufiges zu tun? Empfinden Sie Stress, wenn Sie in der Erwartung stehen, in angenehmer Atmosphäre für jeden Schritt gelobt zu werden?

Wir sind im Moment gesellschaftlich gesehen in einer „Fast"-Entwicklung. Es gibt „Fast-Food", „Fast-Communication", „Fast-Education". Es ist für manche Menschen leichter, dominant aufzutreten und diese Techniken schnell zu erlernen, als sich in Ruhe Kompetenz anzueignen und damit stärker auf einer freundschaftlichen Gefühlsebene kommunizieren zu können.

Wenn ich als Ergebnis erleben möchte, dass mein Pferd begeistert zur Arbeit kommt, und ich das erreiche, wovon jeder träumt, nämlich dass mein Pferd mich liebt (die Steigerung von Anerkennung), dann gehe ich dafür einen anderen Weg. Einen längeren Weg, der mit der Investition von Zeit verbunden ist. Kompetenz heißt für mich, mich sowohl technisch als auch charakterlich zu formen und auszubilden.

## › Was ist Kommunikation?

Pferde können gehorchen, wenn sie verstehen, was man will. Man muss also eine Sprache sprechen, die sie verstehen können.

Am besten verstehen sie die Körpersprache, die in der TTEAM-Methode durch die Bewegungen der Gerte sehr betont zum Ausdruck kommt. Die Führung der Gerte bringt den ganzen Körper in Bewegung. Taktile Signale (Gerte, Schenkel, Gewichtshilfen, Kontakt durch Halfter, Gebiss oder Halsring) sind Mittel, die Ausdrucksform zu verstärken, und veranlassen das Pferd, die gewünschte Bewegung auszuführen: Anhalten, Weichen, Vorwärtsgehen, Warten usw.

Die stimmlichen Kommandos versteht das Pferd nur durch Wiederholung der Abläufe. Wenn es schließlich lediglich auf Worte reagiert, ist bereits ein langer Lernprozess vorausgegangen. Wenn Ihr Pferd nicht tut, was Sie beabsichtigen, prüfen Sie, ob Sie klar genug kommuniziert haben.

## › Kreislauf der Kommandos

**1. Verstehen ▸ 2. Gehorchen ▸ 3. Weichen ▸ 4. Dehnen ▸ 5. Warten**

1. **Verstehen** Das Pferd muss zunächst verstehen, was Sie ihm vermitteln wollen. Sie müssen es schließlich auf die definierten Signale konditionieren.
2. **Gehorchen** Nach dem Verstehen kann das Pferd Gehorsam zeigen…
3. **Weichen** …und den Signalen weichen, denn jedes Zeichen bedeutet ein „Weglaufen": entweder nach vorne, nach hinten oder zur Seite. Aus der Bewegung anzuhalten, bedeutet für eine Sekunde dem Rückwärtszeichen zu gehorchen (so dass das Anhalten sinnvollerweise durch Rückwärtstreten verstärkt wird).
4. **Dehnen** Spätestens jetzt – noch besser als Ausgangssituation vor dem Verstehen und Denken – soll das Pferd den Kopf senken bzw. in die Dehnungshaltung gebracht werden.
5. **Warten** Während des Ausführens einer Lektion muss das Pferd lernen, auf das Signal zu warten. Das Warten beginnt und beendet jede Lektion. Ein Pferd sollte immer per Signal zur gewünschten Bewegung aufgefordert werden, d.h. es soll auf das Signal warten, entweder in Bewegungsabläufen oder auch zu Beginn des Trainings. Das Training beginnt in dem Moment, in dem das Pferd aufgehalftert und geholt wird – und setzt sich von da an von Signal zu Signal fort.

> **Stress**
> Training wird zum Stress, wenn die taktile Ausdrucksform schmerzhaft wird, wenn die Tonlage bedrohlich, die Aufgabe zu erraten statt zu verstehen ist und daraus auch noch negative Konsequenzen drohen.

## › Spaß und Freude

Weiterhin ist mir sehr, sehr wichtig, Freude bei der Arbeit mit dem Pferd zu empfinden und diese Freude auch zu zeigen. Und dies tue ich schon bei den kleinsten Umsetzungen. Wenn ein Pferd den Kopf senkt, wenn ein Pferd stehen bleibt, dann nehme ich das nicht als reine Selbstverständlichkeit hin, sondern freue mich sofort darüber. Diese Freude vermittle ich dem Pferd entweder durch mein stimmliches Lob, Futterlob oder durch meine Zuwendung. Dabei spielt meine gut gelaunte Mimik eine genauso große Rolle wie der freundliche Ton meiner Stimme. Jeder richtige Schritt Ihres Pferdes sollte von Ihnen bemerkt und auch mit diesem positiven Feedback belohnt werden. Pferde kennen Gefühle und zeigen sie. Wieso sollte man diese Möglichkeit nicht berücksichtigen bzw. fördern und sie mit einem freudigen Stimmungsbild loben?

Ich weiß, es ist nicht jedermanns Sache, sich freuen zu können. Jedoch glaube ich, dass man es lernen kann. Ich möchte Sie also ermutigen, sich einen Schubs zu geben: Lassen Sie keine mögliche Gelegenheit aus und üben Sie das Sichfreuen, denn das ist der erste Schritt zur Begeisterung. Geben Sie Freude und Begeisterung vor, damit das Pferd diese schließlich auch zeigt. Wie es in den Wald hineinschallt, so schallt es heraus.

**Loben durch freudige Ansprache**

## › Ermutigen und befähigen

Es gehört zu den TTEAM-Trainingsverläufen, das Pferd immer wieder zu ermutigen. Ich wähle meine Trainingsstrategie so, dass sich das Pferd angespornt fühlt. Ich arbeite stets in kleinen, nachvollziehbaren Schritten. Darüber befähige ich das Pferd, mich zu verstehen, der Anforderung gewachsen zu sein und sie umsetzen zu können. Würde ich die Schritte zu groß ansetzen, zu schwierig machen, würde ich leicht in eine Atmosphäre der Verzweiflung, der Frustration, des Nichtverstehens geraten.

Bisweilen kann das Pferd die gewünschte Übung nicht ausführen, weil es die körperlichen Fähigkeiten nicht hat. Hier gehören die TTouches oder gymnastizierenden Übungen zum Training, um das Pferd zu befähigen. Es ist also ganz wichtig, in den Verlaufsformen darauf zu achten, dass das Pferd jeden nächsten Schritt leisten kann.

## › Stimmliches Lob

Ich bin ein absoluter Verfechter des stimmlichen Lobes. Das Pferd braucht in seiner Ausbildung die stimmliche Resonanz. Das bedeutet nicht, dass ich, wenn das Pferd sein Repertoire beherrscht, unentwegt mit ihm im Gespräch bin. Es geht natürlich nicht, dass ich in Präsentationen ständig mit dem Pferd rede – das ist auch gar nicht mehr nötig.

Im Training ist das etwas anderes. Dort will ich den Kontakt mit dem Pferd immer wieder durch stimmliches Lob auffrischen, so dass ich nach wie vor in der ermutigenden, belebenden Atmosphäre bleibe.

*Befähigen und begeistern:* **Ben auf der Wippe**

Beim stimmlichen Lob (lesen Sie dazu auch S. 37: Das Maß der Dinge) wähle ich eine ansteigende Dosierung bzw. Intonation, d.h. jede gute und auch selbstverständliche Tat wird mit einem „Brav" kommentiert. Wird die Umsetzung immer besser oder geht in Richtung Verstehen, steigere ich mein Lob zu einer noch freudigeren Stimmlage. Im Laufe der Zeit verstehen und erkennen meine Pferde diese Steigerung. Bei großartiger Leistung, die das Pferd von sich aus anbietet, oder deutlichen Durchbrüchen wechsle ich zu einer noch begeisterteren Stimmlage, die aber in der Intonation nicht erschreckend sein darf.

Ich nehme sehr wohl wahr, dass das mein persönlicher Stil ist. Aber ich habe im Laufe der Zeit gemerkt, dass die Pferde sich von meiner Art einfach besser motivieren und sogar regelrecht mitreißen lassen. Das heißt, dass ich eine sehr gute Kontrolle über den Einsatz meiner Stimme erlernen und beherrschen muss. Bei Pferden, die mich noch nicht kennen, wende ich meinen „Clicker" (= meine Stimme) zunächst weicher, sanfter an, um in mehrwöchigem Training dann immer ausdrucksstärker werden zu können.

## › Zu viel des Lobes?

Oftmals werden Betrachter der Situation verlegen wegen der Häufigkeit meines Lobes, nicht selten auch wegen der gesamten Atmosphäre, der Freude, die ich habe. Hier würde ich ganz gerne einen Moment abschweifen und mir einmal das Verhältnis zum Lob in unserer Zeit betrachten.

Kinder im Alter von drei Jahren, die mit großen Kulleraugen in die Welt blicken und sich in der niedlichen Sprachentwicklung befinden, werden von Erwachsenen ganz anders behandelt als ältere Kinder. Es ist nicht schwer und nicht peinlich, sich über ein Kleinkind maßlos zu freuen. Jeder kann Babys mit offener Freude beobachten und für jeden kleinen Fortschritt überschwänglich loben. Wird das Kind sechs, sieben, acht Jahre alt, werden schon viele seiner Fähigkeiten oder Tätigkeiten nicht mehr bemerkt, und es wird auch nicht mehr so häufig gelobt. Vieles fällt dann schon unter das Register „Na, das ist doch selbstverständlich!".

Es folgt die Zeit der Pubertät, die sowieso kritisch ist. Oft gerät dann jedes Lob in eine merkwürdige Atmosphäre hinein. Zwischen Eltern und Kind herrscht meist ohnehin eine gespannte Stimmung, die kaum Raum für Lob lässt.

Ist das Kind schließlich herangereift zu einem Erwachsenen, wird das Lob noch seltener. So selten, dass ein Lob vom Chef misstrauisch entgegengenommen wird. Man fragt sich „Was führt der denn im Schilde? Was hat der denn mit mir vor?".

*„Pferde haben mich nie enttäuscht. Ich habe ihnen Liebe gegeben, und sie haben mir Liebe zurückgegeben."
Freddy Knie Senior*

Oder es führt dazu, dass ein Erwachsener ein Lob gar nicht mehr annehmen kann. Er macht sich und seine Fähigkeiten kleiner, spielt sie herunter oder wird verlegen.

Dazu kommt es, weil wir des Lobes entwöhnt sind. Wenn wir als Menschen weiterhin so oft und intensiv gelobt werden würden wie zu dem Zeitpunkt, als wir zwei, drei waren, wären wir viel sicherer. Wir würden nicht bei jeder Anerkennung verlegen werden, weder als 10-Jähriger, als 14-Jähriger noch als 40-Jähriger. Und wir würden auch keine Manipulationen dahinter vermuten.

Die meisten von uns sind so entwöhnt, dass die Verhältnismäßigkeit zum Lob gar nicht mehr die ist, die sie sein könnte. Stattdessen werden wir, bezogen auf unsere Gesellschaft, eher mit Negativfaktoren erzogen, nämlich mit Strafe oder Leistungsdruck. Wenn Menschen unter anderen Prämissen groß werden würden, als unentwegt Stärke zeigen zu müssen und Gefühle zu verbergen, hätten sie auch ein unbefangeneres Verhältnis zu Lob und Freude. Das heißt für mich im Umkehrschluss, dass nichts gegen die Verwendung von Lob spricht, sondern Menschen sich schwer damit tun, es einzusetzen. Das kann ich gut verstehen. Wählen Sie Ihren eigenen Weg. Mit meinen Gedanken will ich Ihnen meine Erfahrungen und Möglichkeiten vermitteln.

### › Der niedliche Ben

Und genau dabei hat mir mein Freund Ben mächtig geholfen. Er ist ein Pony, und somit konnte ich mich ihm nähern, wie ich es einem dreijährigen Kind gegenüber tun würde. Es war mir überhaupt nicht peinlich und kostete mich keine Mühe, ihn über alle Maßen zu loben.

Ich konnte diesen kleinen Burschen enorm auffrischen, bestätigen und zu hoher Leistung beflügeln, ohne groß darüber nachzudenken. Natürlich kam Ben seine angeborene Aufgewecktheit zu Hilfe, dennoch bin ich überzeugt, dass sein Potenzial vor allem durch diese Trainingsstrategie so enorm gesteigert wurde.

In diesem Zusammenhang ist mir aufgefallen, dass eine gute Arbeitsatmosphäre und das stimmliche Lob das Pferd regelrecht „süchtig" machen können.

Ben war und ist so bestrebt, das nächste Lob einzuheimsen, dass sich seine Leistungen unglaublich schnell verbesserten. Und mir fiel irgendwann auf, dass mein sprachlicher Kontakt zu ihm dem zu einem kleinen Kind entspricht.

Stellen Sie sich die 8-jährige Nadine vor, die in meinem Reitunterricht richtig nett geritten ist. Sie ist weich auf das Pferd eingegangen, und ich bin so froh darüber, dass ich am Ende der

*Das Kutschefahren genießen Bea Borelle und Ben immer wieder als Freizeitbeschäftigung.*

Stunde sage: „Mensch, Nadine, das hast du richtig toll gemacht. Es hat Spaß gemacht, dir zuzugucken, wie schön das Pferd unter dir gelaufen ist und mitgemacht hat!" Die Intonation ist hoch und freudig.

Jetzt kommt der 36-jährige Bernd zu mir in den Unterricht. Ich nehme schon in den ersten Minuten wahr, dass er fleißig trainiert hat, seine Ideen sehr gut umsetzt und hochengagiert ist. Ich bin ebenfalls begeistert, aber sprachlich und auch von meiner Mimik drücke ich das ganz anders aus als bei Nadine.

Etwa so: „Bernd, ich habe gesehen, Sie haben wunderbar gearbeitet, Sie haben die Inhalte der letzten Stunde sehr schön in sich aufgenommen. Die Umsetzung war prima. Das Pferd hat gut mitgemacht. Ich bin begeistert." Die Intonation ist tief und sachlich.

Wenn Sie darüber nachdenken, fällt Ihnen dann auch dieser Unterschied auf? Die Art und Weise, wie wir uns einem Kind zuwenden, ist eine deutlich weichere, freudigere, vielleicht manchmal auch albernere Stimmung. Ganz anders als die Art, mit der wir einem erwachsenen Menschen begegnen. Kommen nicht über Stimmung und Begegnungsformen ganz andere Atmosphären zu Stande, die wiederum entscheidend für die Gestaltung der Beziehung sind? Pferdeflüsterer sehen in dem Konflikt zwischen Mensch und Pferd ein Beziehungsproblem. Ich behaupte, man kann die Beziehung zwischen Mensch und Pferd wesentlich über die Atmosphäre verändern und gestalten.

*Suggestion* Abgesehen von der stimmlichen Resonanz setze ich die Sprache sehr oft als beruhigendes Mittel ein. Hier kommt zum Tragen, dass der Mensch sich selber über das Sprechen, über eine ruhige und tiefe Intonation beruhigen kann.

Es hilft auch, zu formulieren, was das Pferd tun soll, denn durch das Artikulieren wird einem deutlich, welche Reaktionen und Körperhaltungen man selber einnehmen muss.

**Begleiten Sie die eifrigen Bemühungen Ihres Pferdes durch das freudige Feedback. Die Perfektion kommt nach und nach. Hier Bea Borelle und Lusitanowallach Enamquin im Renvers.**

Ein wesentlicher Aspekt beim Einsatz der Sprache ist für mich, dass derjenige, der es als Erstes verstehen muss, nämlich der Mensch, es ausführen kann, sobald er es ausgesprochen hat.

Der Grundsatz lautet: Das Denken bestimmt das Handeln. Wenn ich zusätzlich spreche, was ich denke, bestimme ich mein Handeln in noch stärkerem Maße. Statt in eine Starre zu geraten, kann ich meine Ideen umsetzen. Wenn z. B. mein Pferd Mätzchen macht, unmutig ist, kann ich mich über das Sprechen in die richtige Stimmungslage hineinversetzen. Wenn ich hingegen verstumme, falle ich viel leichter in Steifheit und Härte.

Ich kann Unsicherheiten meinerseits mittels der Sprache überspielen. Wenn ein Pferd z. B. an der Longe oder unter dem Sattel ausschlägt, kann ich viel leichter in einer legeren Stimmung bleiben, wenn ich mich sprachlich in einer ruhigen und weichen Form ausdrücke. Ich spreche aus, was das Pferd tun soll: „Allez, Trab", Pause, „Bleibe ganz ruhig" in freundlicher Stimmlage. In dem Moment, indem ich das tue und das körpersprachlich und technisch ausdrücke, bekommt das Pferd a) eine klare Anweisung und b) die ermutigende Atmosphäre bleibt bestehen, aus der heraus das Pferd denken und agieren kann. Meine souveräne Stimmungslage nimmt dem Pferd „den Wind aus den Segeln". Es verharrt nicht in seiner aggressiven oder übermütigen Stimmung.

> „Wenn Sie schon nicht souverän sind, dann versuchen Sie es wenigstens zu sein."
> Richard Hinrichs

In solchen Momenten zu sagen, was das Pferd tun soll, ist viel hilfreicher als „Nein" zu sagen. Ein „Nein" bringt den Akteur leicht in eine Starre, eine Inaktivität und damit Informationslücke hinein. Suggestiv oder souverän zu handeln im Moment, in dem man emotional noch längst nicht so fühlt, wie man vorgibt zu fühlen, unterstützt jedoch das Erreichen des Ziels, an das man zur Zeit noch gar nicht glaubt. Ich selber katapultiere mich als Erste in eine positive Stimmung und ziehe das Pferd mit.

Ich arbeite ab und zu auch mit Pferden, denen gegenüber ich von meiner Gefühlslage her große Vorbehalte, also noch längst kein Vertrauen, und bisweilen sogar Befürchtungen habe. Wenn ich das aber kaschiere und dem Pferd sage, dass es wunderbar ist, dass ich mich freue, mit ihm zu arbeiten und dass wir eine tolle Stunde haben werden, dann stelle ich fest, dass ich am Ende des Trainings das erreicht habe, was ich im Vorfeld suggerierte.

Ich will damit zum Ausdruck bringen, dass die eigene Erwartungshaltung ein wesentlicher Faktor für Erfolg oder Misserfolg ist. Ich will damit nicht sagen, dass das der allein ausschlaggebende Faktor ist. Sie werden in diesem Buch erfahren, dass ich viele Elemente zusammenfüge, um erfolgreich zu sein. Aber es kann eine sehr, sehr hilfreiche Ergänzung zur reinen handwerklichen Technik sein.

### › Gut drauf?

Ein weiteres Element, welches die Motivation entscheidend beeinflusst, ist die eigene Verfassung. Ich kann schwerlich eine gute Motivation, eine gute Stimmung schaffen, wenn ich nicht selber in einer entsprechenden Verfassung bin. Wenn ich mich in einer erschöpften, frustrierten, aggressiven, traurigen Stimmungslage befinde, dann kann ich mir durchaus zugestehen, an solchen Tagen nicht zu trainieren. Sollten Sie sich sicher sein, dass sich durch das Training Ihre Stimmung nicht verbessern wird, rate ich dazu, die Arbeit mit dem Pferd besser zu verschieben.

Vielleicht haben Sie aber an Ihren starken Tagen schon so gute Arbeit geleistet, dass Sie an eben diesen schwächeren Tagen die Früchte ernten können. Das heißt, Sie üben dann Ihr sicheres Repertoire und lassen sich einmal zur Abwechslung von Ihrem Pferd aufheitern. Das ist Teamwork!

Wie oft habe ich schon nach anstrengenden Kurstagen erlebt, dass ich mich eigentlich nicht mehr mit dem Thema Pferd beschäftigen oder auseinandersetzen wollte, aber meine Pferde Ben und Barros trainiert werden mussten. Weil sie so gut waren, kam ich völlig aufgefrischt aus dem Training. Statt „Input" geben zu müssen, bekam ich „Output". Genial!

### › Streicheln oder Handlob

Die zeitliche Abfolge der verschiedenen Lobformen sind: stimmliches Lob, das ich sofort und auch dann liefern kann, wenn meine Hände nicht frei sind. Dann das Handlob, das ich geben kann, wenn ich das Futterlob noch gar nicht in der Hand habe, und schließlich kommt das Futterlob. Das Futterlob ist immer mit dem stimmlichen Lob kombiniert. Beim Handlob streichle ich das

**Futterlob für besondere Leistung**

Pferd am Hals oder am Kopf, und zwar in einer sehr weichen Form. Sollte ich feststellen, dass mein Pferd kopfscheu ist, werde ich das Lob erst einmal auf den Hals verlagern. Ich würde dann die Zone Kopf mit TTouches behandeln, so lange, bis die Berührung dieser Region für das Pferd angenehm ist und es sogar anfängt, sie zu genießen.

Das Handlob sollte in der Regel sehr, sehr sanft ausfallen. Es gibt nur wenige Pferde, die ein robustes, kräftiges Schlagen auf ihren Hals, ihre Kruppe oder auf den Körper favorisieren.

Der Grund, weshalb wir kräftig auf das Pferd schlagen, liegt meines Erachtens in der eigenen Spannung oder an der eigenen Freude, die wir damit mehr oder weniger unkontrolliert herauslassen.

## › Loben mit Futter

Inzwischen wissen Sie, dass ich mich eindeutig dafür ausspreche, ein Pferd mit Futter zu loben. Ich kann die verschiedenen Vorbehalte gegenüber dem Futterlob sehr gut verstehen. Wer die Technik nicht im Griff hat, der sollte besser darauf verzichten.

Was sind die üblichen Kritikpunkte? Mein Pferd wird unkonzentriert, sobald es Futter bekommt. Mein Pferd fängt an zu betteln. Mein Pferd beißt an mir oder an meiner Kleidung herum. Mein Pferd wird distanzlos und fordert das Futter ein. Füttern ist Bestechung.

Ich möchte hier auf die Frage der Bestechung ausführlicher eingehen, da viele Pferdebesitzer dabei eine Art Beklemmung fühlen oder sie grundsätzlich ablehnen. Das Wort „Bestechung" ist im Deutschen Universal Wörterbuch A–Z folgendermaßen definiert: *„Bestechung: Einen anderen durch Geschenke, Geldzahlung o. Ä. für seine eigenen (zweifelhaften) Interessen, Ziele gewinnen und ihn dabei zur Verletzung einer Amts- oder Dienstpflicht verleiten: einen Beamten, Aufseher, Zeugen mit Geld."*

Haben Sie zweifelhaftes Interesse? Verlangen Sie zu viel? Sind Sie zu hart? Verwenden Sie brutale technische Hilfsmittel oder Trainingsabläufe? Dann werden Sie Ihr Pferd durch Futterlob wenig überzeugen, falls Sie überhaupt noch geneigt wären zu belohnen. Aber bei diesem harten, unfairen Verhalten taucht oft so etwas wie schlechtes Gewissen dem Pferd gegenüber auf. Dann wird eine Futtergabe tatsächlich zur Bestechung.

Des Weiteren die Frage, ob wir ein Pferd zu einer Verletzung seiner Dienstpflicht verleiten? Wohl kaum!

Wollen Sie korrekt konditionieren und möchten Sie sofort loben, dann sollten Sie vor dem Üben der Lektion schon das Futter in der Hand haben. Keine Angst, Ihr Pferd wird nicht abhängig vom Futterlob. Sobald es die Zielsetzung einer Übung verstanden hat, können Sie die Übung immer mehr in den gesamten Trainingsablauf ohne Pause und Lob einbauen, und das Pferd wird diese Differenzierung im Laufe der Zeit akzeptieren.

### › Wann füttert man?

Für mich ist kein Moment vertan, selbst ein so genannter verpasster Moment ist kein wirklich vertaner Zeitpunkt. Wenn Sie Ihrem Pferd das Halten beibringen, dann ist es lernpsychologisch richtig, sofort beim Halten stimmlich, dann per Hand und mit Futter zu loben. Das ist unumstritten und so sollten Sie grundsätzlich vorgehen. Es gibt aber immer wieder Momente, in denen Sie den richtigen Zeitpunkt verpassen. Halten Sie grundsätzlich Futter in der Hand oder in der Bauchtasche parat, in die Sie greifen können, wenn Sie eine besondere Leistung oder Lektion anstreben.

Dennoch kann man meiner Meinung nach, wenn Sie und Ihr Pferd die Fütterungsdisziplin beherrschen, wann auch immer Leckerlis reichen, zur Begrüßung oder jedwedem späteren Moment, weil das die allgemeine Atmosphäre und Stimmung aufhellt. Aber dosieren Sie die Futtergaben richtig, statt sie unentwegt ins Pferd „hineinzuschieben". Kurzgefasst heißt das: Das Pferd bekommt Futterlob immer für Leistung und gelegentlich als freundliche Geste. Dann gehen die Pferde auf die Weide zurück und sagen: „Das war Klasse! Hier ist mein Gewinn an der Arbeit so groß, dass ich gerne wiederkommen möchte." Es ist stets meine Strategie, dem Pferd einen Profit anzubieten. Es soll freudig zum Training kommen, und wenn ich das über das Futterlob erreiche, habe ich schon eine ganze Menge gewonnen.

Was unterscheidet diese Vorgehensweise von einer Person, die ihr Pferd unentwegt hätschelt und mit Leckerlis vollstopft? Dass dabei a) wirklich nie ein Zusammenhang zwischen Tat und Lob entsteht, b) es keine Erziehung bzw. Übungen gibt oder c) diese so diffus und liederlich abgefragt werden, dass kein Pferd der Welt den Zusammenhang erkennen könnte, und d) ein Mangel an technischer und klarer Körpersprache herrscht.

Formuliere ich das Gesagte positiv um, dann meine ich, man kann und soll unbedingt mit Futter loben, wenn
- eine Übung klar definiert ist,
- eine verständliche Kommunikation abläuft,
- ein Zusammenhang zwischen Signal und korrekter Ausführung des Pferdes besteht,
- ein Ziel erreicht wurde.

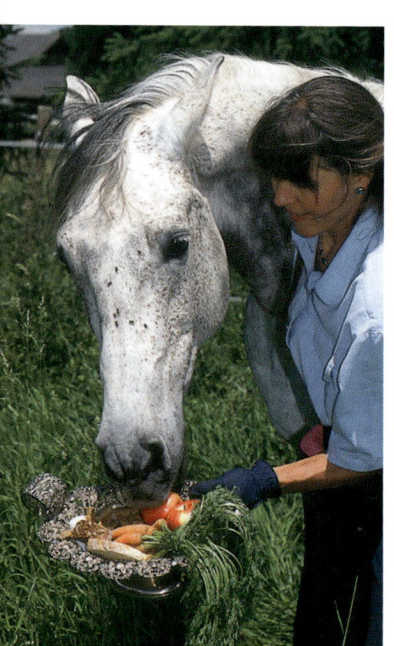

**Leckerlis sollen gesund und lecker sein: trockenes Brot, Karotten, Äpfel und Futterwürfel.**

## › Operationalisierende Konditionierung

Das ist das neue Schlagwort für eine Trainingsstrategie, in der das Pferd zwischen angenehmen oder unangenehmen Verlaufsformen entscheiden soll.

Beispiel: Ein frei laufendes Pferd soll lernen, bei seinem Besitzer zu bleiben. Entfernt es sich unerwünscht von diesem, werden weitere Hilfspersonen die Umgebung so ungemütlich für das Pferd gestalten (zum Beispiel durch Vertreiben), dass sich das Pferd entscheidet, lieber beim Besitzer zu bleiben, weil es dort als angenehme Alternative Ruhe bekommt. Das Pferd agiert also aus der Erkenntnis der Drohung heraus, es weiß, was ihm blüht, wenn es den Besitzer verlässt.

**1** Erklären Sie Ihrem Pferd, dass nichts anderes erwünscht ist, als ruhig stehen zu bleiben, wenn Sie in Ihren Taschen nach Futter suchen.

Diese Strategie möchte ich möglichst reduziert einsetzen. Die Atmosphäre und Assoziation ist mir zu negativ. Genau dieses Beispiel löse ich zu Hause anders: Wenn Ben im freien Training auf offenem Reitplatz, der ringsherum von Gras umgeben ist, der Versuchung unterliegt zu fressen (die Versuchung ist riesig, da er von mir im Futter immer knapp gehalten wird), dann rufe ich ihn zurück und er bekommt für geleisteten Gehorsam reichlich Futterlob. Das Pferd assoziiert also etwas Positives mit dem Gehorsam, bei mir zu bleiben. Oft dreht er sich im Weglaufen um und kommt zu mir zurück, während sein Denkprozess deutlich sichtbar wird. Das begeistert mich!

Beispiel Verladen: Auf der Suche nach hilfreichen Methoden stößt man auch hier auf die operationalisierende Konditionierung. Die Umgebung und jedes Ausweichen vom Hänger weg wird unangenehm gemacht. Dem Pferd drohen schroffe Maßnahmen für Wegschauen oder Weglaufen. Spezielle Halfter sorgen dafür, dass das Pferd in der Nähe des Trainers bzw. Hängers bleibt. Jeder richtige Schritt wird durch Handlob oder eine Pause belohnt, jeder Fehltritt gemaßregelt. Der Erfolg dieser Verlaufsform ist unumstritten groß. Könnten aber analysierende Erklärungen und eine verständliche, in mögliche Aufgabenschritte aufgeteilte Verlaufsform nicht vielfach genauso erfolgreich sein?

**2** Den Zeitpunkt und den Ort der Futtergabe bestimmen Sie! Füttern Sie ein Pferd nicht zu dicht bei Ihrem Körper.

Bei meiner Wahl der TTEAM-Methode verfolge ich die Absicht, so weit wie möglich in stressfreien, freundlichen, verständlichen Lernschritten zu arbeiten. Das Pferd soll schließlich den Hänger betreten, weil es sich dieser Anforderung gewachsen fühlt und erkannt hat, dass keine Gefahr von ihm ausgeht. Es soll eigenständig in den Hänger gehen und nicht, weil es sich der „Leitstute" (dem Trainer) anvertraut und dieser folgsam hinterhergeht.

Sich am Pferd kompetent zu erweisen, verlangt viele Übungsstunden, unabhängig von der Wahl der Trainingsmethode. Ob Sie flüstern, vertreiben oder „TTeamen" – Sie benötigen eine Vielzahl

**3** Weisen Sie Ihr Pferd weg, wenn Sie sich aufrichten und es wissen will, wieviel Sie von den überaus leckeren Gaben noch haben.

an Übungsstunden für sich selbst. Die Schritt-für-Schritt-Methode lässt auch Ihnen Zeit zum Lernen. Sie brauchen Zeit, bis Sie zum gleichen Ergebnis kommen wie der erfolgreiche Trainer. Ich bevorzuge, meine Schüler in der TTEAM-Methode zu unterrichten, da der Verlauf bestimmte Einstellungen und Begegnungsformen vermittelt, ganz anders eben, sanfter und dem Pferd gegenüber respektvoll. Linda Tellington-Jones sagt: „Behandle dein Pferd so, wie du selbst behandelt werden willst."

Wenn ich Menschen mit der Vertreiben-Folgen-Rope-Strategie beobachte, dann sehe ich bei den Schülern und manchen Trainern scharf fokussierende Augen, ernste – bestenfalls ausdruckslose – Mienen und drohende Gebärden. Ich wähle eine Trainingsstrategie, die ständig meine Freude und mein Lachen unterstützt und ebenfalls zum Erfolg führt.

Die unangenehme Alternative setze ich da ein, wo ich durch die vorher gewählte Verlaufsform nicht zum Ziel kam. Ermahnung oder Strafe setze ich nur ein, wenn ich mir sicher bin,

- dass ich die gewünschte Ausführung oft genug geübt habe und eine korrekte Ausführung durchaus zu erwarten ist;
- klar und verständlich kommuniziert zu haben;
- dass mein Pferd völlig angstfrei ist. Ein aus Angst reagierendes Pferd ermahne oder strafe ich nicht.
- dass mein Pferd wiederholt oder notorisch nicht aufpasst oder mich ignoriert und ich im Vorfeld über andere Maßnahmen die Situation nicht verbessern konnte.

Wenn es tatsächlich etwas zu klären gibt, dann bin ich sehr ausdrucksstark erstens in der Körpersprache, zweitens in der Technik und drittens im Maß der Körperberührung.

**Tanzen auf der Weide**

Jeder hat mal einen schlechten Tag, an dem er überreagiert und sich unangemessen verhält. Das ist verzeihlich, auch Ihr Pferd wird Ihnen verzeihen. Strafe darf aber nie zu einer Trainingsstrategie oder generellen Entschuldigung werden. Pferde erziehen unseren Charakter.

## › Das Maß der Dinge

Alle Signale, ob taktile, verbale oder körpersprachliche, setze ich in bewusster Dosierung ein, von leise und sanft bis hin zu deutlich und ausdrucksstark, in verstärkender Dosierung nach dem Ihnen später noch öfter begegnenden Grundsatz: So wenig wie möglich, so viel wie nötig. Dabei achte ich darauf, dass ich nach einer Ermahnung oder einem Tadel eine Pause setze, in der ich durch Abstreichen mit der Gerte oder Hand und ermutigender ruhiger Stimmlage das Pferd und mich wieder in eine positive Atmosphäre zurückführe.

Musste ich deutlich tadeln, setze ich bei Korrektur und Erfolg der erneuten Ausführung dieser Übung enthusiastisches Lob (Stimme, Hand, Futter) nach. Ich will die Verhältnismäßigkeit der getroffenen Maßnahmen in Balance bringen.

Die Reihenfolge der Signale ist die gleiche, ob Sie nun führen, oder reiten:

1 Verbale Signale = Stimme
2 Körpersprachliche Signale = Körperhaltung, Gertenbewegung
3 Taktile Signale = Gerte, Führkette, Gewichtshilfe, Sporen

*Hohe Leistung, perfekte Darbietung*  Hier fügen sich das Wissen aus dem Kreislauf der Kommandos (S. 24), dem Maß der Dinge und der operationalisierenden Konditionierung zusammen. Weil ich meine Lektionen gut verständlich gemacht und mein Pferd Schritt für Schritt befähigt habe, brauche ich nie oder nur sehr selten Druck zu machen, um zu perfekter, hoher Leistung zu kommen. Der Weg ist 98%ig frei von Strafe und Ermahnung.

## › Trainingsziele stecken

Ich teile mein Training in Nah- und Fernziele auf, die sich natürlich an der Durchführbarkeit und an den Fähigkeiten des Pferdes orientieren. Wenn ich z. B. im Vorfeld davon spreche, dass ich Pferde begeistern möchte, so ist das mein gestecktes Fernziel. Das kann heißen, dass ich mich bei einem aggressiven, missmutigen, apathischen Pferd erst einmal mit viel weniger begnüge. Oder ich erreiche je nach Alter des Pferdes auch nie mein Fernziel.

Wenn ich z. B. ein 14-jähriges Schulpferd kaufe, das so richtig die Nase voll hat, dann werde ich es vielleicht in seinem Leben nicht mehr dazu veranlassen zu lachen, aber dennoch stecke ich mir Nah- und Fernziele ab und behalte sie im Auge.

Genauso ist zu beobachten, dass ich bei Pferden, die sich in Gruppenhaltung sehr wohl fühlen oder rund um die Uhr auf der Weide stehen, Probleme mit meiner Zielsetzung bekommen kann und mich eventuell mit weniger begnügen muss, statt das Pferd in Einzelhaft unterzubringen.

Die im Verlauf dieses Buches genannten, in chronologischer Reihenfolge auftauchenden Aufgaben (Checklisten) stellen in der praktischen Arbeit die Nah- und Fernziele dar.

1 Wenn Sie Ihr Pferd zur Mitarbeit motivieren möchten, kann es förderlich sein, dass die Freunde auf der angrenzenden Weide grasen.

2 Ben lernt stressfrei und mit höchster Aufmerksamkeit. Das Motto heißt: Schritt für Schritt fördern, ohne zu ermüden.

Eine weitere Überlegung zum Thema Trainingsziel möchte ich am folgenden Beispiel darstellen. Sie wollen mit Ihrem Pferd den Flattervorhang passieren. Den von Ihnen gewählten Zwischenschritt ist das Pferd nicht bereit oder in der Lage durchzuführen. Sie haben aber keine Zeit mehr oder Sie sind ungeduldig. Sie wollten eigentlich aufhören. Tun Sie das, aber erst nachdem Sie einen Zwischenschritt zurückgegangen sind, den das Pferd mit Erfolg durchlaufen kann, beim nächsten Training geht es dann weiter. Das gesetzte Ziel sollten Sie dann allerdings verwirklichen. Vier Dinge erschweren diese Verlaufsform:
- der Meinung zu sein, aufgegeben zu haben,
- die Angelegenheit zu bewerten (was wiederum erschwert, souverän zu bleiben),
- souverän bleiben zu können und herunterzustufen,
- Recht haben zu wollen.

Betrachten Sie das im Einzelnen. Das Gefühl, aufgegeben zu haben, ergibt sich nur aus der Vision eines Ziels. Aber dass es ein Ziel gibt und welches das ist, verschließt sich der Denkfähigkeit des Pferdes völlig. Warum also Stress? Sie kommen doch auch nicht auf die Idee, am ersten Ausbildungstag bis hin zu den fliegenden Wechseln zu arbeiten. Ausbildung bedeutet ein ständiges Verbessern und Dazulernen. Also lassen Sie sich doch nicht von Zielen in Eile versetzen.

Auf Grund dieser Bewertung, verlieren wir unsere Souveränität und behaupten sogar, im Recht zu sein. „Das ist doch nicht so schwer! Das wird er doch wohl können." Erschreckend oft sind Menschen der festen Meinung im Recht zu sein:

- wenn das Reithalfter das Maul zuschnürt,
- wenn das Pferd am Putzplatz nicht ruhig steht,
- wenn der fliegende Wechsel immer noch nicht klappt,
- wenn Schlaufzügel die Kopfposition erzwingen.

Erschreckend oft fehlt uns die Didaktik verständlicher und umsetzbarer Zwischenschritte einschließlich der technischen Fähigkeiten. Wenn wir offen wären zuzuhören, was uns unsere Pferde mitteilen, würden wir vom hohen Ross absitzen, aus dem Rechthaben „heruntersteigen" und viel für unser Leben als solches lernen. Pferde sind Lehrer für das Leben schlechthin.

## › Trainingszeit

Nächster Punkt ist die Zeit: Wie lange trainiert werden kann, ist absolut vom Pferd abhängig. Pferde können das Ende ihrer Konzentration signalisieren, indem sie nicht mehr zu Ihnen schauen, sondern immer wieder weg und in die Außenwelt hineinschauen. Sie können es signalisieren, indem sie die Kommandos nicht mehr so prompt befolgen, wie sie es vorher taten. Sie können es durch Ungeduld zeigen, z. B. durch Scharren. Sie können es durch Rufe zu den Artgenossen ankündigen.

Ich denke, dass Sie als Besitzer eines Pferdes, das Sie längere Zeit kennen, die Artikulationsformen Ihres Pferdes einschätzen können und wissen, wann es Ihnen sagt: „Jetzt habe ich genug, jetzt kann ich nicht mehr mitmachen!"

Dann sollten Sie mit einer erfolgreichen Übung abschließen und die eigene Disziplin wahren, ganz unabhängig davon, wie weit Sie gekommen sind. Sie müssen sich hier vergegenwärtigen, dass Ihr Pferd die Zielsetzung nicht im Kopf hat.

In diesem Zusammenhang ist lediglich wichtig, dass das Pferd den Eindruck bekommt, dass Sie das Training beendet haben und nicht es selber. Es darf also nicht passieren – ich nenne hier ein krasses Beispiel – dass Ihr Pferd steigt, Sie wissen nicht, wie Sie das Steigen handhaben sollen, gehen aus der Halle heraus und kapitulieren. So merkt das Pferd natürlich: Wenn ich diese Bewegungsform das nächste Mal noch einmal wähle, kann ich das Training beenden. Hier müssen Sie also noch einmal die Verhaltensweise des Pferdes korrigieren und am besten ruhig in eine leichtere Übung übergehen. Erst dann verlassen Sie die Halle.

Letztens trainierte ich Ben erst frei, dann an der Doppellonge, dann Galopp Travers und Renvers, dann am langen Zügel im Seitengang, Piaffe, Passage, Schulschritt, Spanischer Schritt, Podestarbeit, Courbette über ein Cavaletti – eineinhalb Stunden lang. Das Pferd hat Hohe Schule und hohe Leistung gezeigt, es verließ pulvertrocken den Reitplatz.

Über das Konzept des Verstehens und der entspannten Arbeitsatmosphäre behält das Pferd so viel Energie, dass es mühelos und freudig über einen ausgesprochen langen Zeitraum trainiert werden kann. Das Konzentrationsvermögen bleibt erhalten, weil keine Energie über Lernstress verloren geht. Das Pferd ist durch die Didaktik so befähigt, dass ihm spielend Kraft für die Hohe Schule bleibt; nebenbei bleibt es auch noch trocken!

Neben der Frage der täglichen Trainingszeit stellt sich die nach der wöchentlichen. Wenn wir im Laufe des Buches feststellen werden, das wir unseren Pferden Zeit geben müssen, Lektionen Schritt für Schritt zu bewältigen, dann kann man sich vorstellen, dass darüber Monate und Jahre ins Land gehen.

Für ein gesundes und psychisch intaktes Pferd dauert die Ausbildung bis zur Hohen Schule sechs Jahre. Es wäre also zehn bis elf Jahre alt, bis es die Lektionen der Hohen Schule beherrscht, wenn man es mit drei oder vier Jahren eingeritten hätte.

Sie wollen vielleicht dieses Ziel nicht verfolgen - Sie werden sich wundern, was alles möglich ist – aber selbst die Inhalte dieses Buches sind der Stoff für Monate und Jahre. Daher lohnt es sich, so oft wie möglich zu trainieren. Lernpsychologisch ist nicht davon auszugehen, dass ein Pferd sein Können und auch seine Bewegungsfähigkeit wesentlich erweitert, wenn es ein- bis zweimal in der Woche trainiert wird.

Gefestigte Fortschritte beginnen, wenn Sie viermal oder mehr pro Woche trainieren. Ruhetage oder Urlaube sind immer wieder förderlich für die Lernsituation. Wenn Sie wenig Zeit haben, dann empfehle ich, das Training in mehrtägige oder mehrwöchige Blöcke aufzuteilen. Danach können Sie sich eine längere Pause erlauben, denn das, was einmal auf der Festplatte steht, geht nicht so schnell wieder verloren. „Plätschern" die Lerninhalte nur so dahin, dann ist das Ergebnis auch nur unsicher abrufbar. Wichtig

Durch Konsequenz, Klarheit und Liebe werden skeptische Pferde zu sicheren Partnern.

ist das vor allen Dingen bei Korrekturpferden. Diese würde ich möglichst bald in ihrem Verhalten verändern wollen, statt unerwünschte Situationen über Monate oder Jahre festigen zu lassen. Wenn Sie selber dazu nicht die Zeit haben, lohnt es sich darüber nachzudenken, das Pferd von einer kompetenten Person trainieren zu lassen. Vor allen Dingen dann, wenn das Pferd gefährlich ist.

Generell würde ich sagen, dass Trainingszeiten zwischen 20 und 30 Minuten für junge Pferde nicht zu lang sind. Grundsätzlich kann ich in meiner Trainingsform mit den ruhigen, erkennbaren Wechseln von Lektionen und Pausen zum Ruhefinden und Denken, durchaus 45 Minuten bis zu einer Stunde trainieren. Nicht selten passiert es mir, dass die Pferde durch die Arbeitsatmosphäre, wie ich sie ihnen biete, nämlich eine der kleinen Schritte, des einfachen Lernens, gerne sogar auch noch länger mitspielen, im wahrsten Sinne des Wortes.

Eine fabelhafte Trainingstechnik ist, zweimal am Tag, und das kurzzeitig, zu trainieren. Das entspricht sehr dem Lernvermögen eines Pferdes: statt einer großen Lerneinheit an einem Stück lieber das Training in zwei kurze Arbeitseinheiten aufzuteilen.

Das könnte so aussehen, dass Sie auf den Hof kommen, mit Ihrem Pferd eine kurze Phase arbeiten, zum Beispiel gehalftert an der Führleine, dann das Pferd wieder entlassen, irgendwelche Tätigkeiten auf dem Hof tun, die ohnehin fällig waren, oder einfach mit den anderen Leuten in Ruhe einen Schwatz halten und sich dann schließlich das Pferd nochmals holen, um eine kurze Sequenz zu reiten.

**Ein guter Ausbilder sollte sich regelmäßig selbst entspannen.**

## › Die Qualität des Ausbilders

Sie sind der Ausbilder Ihres Pferdes und sollten im Laufe der Monate und Jahre folgende Qualitäten entwickeln, um Ihr Pferd optimal trainieren zu können:

1 Beobachtungsgabe und daraus entstehende Analysefähigkeit
2 Selbstbeherrschung und damit Beherrschung bewusst gewählter Ausdrucksformen (leise bis laut; weich bis deutlich)
3 Körpergefühl und Körperbeherrschung
4 Korrektes Timing: zum richtigen Moment am richtigen Ort in der richtigen Position zu sein, später bezogen auch auf Schenkel- und Gewichtshilfen
5 Die Fähigkeit, geben zu können: Als Erzieher müssen Sie geben und vorgeben können
6 Erziehungsfähigkeit: Konsequenz, Klarheit und Liebe, auch die Fähigkeit, Maßnahmen aushalten und durchstehen zu können. Das heißt nicht zu verzagt und unsicher sein, weil damit die klare Vorgabe (Kommunikation) ausbleibt – mit gewonnener Analysefähigkeit den Faden wieder aufnehmen können
7 Souveränität: von einer Ausdrucksform leicht in einer andere wechseln zu können.
8 Nicht Recht haben zu wollen – immer bereit sein, sich in Frage zu stellen.

Sie fühlen sich überfordert? Teilen Sie sich Ihren Weg ein, genauso wie Sie den Weg für Ihr Pferd einteilen. In dem Schritt-für-Schritt-Trainingsprogramm für Ihr Pferd, den ich in diesem Buch darstelle, liegt Ihre Chance, sich nach und nach zu befähigen. Sie werden es schaffen! Beharrlichkeit und Optimismus müssen Ihre Wegbegleiter werden.

## › Die richtige Umgebung

Ein weiterer Aspekt ist die Umgebung oder der Trainingsort. Ich habe oft festgestellt, dass junge Pferde immer wieder überfordert sind, wenn ich sie gleich in einem offenen Gelände trainieren muss. Hier wäre es leichter, für die ersten Lernaufgaben in einen geschlossenen Ort wie z.B. in eine Halle ausweichen zu können. Erst wenn die ersten Lerninhalte gefestigt sind, kann ich sie auch draußen überprüfen.

Haben Sie keinen Zugang zu einer Halle, dann müssen Sie schlichtweg in Kauf nehmen, dass die Ausbildung Ihres Pferdes mehr Zeit in Anspruch nimmt.

## › Freunde in der Nähe

Auch andere Trainingsbedingungen sind zu betrachten. Wenn zum Beispiel zwei Pferde sich sehr gut verstehen, wird es für ein klebendes Pferd sehr schwierig sein, neue Aufgaben zu lernen, wenn der Freund nicht dabei ist. Hier kann es eine sinnvolle Strategie sein, den besten Freund oder die Freundin erst einmal dabei zu haben.

Ich befähige das Pferd zunächst, die Aufgabe zu bewältigen, und übe erst das Entfernen vom besten Freund, indem ich in seiner Nähe trainiere und mich nach und nach entferne und wieder zurückkehre. Also auf dem Hof zwischen Paddock und Halle, dann in der Halle, dann langsam ins Gelände. Ich wechsle zwischen entfernen und wiederkehren. So wird die Trennung für das Pferd nicht zur Bedrohung, und es lernt Schritt für Schritt seine Eigenständigkeit kennen.

Erst dann trainiere ich ohne den besten Freund, denn das ist für ein solches Pferd ein sehr hoher Schwierigkeitsgrad. Gerne arbeite ich ein Jungpferd als Handpferd und lasse es vom Wissen und der Ruhe des Führpferdes profitieren.

Manche Pferde wiederum lernen nicht gut in der Präsenz anderer, sie sind durch diese Pferde eher abgelenkt, wie zum Beispiel Hengste oder auch manche junge Pferde. Hier wäre es gut, in Trainingszeiten ausweichen zu können, wo man eine Halle alleine zur Verfügung hat.

Für das Kompliment ist es besonders wichtig, dass die Bodenbeschaffenheit stimmt.

## › Equipment und Co.

Die Bodenbeschaffenheit der Trainingsflächen ist ein Randfaktor, der dennoch zu beachten ist. Sie haben keine guten Trainingsbedingungen, wenn sich Ihr Pferd auf dem Untergrund nicht sicher fühlen kann, z. B. ständig ausrutscht, wie das bei Hackschnitzelböden der Fall ist. Vor allen Dingen muss der Boden beim Longieren und der freien Arbeit standfest sein. Zu lockere Böden, die gewählt werden, weil sie so schön federn, können Pferde sehr verängstigen.

Darüber hinaus kann sich ein Pferd deutlich und zu Recht unwohl fühlen, wenn die Beschaffenheit seiner Ausrüstung schlecht ist. Bedenklich, traurig und von Hilflosigkeit begleitet ist die Verwendung von technischen Hilfsmitteln, die quälerischer Natur sind, wie die Benutzung des eng verschnürten Reithalfters. Ich halte es für keine gute Idee, ein Reithalfter so zu benutzen, dass das Maul des Pferdes nicht nur in seiner Kautätigkeit eingeschränkt ist, sondern es das Maul zupresst und zwingt still zu halten, statt artikulieren zu können, was falsch läuft. Das ist eine psychische wie auch körperliche Qual. Schlaufzügel, blanke bzw. Westernkandaren und andere scharfe Gebisse sollten nicht die Lösung für generelle Schwierigkeiten sein, sondern allenfalls als kurzzeitige Krisenintervention benutzt werden.

Dann bleibt noch die Beschaffenheit des Sattels zu überprüfen. Sie können nicht davon ausgehen, dass sich Ihr Pferd unter Ihnen freudig, harmonisch und weich bewegt, wenn der Sattel nicht passt. Den passenden Sattel für ein Pferd zu finden, kann ein leidiges Thema sein, dennoch muss man eine Lösung finden.

## > Autodidaktisches Training

Vielleicht sind auch Sie in der Lage, sich zwischen Unterrichtsstunden oder Lehrgängen entscheiden zu müssen. Auch ich kenne diese Situation. Um beim autodidaktischen Training erfolgreich zu sein, müssen Sie zunächst gewisse Verhaltensweisen als Fehler erkennen.

Entweder erfahren Sie Ihre eigenen oder mögliche Fehler durch Korrekturen eines Lehrers oder Sie haben sich Wissen mittels Literatur oder Video angeeignet, die Ihnen klar machten, dass etwas an Ihrer Vorgehensweise nicht stimmen kann.

Der nächste Punkt ist, dass Ihnen Fehler in Ihrer eigenen Arbeit auffallen müssen. Statt zu jammern und zu klagen „Jetzt mache ich das schon wieder falsch", sollten Sie abbrechen und analysieren. Was veranlasst mich zu diesem Fehler? Was muss ich tun, um ihn zu vermeiden?

Geben Sie sich selbst eine Absichtserklärung ab: „Wenn ich in den Fehler verfalle, werde ich dies oder das tun, um ihn zu vermeiden." Erst anschließend fahren Sie fort und versuchen bewusst, den Fehler zu korrigieren.

Ein Beispiel: Sie wollen Ihr geführtes Pferd anhalten. Sie wissen, dass Sie dabei auf keinen Fall früher anhalten dürfen als Ihr Pferd, weil Sie dadurch das Pferd nach innen ziehen und den Weg für eine Volte frei machen. Es kann Sie umkreisen und damit ranghöher werden. Außerdem lernt es auf diese Weise, nicht geradegerichtet zu halten.

Trotz des Wissens beobachten Sie sich in der Arbeit bei diesem Fehler. Jetzt heißt es: Abbrechen und überlegen. „Wenn ich jetzt gleich wieder anhalte, werde ich vorbeugend 1,2 m seitlich und vor der Pferdenase gehen, meine Haltesignale geben und zur Not steigern und so lange mit dem Pferd mitgehen, bis es steht."

Das ist die korrigierende Absichtserklärung. Jetzt probieren Sie diesen Verlauf erst einmal im Stand. Gehen Sie in die korrekte Position und in die Position des Fehlers. Wechseln Sie mehrmals

**Autodidaktisches Training bedingt Konzentration und Analysefähigkeit.**

aus der fehlerhaften in die korrekte Position. Handeln Sie bewusst! Nun ist der Zeitpunkt da, diese autodidaktisch erarbeitete Korrektur in das Training zu integrieren.

Noch ein Beispiel: Sie knicken beim Einwenden in eine gerittene Volte in der Hüfte ein.

1 Sie wissen, dass das ein Fehler ist.
2 Sie erkennen den Fehler bei sich.
3 Sie überlegen, welche Bewegung Sie ausführen müssen, um ihn nicht zu begehen.
4 Absichtserklärung: Zum Einwenden in die Volte werde ich mein Gewicht zur Korrektur meiner Haltung nach außen verlagern, weil ich mich dadurch aufrichte, und ich werde die äußere Schulter leicht vordrehen. (Erst wenn Sie den korrekten Sitz beherrschen, belasten Sie wieder den inneren Gesäßknochen).
5 Sie üben den Wechsel zwischen fehlerhafter und korrckter Haltung, damit Ihre Muskeln diese neue Bewegung kennen lernen und Sie ein „Gefühlsfoto" schießen können, wie sich die neue Form anfühlt.
6 Dann erst gehen Sie zur Tat über und reiten wiederholt Volten, indem Sie Übung Nr. 5 miteinbeziehen.

> ## Trainingszettel

Eine zweite autodidaktische Lernform stellen Notizzettel dar. Ich lege mir immer dann, wenn ich ganz gezielt Situationen meistern will, Trainingszettel parat. Ich schreibe mir aus Büchern oder aus meinen Gedanken heraus auf, was ich systematisch trainieren will. Bezogen auf Ben ist das schon zur Gewohnheit geworden, denn ich würde inzwischen den Überblick über sein gesamtes Potenzial verlieren. Er beherrscht 60 Lektionen, und viele weitere sind in Arbeit. Ich habe sein gesamtes Repertoire auf einen großen Zettel geschrieben und in der Reithalle aufgehängt. Die Themen, die ich regelmäßig aus dem Blick verliere, unterstreiche ich.

Für Sie heißt das, Sie sollten alle Übungen ganz systematisch durchgehen: Die erste Lektion, die ein Pferd meistern soll, ist, sich in der Lernsituation entspannt zu verhalten. Auf Ihrem Zettel sollte also stehen: Mein Pferd soll ruhig stehen und ruhig gehen.

Im Verlauf des Buches werde ich Ihnen diese Trainings- und Checklisten zu jedem Kapitel vorlegen. Ich habe darin zusammengefasst, welche Aufgaben aufeinander aufbauen und welche Trainingsinhalte ich für wichtig halte. Diese Trainingszettel sollen Sie ins Training mitnehmen, um den Überblick zu behalten, um Aufgaben im wahrsten Sinne des Wortes abzuhaken.

**Herrscht kein visueller Kontakt zum Pferd, ist die Konzentration auf den eigenen Sitz leichter durchzuführen.**

Meine Trainingszettel helfen mir auch dabei, dass ich im Verlauf einer längeren Trainingsperiode nicht diese oder jene Anforderung vergesse oder im Ergebnis schlampe. Es ist im Übrigen interessant zu sehen, welches meine Favoritenaufgaben und welche die des Pferdes sind. Ist es das Pferd, das irgendeine Übung bevorzugt, oder bin ich es, die irgend etwas favorisiert? Könnte man diese schon perfekte Übung zugunsten anderer noch nicht so zufriedenstellender zurückstellen?

**Das Multitalent Ben in abendlicher Stimmung.**

### › Vielseitigkeit

Das Repertoire eines Pferdes sollte meiner Meinung nach so vielseitig und vielfältig wie möglich sein. Das Pferd soll letztendlich die gleiche Kompetenz wie Sie erreichen. Sie werden beide aneinander wachsen. Sie befähigen sich selbst und im nächsten Schritt Ihr Pferd. Je mehr Inhalte, je mehr Übungen ein Pferd beherrscht, desto lebendiger und freudiger wird es auch in der Arbeit, was auch wieder auf Sie selbst zutrifft. Sein Gehirn wird enorm gefordert, die Konzentrationsfähigkeit wird gesteigert, und schließlich kommt es dazu, dass es immer mehr nach neuen Ideen fragt, weil es die geistige Kapazität dazu entwickelt hat.

Pferde können unterschiedliche Neigungen und Begabungen haben. Hier lohnt es sich, in die verschiedenen Bereiche der Pferdeausbildung hineinzuschauen, um zu überprüfen, ob es nicht das eine oder andere Kapitel gibt, das Ihr Pferd sehr freudig und gerne übernehmen möchte. Dann wäre es ideal, wenn Sie die Lust verspürten, das aufzugreifen und sich eventuell auf diesem Sektor kompetent zu machen, falls Sie es nicht schon sind. Beispiel Springen, Beispiel Geländereiten, Beispiel Kutsche fahren, Beispiel Halsring reiten, Beispiel Trailübungen oder Beispiel Dressurreiten.

Was ist mit Ihren eigenen Neigungen? Ich hoffe, Sie werden mit den dargestellten Trainingsstrategien Erfolg haben und Ihr Pferd dafür motivieren können. Genau das ist zwischen Ben und mir passiert. Als ich ihn kaufte, war ich passionierte Reiterin (das bin ich immer noch), aber ich habe mich kundig gemacht auf allen anderen Bereichen außerhalb des Reitens, denn reiten wollte ich ihn nicht. Ohne ihn hätte ich wahrscheinlich nie mein heutiges vielseitiges Können erreicht. Offen sein für Möglichkeiten!

## › Jedes Pferd ist anders, stimmt das?

So unterschiedlich Menschen sind, so unterschiedlich können Pferde sein. Und so unterschiedlich müssen auch die Trainingsverläufe sein. Sie als Besitzer eines Pferdes sollten also dieses Wesen gut genug kennen lernen, um sich in Ihrer Lernstrategie richtig auf es einstellen zu können. Unterschiede können bestehen im Temperament, in der Lerngeschwindigkeit, in der Lernfreude, aber auch in dem, was das Pferd bis dato erlebt hat.

Im Temperament und im Körperempfinden können Pferde sehr unterschiedlich sein, z. B. kaltblütigere Pferde, die eher grob miteinander umgehen, im Gegensatz zu blütigeren Pferden, die schmerzenden Berührungen in jedem Fall entkommen wollen und vor diesen erschrocken fliehen. Die Dosierung von Lob hat in meinem Training bei jedem Pferd das gleiche freudige Maß: beim Unverfrorenen, Unhöflichen, beim Ängstlichen, beim Aggressiven, beim Scheuen ebenso wie bei dem, für den der Gehorsam zur Selbstverständlichkeit geworden ist und das Training sehr leicht vonstatten geht.

Die Dosierung der taktilen Zeichen richtet sich, wie schon erwähnt, nach dem Körperempfinden des Pferdes. Sie werden sich aber wundern, wie schnell ein stumpfes Pferd durch Klarheit und Konsequenz sensibler wird.

Für mich gibt es keine sturen Pferde. Es gibt nur Pferde, die den Trainingsablauf nicht verstehen oder aufgrund mangelnder Erfahrung unflexibel reagieren. Es gibt auch keine dummen Pferde, nur solche, die ein langsames Lerntempo haben, aber dennoch in der Lage sind zu lernen.

Oder das Sie „veräppelnde" Pferd: Das Pferd muss sich von Natur aus in die Herde einfügen, daher entwickelt es die Fähigkeit, sich unterzuordnen und es den anderen Recht zu machen. Pferde arbeiten von Natur aus mit, sonst könnten wir diese großen und starken Geschöpfe gar nicht für uns gewinnen. Daher käme ich zu dieser Schlussfolgerung: Sie haben es mit einem hoch intelligenten, unterforderten oder missverstandenen Pferd zu tun.

**Passen Sie die Lerninhalte der Individualität Ihres Pferde an.**

*Denken Sie daran, Pferde wollen gefallen und haben eine hohe Bereitschaft mitzumachen!*

# Vertrauen und Verstehen ist die Basis

# FREUNDSCHAFTS-TTOUCHES

> ## Entspannt und freudig starten

Zum alltäglichen Umgang gehören viele selbstverständliche Handgriffe und Übungen, die Sie und Ihr Pferd kennen. Ich möchte Ihnen neue Perspektiven für einige diese Aufgaben eröffnen, denn schon in diesen kleinen Dingen liegt die Basis für den vertrauensvollen Umgang. Ihr Pferd lernt, Ihnen noch mehr zu vertrauen, wenn Sie jeglichen Stress vermeiden. Neu an die Alltagsübungen heranzugehen ist nicht schwer und führt zur Festigung und Vertiefung Ihrer Beziehung.

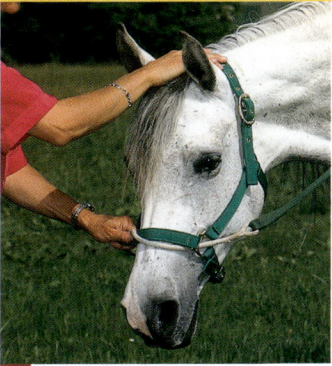

**1** Der Ohren-TTouch beginnt mit dem Kopf senken durch ein Signal im Genick. So bleibt das Pferd entspannt stehen.

> ## Freundschafts-TTouches

Ihr Pferd soll Ihnen nicht nur Vertrauen schenken, sondern das Zusammensein mit Ihnen genießen lernen. Die von Linda Tellington-Jones entwickelten TTouches sind ein wirklich guter und praktikabler Weg, um Ihrem Pferd Wohlbehagen zu vermitteln.

Die nun folgenden TTouches habe ich für mich Freundschafts-TTouches genannt, weil sie mir helfen, eine freundschaftliche Beziehung zu meinem Pferd aufzubauen.

Bei Pferden, die Körperberührungen ablehnen, können folgende Kriterien der Handtechnik von Bedeutung sein:
- Das Tempo: Es kann helfen, zunächst einen kurzen Moment sehr schnell und dann ganz langsam zu arbeiten.
- Die Druckstärke: Manche Pferde wollen einen klaren, deutlichen Druck, andere wieder einen sehr leichten, der aber nicht so fein ist, dass er kitzelt.
- Die Bewegungsrichtung: ob mit oder gegen den Uhrzeigersinn, ob mit oder gegen die Fellrichtung.
- Die Auflagefläche der Hand: ob mit der ganzen Hand, den Fingerspitzen oder mit einem Tuch berührt wird.

**2** Die linke Hand stabilisiert am Nasenteil des Halfters den Kopf, die rechte Hand streicht langsam das Ohr aus.

Was Ihr Pferd bevorzugt, wird es Ihnen zeigen. Probieren Sie die Varianten aus und stecken Sie das Ziel niedrig, aber lassen Sie sich nicht abwehren, sondern bleiben Sie liebevoll beharrlich und unbeirrt bei der Sache. Nach dem Motto: „So lange du die Sache noch nicht kennst, kannst du sie nicht beurteilen. Also lass mich mal machen." Sehr bald wird Ihr Pferd von Ihrem Vorhaben überzeugt sein und anfangen zu genießen.

**Ohren-TTouch** Der Ohren-TTouch ist eine sehr nützliche Übung für die Gesundheit und das Wohlbefinden des Tieres. Aus der Akupunktur weiß man, dass im Ohr Meridiane verlaufen, die mit den Organen in Verbindung stehen. Werden diese Meridiane angeregt, können Schmerzen, Verkrampfungen oder Verspannung reduziert werden. Sehr erfolgreich können Sie mit dem Ohren-TTouch Kolik, Schock oder Atmungsprobleme behandeln.

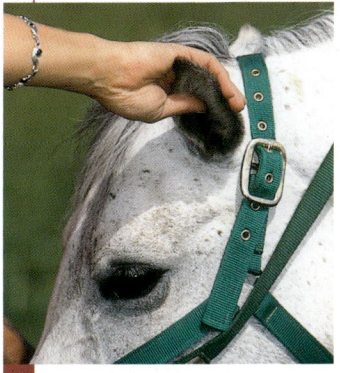

**3** Drei- bis viermal sanft am Ohr entlanggleiten und zum anderen Ohr wechseln. Ein langsames Tempo erzeugt Entspannung.

Kopfscheue Pferde lernen durch die Ohren-TTouches Berührungen am Kopf zu akzeptieren und zu genießen. Gehen Sie bei solchen Tieren sehr vorsichtig vor: Streichen Sie zuerst mit dem Handrücken oder einem Tuch langsam am Hals entlang und gleiten Sie schließlich bis zur Genickregion vor.

Achten Sie immer darauf, den Pferdekopf gesenkt zu halten, damit das Pferd entspannt bleibt. Akzeptiert das Pferd diesen Schritt, können Sie es mit der Handinnenfläche berühren.

### Check
### Alltäglicher Umgang
Zum alltäglichen Umgang gehören diese Übungen und Fähigkeiten:

**Ihr Pferd:**
- [ ] lässt sich überall berühren
- [ ] genießt die verschiedenen TTouches und Berührungen
- [ ] senkt den Kopf auf Ihr Kommando
- [ ] lässt sich mit tiefem Kopf halftern
- [ ] lässt sich mit tiefem Kopf zäumen
- [ ] bleibt entspannt beim Satteln

**Maul-TTouch** TTouches am Maul sind hilfreich für die emotionale Stabilität des Pferdes. Das Maul bildet die direkte Verbindung zum limbischen System im Gehirn, das die Emotionen kontrolliert. Maul-TTouches sind besonders für widerspenstige, nervöse und schreckhafte Pferde von Vorteil. Man kann Pferde damit auch gut auf die Zäumung vorbereiten. Lassen Sie sich nicht von der ersten Verwunderung und eventuellen Abweisung Ihres Pferdes irritieren. Denken Sie an Ihr Motto: liebevolle Beharrlichkeit.

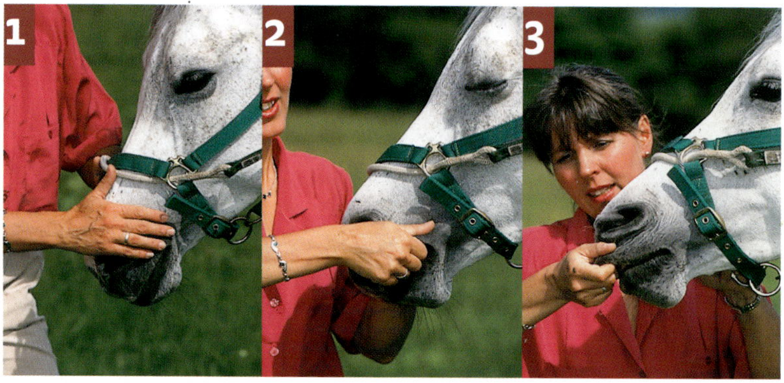

**1 Maul-TTouch:** Zuerst streicht Bea Borelle außen an der Maulspalte mit flacher Hand und kreisenden Bewegungen entlang.

**2** Dann nimmt sie die Oberlippe zwischen Daumen und Finger und massiert mit sanften, kreisenden Bewegungen.

**3** Sie arbeitet am ganzen Maul entlang, macht das Gleiche auch an der Unterlippe und geht dabei ruhig und langsam, aber beharrlich vor.

# FREUNDSCHAFTS-TTOUCHES

**1** Es gibt Stellen am Körper, da genießen Pferde ein festes Kraulen sehr. Zum Beispiel am Widerrist: Da sich Pferde hier nicht selber kratzen können, sollten Sie diese Freundschaftsgeste unter Artgenossen auch für sich entdecken.

**2** *Ganaschen:* Das sanfte Kraulen zwischen den Kieferästen lieben viele Pferde. Shagya-Araberstute Kincsem legt ihren Kopf quer und zeigt damit ihr Behagen.

**3** *Kruppe:* Die Bereiche um Kruppe und Schweifrübe zählen zu den Lieblingsstellen von Pferden. Probieren Sie aus, ob das auch für Ihr Pferd gilt.

**4** Nähern Sie sich stets vorsichtig, stellen Sie sich seitlich, streichen Sie langsam hin zur beabsichtigten Stelle, so dass Sie das Pferd nicht überraschen und zum Ausschlagen provozieren.

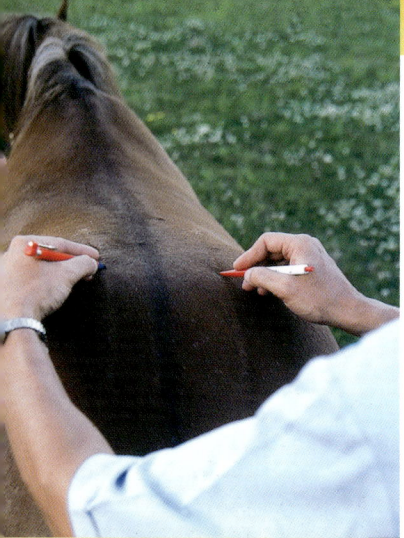

**Durch die parallel ca. 5 cm neben der Wirbelsäule gleichzeitig streichenden Stifte wird das Aufwölben des Rückens provoziert.**

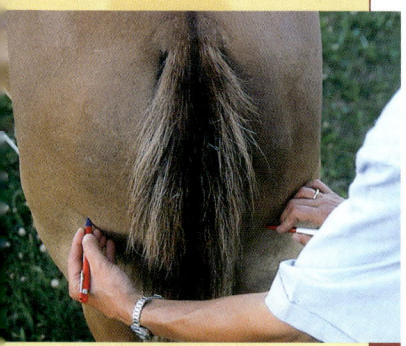

**Die Stifte streichen weiter neben dem Schweif entlang bis zur Mitte der Hinterbacken. Ziehen Sie die Stifte nicht zu langsam, sondern zügig über das Fell.**

*Rückenheben:* **Durch ein impulsartiges Drücken an der Bauchlinie des Pferdes wird ein Reflex ausgelöst. Die Bauchmuskeln spannen sich an, der Rücken streckt sich nach oben. Gesunde Gymnastik für den Pferderücken. Die an der Rückenlinie aufgelegte Gerte zeigt das Heben des Rückens.**

> ### Körperarbeit

Unter Körperarbeit verstehe ich Übungen, die die Muskeln des Pferdes entspannen und lockern. Manche sind Behandlungen, wie man sie aus der Physiotherapie kennt, einige sind Übungen aus der TTEAM-Methode. Sie erreichen ein besseres Körperbewusstsein Ihres Pferdes, größere Beweglichkeit und Flexibilität.

**Rückenheben** Beim Rückenheben spannt das Pferd seine Bauchmuskeln an, wölbt den Rücken auf und senkt den Kopf. Dies ist sehr nützlich für Pferde mit Hirschhals, Senkrücken oder Verspannungen im Rücken. Aber auch alle anderen Pferde profitieren davon, denn das Rückenaufwölben wollen wir ja auch beim Reiten in Dehnung und Versammlung erreichen. Es macht den Rücken elastischer, und ohne Reiter fällt Pferden diese Aufgabe leichter.

**Beckenkippen** Das Beckenkippen ist ebenfalls eine Übung zur Aktivierung der Rückenmuskulatur. Das Pferd wird dazu angeregt, seinen Rücken wie einen Katzenbuckel aufzuwölben. Dabei hilft ein Reflex: Durch ein zügiges Entlangstreichen neben der Wirbelsäule von der Kruppe bis zu den Hinterbacken wird die Wirbelsäule hochgestreckt.

Achtung: Führen Sie diese Technik nicht bei Pferden aus, die noch einen aktiven Reflex zum Ausschlagen besitzen, obwohl diese Übung eine genau entgegengesetzte Reaktion aktiviert, nämlich das Einziehen des Schweifes und Einrollen der Kruppe. Aber sicher ist sicher.

**Schulterlösen** Direkt beim Schulterblatt befindet sich eine Furche, in die man bei entspannter Schultermuskulatur mit den Händen hineingleiten kann. Diese Übung entspannt die ganze Schulterpartie und kann dazu beitragen, die Schulterfreiheit zu vergrößern, also dem Pferd zu vermehrtem Vorgreifen der Vorderbeine zu verhelfen. Auch wenn diese Behandlung beinahe etwas brutal aussieht, sie schadet in keinem Fall und tut dem Pferd nicht weh, denn wenn sich Ihr Pferd verspannt, haben Sie keine Chance, in die Falte hineinzugleiten.

1 *Schulterlösen:* Bea Borelle zeigt bei Ben, wo die Linie verläuft. Bei gebogenem Hals kann man in die Schulterfalte hineinfassen.

2 Bei gerade gehaltenem Hals können die Hände so weit in die Falte hineingleiten.

3 Bei gesenktem Hals kommen die Hände sogar noch etwas tiefer hinein und lockern die Schultermuskulatur.

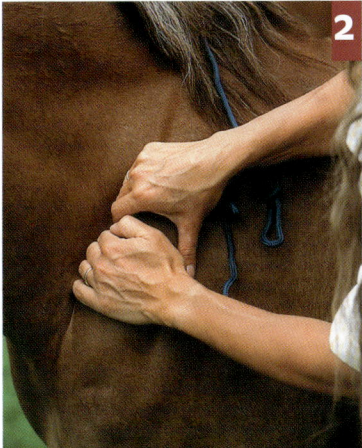
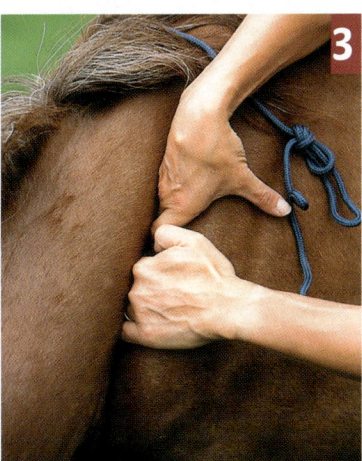

## Spielidee

## Bergziege

**1** Die Bergziege ist eine Übung, die das Pferd dazu bringt, seine Hinterbeine den Vorderbeinen anzunähern. Es senkt den Kopf und wölbt den Rücken auf. Diese Übung ist für Pferde mit schwachem Rücken eine sinnvolle Gymnastizierungsmöglichkeit.
Hilfsmittel: zwei Stangen und zwei Motorradreifen. Bea Borelle führt die Stute Pillango in den Stangengang mit den Reifen. Sie hält die Stute an, als sie mit beiden Vorderbeinen im ersten Reifen steht, und streicht ihre Vorderbeine mit der Gerte ab. Sie bekommt Zeit, die Aufgabe zu verstehen und nachdenken zu können.

**2** Dann geht es weiter zum zweiten Reifen. Pillango wird angehalten, sie soll mit beiden Vorderbeinen im Reifen stehen, später dann auch mit den Hinterbeinen. Vorsicht: halten Sie genügend Sicherheitsabstand. Bitten Sie einen Helfer, Ihr Pferd zu halten, wenn es nicht so sicher steht wie hier Pillango.

**3** Jetzt steht Pillango in den Reifen schon eng zusammen. Diese Position kann sie anfangs nicht lange halten, weil die Sehnen und Muskeln erst nach und nach durch wiederholte Dehnung gekräftigt werden. Bea Borelle streicht Pillango über die Hinterhand, um sie zu loben und ihr die Hinterhand bewusst zu machen.

**4** So soll es aussehen: Kopf tief, Rücken leicht gewölbt. Pillango hält diese Position etwa 20 Sekunden und bekommt tief ein Futterlob. Sie können die Reifen auch durch zwei Stangen ersetzen, die quer zum Pferd in dichtem Abstand liegen. Das Pferd soll zwischen den beiden Stangen stehen. Je näher die Stangen zusammenliegen, desto mehr nähert sich die Übung der Bergziege an.

## > Alltäglicher Umgang

Für den alltäglichen Umgang habe ich mir eine grundsätzliche Idee von Richard Hinrichs zu Eigen gemacht, der dazu rät: „Vermeiden und eliminieren Sie jegliche Störfaktoren auf Nebenschauplätzen, damit nicht schon im Vorfeld die Arbeitsatmosphäre angegriffen ist." Dazu gehören friedliches Anbindenlassen, Ruhe beim Putzen, beim Satteln, Auftrensen, Aufsitzen usw. Erziehen Sie das Pferd im Kindes- und Jugendalter so, dass alle Fähigkeiten, die dem Reiten vorgeschaltet sind, gehorsam, sicher und freundlich ablaufen, damit Sie in ungetrübter Atmosphäre ohne Verstimmungen das Reiten oder die eigentliche Arbeit beginnen können.

Um ein Durchkreuzen meiner Absicht „Ich möchte mein Pferd in Ruhe reiterlich ausbilden" zu vermeiden und damit entstehende Frustration oder Dissonanzen – in welcher Qualität auch immer – zu verhindern, lege ich äußerste Sorgfalt auf alle Details der Basisausbildung.

In den beschriebenen Abläufen fällt Ihnen z. B. sehr wohl auf, dass Ihr Pferd gerade etwas tut, was es nicht tun soll. Das kann dann zur Verstimmung Ihrerseits führen. Ebenso häufig sehe ich auch das krasse Gegenteil. Das Pferd tut, was es will, der Besitzer merkt es nicht und lässt es daher gewähren. In diesem Zusammenhang spricht man gerne davon, dass es bei dem Spiel, wer welche Punkte sammelt, das Pferd ist, das die Punkte sammelt. Manche Besitzer haben ein inflationäres Punktekonto und wundern sich über die Konsequenzen. Nach einem Punktestand zu arbeiten bringt Klarheit und differenziertes Sehen. Darum geht es – und nicht um das Gewinnen an sich.

Wenn ein Pferd von sich aus agiert, es unruhig am Putzplatz steht, den Menschen weg drängelt und den Weg bzw. die Richtung bestimmt, genauso das Tempo und es wird darin nicht korrigiert, dann lernt es, dass das, was es tut, auf Einverständnis trifft.

Das Pferd lernt aus diesem Verhalten,
- dass es sich ranghöher machen kann,
- dass es keinen kompetenten Führenden hat, auf den es sich verlassen kann und dem Anerkennung gebührt.

Wenn jemand noch kein Auge dafür hat, in welchen Momenten ein Pferd den Menschen für inkompetent erklärt und sich ranghöher macht, kann das gravierende Folgen haben. Es gibt Pferde, die jeden Tag aufs Neue wissen wollen, wo sie in der Rangordnung stehen und testen, ob ihr Besitzer ausgeschlafen ist oder nicht.

Beginnen Sie damit, Ihrem Pferd klare Aufgaben zu stellen – die Checklisten sind dabei behilflich. Sammeln Sie Punkte – das beginnt bei „Kleinigkeiten" wie der nächsten Übung.

---

**Kennen Sie die drei Gründe für Verstimmungen bei zwischenmenschlichen Beziehungen?**
- *Eine nicht geführte, missverständliche Kommunikation*
- *Eine durchkreuzte Absicht*
- *Eine nicht erfüllte Erwartung*

*Wie wahr und gültig ist das auch in der Arbeit mit dem Pferd!*

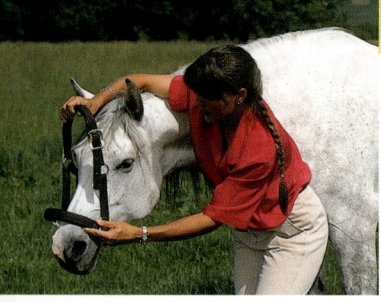

**Halftern** Halftern ist eine selbstverständliche Übung, die Sie und Ihr Pferd sicherlich schon beherrschen. Mir kommt es bei meinem Training aber darauf an, diese Aufgabe entspannt und bewusst zu bewältigen. Ich lege großen Wert darauf, dass das Pferd beim Halftern immer den Kopf gesenkt hält, weil es in dieser Haltung denken kann, seinen Fluchtreflex überwindet und entspannt bleibt. Es ist auch eine gute Vorübung zum angenehmen Auftrensen.

Zuerst fordern Sie das Pferd auf, den Kopf zu senken. Stellen Sie sich links neben das Pferd und erreichen Sie über sanften Druck mit der Hand im Genickbereich und viel Lob mit der Stimme das Absenken des Halses. Auch Ihre Körpersprache zeigt an, was Sie möchten: Beugen Sie sich mit dem Oberkörper vor oder hocken Sie sich sogar hin, um dem Pferd die Idee „herunter" zu vermitteln.

Sollte das Pferd Schwierigkeiten haben, sich im Ohrenbereich berühren zu lassen, schalten Sie die Ohren-TTouches vor (siehe S. 49). Wenn ein Pferd nicht versteht, was Sie mit Ihrem Druck erreichen möchten, lehren Sie es den Kopf zu senken (S. 58). Bieten Sie dem Pferd Futter tief am Boden an und loben Sie sofort beim Senken des Kopfes mit der Stimme. Sie sollen Stress vermeiden, also wählen Sie die Alternative, die Sie einfach und schnell zum Ziel führt und dem Pferd einen erkennbaren Profit in Form von Futter bietet.

Hat das Pferd den Kopf gesenkt, legen Sie sich das Halfter zurecht. Mit der rechten Hand ergreifen Sie das Genickstück des Halfters und schieben den rechten Arm über den Mähnenkamm und die Hand zwischen die Ohren. Diese Haltung ermöglicht Ihnen eine Kontrolle über Kopf und Hals und informiert das Pferd über die gewünschte Kopfposition.

Mit der linken Hand öffnen Sie das Nasenteil des Halfters und schieben es über die Nase nach oben. Dann streifen Sie das Genickstück zuerst über das rechte Ohr, dann über das linke Ohr. Um es Ihrem Pferd so angenehm wie möglich zu machen, halten Sie ihm beim Überstreifen die Ohren nach vorne.

Der Moment des Über-die-Ohren-Ziehens ist meist der Zeitpunkt, an dem das Pferd seinen Kopf wieder hebt. Wiederholen Sie das Halftern dann nochmals und achten Sie sorgsam darauf, das Pferd nicht zu irritieren und das Kopfheben nicht zu provozieren. Dann schließen Sie das Halfter, loben Ihr Pferd und zeigen echte Freude! Diese Übung festigen Sie durch drei- bis viermalige Wiederholung.

Üben Sie ebenso das Abhaltern, damit Ihr Pferd im späteren Verlauf den Kopf gesenkt hält, wenn es beim Abtrensen das Gebiss aus dem Maul geben soll.

## Kurz gesagt

**Was?**
Halftern
**Warum?**
Alltagsübung entspannt ausführen, Vorübung zum Auftrensen
**Womit?**
Passendes Halfter
**Wie?**
Kopf senken, Halfter zurechtlegen, Arm über den Pferdehals positionieren, Genickstück über jedes Ohr einzeln ziehen, Halfter schließen.

**Anlegen der Führleine** Ich nutze Führleine oder Führkette, wie sie auch in der TTEAM-Arbeit verwendet werden. Der Vorteil dieser Hilfsmittel liegt für mich in der besseren Kontrollierbarkeit des Pferdes. Ein Pferd nur mit Halfter und Führstrick zu lenken, ist wesentlich schwieriger, weil Sie über den Halfterstrick unten am Kopf des Pferdes nur undifferenziert Signale geben können. Sie haben weder einen klaren Einfluss auf die Richtung, in die das Pferd den Kopf nimmt, noch können Sie verhindern, dass ein entschlossenes Pferd Sie bis „zu Sonne und Mond schleppt".

Wenn Sie mit einem wirklich sehr braven, sicheren Pferd von A nach B gehen, reicht der Führstrick im unteren Ring verschnallt. Haben Sie in einer unerwarteten Situation mit einem nicht sicher und ruhig reagierenden Pferd keine Führleine zur Hand, befestigen Sie den Anbindestrick im seitlichen, unteren Halfterring und schnallen das Halfter so eng wie möglich.

Die Führleine oder Kette liegt eng an und bietet Ihnen die Möglichkeit, feine und gezielte Signale zu geben. Sie umschließt den gesamten Kopf und rahmt ihn ein. Sie können mit diesem Instrument den Kopf also wesentlich klarer wenden, kontrollieren und in Folge biegen (z. B. in Hindernisübungen, in denen Ihr Pferd Schritt für Schritt und ganz kontrolliert antreten und anhalten soll, wie z.B. Reifenfeld, Wippe, Labyrinth). Ich verwende die Führleine generell, weil sie sich bewährt hat. Sie bildet zusammen mit der Gerte mein Instrument für spezielle Situationen. Die Kommunikation soll aber von der Gerte und der sich aus deren Handhabung ergebenden Körpersprache ausgehen.

Die Führkette ist ein Anker in der Not. Ich habe nichts gegen die Verwendung eines metallischen, potenziell harten Materials. Lernen Sie, es weich zu gebrauchen, wie Sie auch lernen müssen, ein Gebiss im Pferdemaul weich zu handhaben. Die feinmotorischen Signale an der Führkette lehren Ihren Händen, klar zu kommunizieren, wenn nötig zuzufassen und wieder loszulassen. Ein Kapital, das Ihre Reiterhände benötigen. Hauptaugenmerk liegt auf dem Zusammenspiel mit den anderen Signalen.

Die Führkette setze ich bei stoischen oder heftigen Pferden ein, bei denen ich zuerst deutliche Zeichen setzen muss. Wenn ich erreicht habe, dass mir das Pferd zuhört, gehe ich auch bei diesen Pferden zur sanfteren Leine über, mit dem Ziel, nur noch mit berührungsfreien Gertenzeichen kommunizieren zu können. Die Lösung liegt in der Verlaufsform, z. B. in der Position der Entspannung (siehe S. 71), statt in der Stärke der Kette.

Wichtig ist, ein wirklich passendes Halfter zu verwenden. Wenn das Halfter zu groß ist, rutscht das äußere Backenstück des Halfters leicht zu nah und damit deutlich störend an das Auge.

**1** Die Leine wird in ganzer Länge von außen nach innen durch den linken unteren Halfterring gezogen.

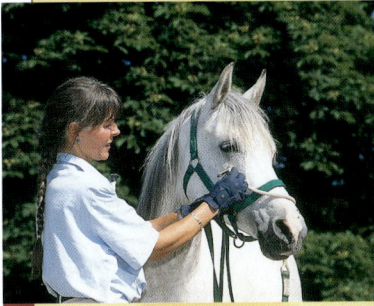

**2** Anschließend wechselt Bea Borelle die Seite und legt die Leine einmal über den Nasenriemen des Halfters.

**3** Am rechten unteren Halfterring wird die Leine von oben innen nach außen gezogen und am oberen Ring eingehakt.

**4** Die Leine soll etwa eine Handbreit aus dem Halfter herausschauen.

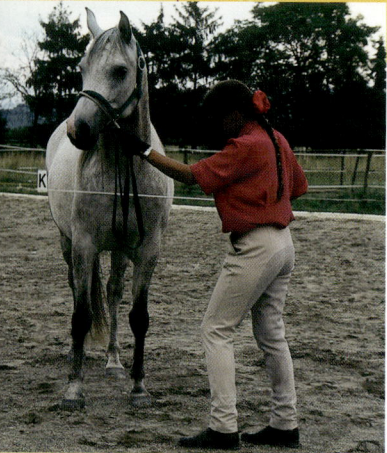

**Die Führleine wird in Schlaufen aufgenommen, die Gerte streicht den Körper ab.** 1

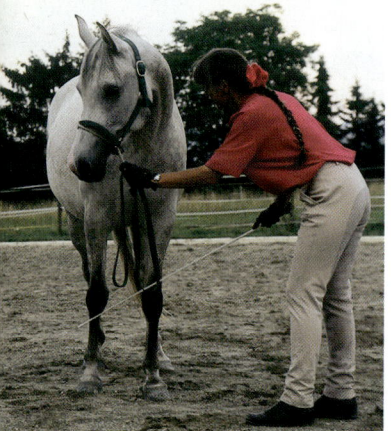

**Wiederholtes Abstreichen mit der Gerte und zupfende Signale an der Leine zeigen den Weg nach unten.** 2

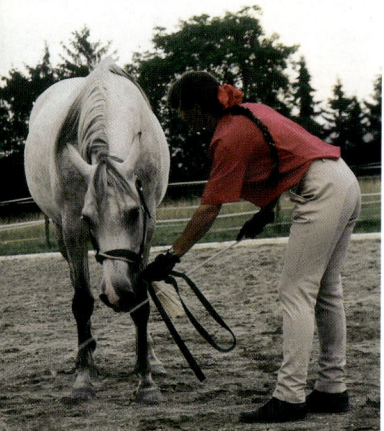

**Ziel erreicht: Extreme Dehnungshaltung, loben mit der Stimme, abstreichen mit der Gerte.** 3

Sie sollten also zunächst den Sitz des Halfters überprüfen. Dazu stellen Sie sich vor das Pferd, ergreifen den unteren Teil des Backenstücks und überprüfen, ob das Halfter bis zum Auge rutschen kann. Wenn das der Fall ist, nehmen Sie einen Lederriemen, z. B. den Pullerriemen aus Ihrem kombinierten Reithalfter, und verbinden mit dem Riemen die beiden unteren Halfterringe unter dem Kinn miteinander. Damit schnallen Sie das Halfter enger. Wenn das nicht ausreicht, verbinden Sie die beiden Backenstücke unter dem Kinn. Solange Sie sehr differenziert und klar mit Hilfe der Führleine kommunizieren wollen, schnallen Sie das Halfter entsprechend eng. Wenn Sie die Führseite wechseln, müssen Sie die Leine umschnallen.

**Kopfsenken** Das Kopfsenken am Halfter ist eine wichtige Alltagsübung, weil es die Dehnungshaltung und das Flexionieren (siehe S. 161 ff.) vorbereitet. Es gibt verschiedene Möglichkeiten, das Kopfsenken zu erreichen.

*Vor dem Pferd stehend* Das Pferd wird mit Halfter und Führleine ausgerüstet. Nehmen Sie die Führleine in Schlaufen in die linke Hand (siehe S. 71) und fassen Sie die Leine nah am Halfter. Geben Sie sanften Zug auf die Leine und bewegen Sie Ihren Oberkörper leicht nach vorne. Der Zug entspricht zupfenden Signalen, es ist ein Annehmen verbunden mit einem Nachgeben, so oft, bis das Pferd den Kopf gesenkt hat. Dann stellen Sie das Signal ein.

In der rechten Hand halten Sie die Gerte wie einen Degen und streichen ohne zu zögern über Halsunterseite, Brust und Beine bis zu den Hufen nach unten. Wiederholen Sie diesen Vorgang ständig, eventuell unterbrochen durch touchierende Signale

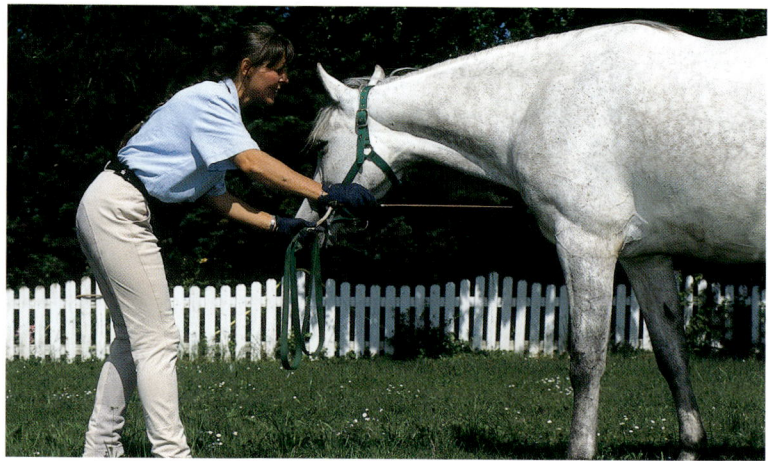

**Kopf senken vor dem Pferd stehend.**

an der Schulter, falls Ihr Pferd Anstalten macht vorwärt zu treten. Wenn es vorwärts getreten ist, richten Sie es rückwärts. Da das Vorwärtstreten nicht gefragt ist, müssen Sie Ihren Wunsch demonstrieren – tun Sie das durch das Rückwärts-Treten-Lassen (siehe auch S. 76).

Sprechen Sie mit beruhigender Stimme. Sobald Sie den ersten Ansatz des Kopfsenkens erkennen, loben Sie. Halten Sie den Kopf etwa eine Minute unten, Ihr Pferd soll lernen, diesen entspannten Zustand auch eine längere Zeit zu halten. Streichen Sie dabei weiterhin mit der Gerte über Halsunterseite, Brust, Beine bis hinunter zu den Hufen.

**1** Wenn das Pferd den Kopf extrem hochstreckt, gehen die Hände mit nach oben.

*Neben dem Pferd stehend*  Das Pferd trägt Halfter und Führleine (siehe S. 56). Fassen Sie vorsichtig mit der rechten Hand an den Genickbereich, mit der linken um die Nasenlinie des Pferdes.

Weisen Sie den Kopf mit seitlich biegenden Bewegungen in die Tiefe. Es ist eine sanfte wiegende Bewegung nach links, nach rechts usw., hin- und herfließend und ruhig. Jedes kleine Senken wird mit der Stimme belohnt. Wenn das Pferd den Kopf gesenkt hat, sollten Sie es durch beruhigende Laute und Abstreichen dazu bringen, die tiefe Kopfposition eine Zeit lang zu halten.

Ziel ist, das Pferd auf feine Signale zum Kopfsenken zu veranlassen. Werden Sie mit Ihren Signalen immer sparsamer und feiner. Schließlich soll das Pferd lernen, nur auf ein leichten Druck im Genick oder Zupfen am Führseil den Kopf zu senken.

Dazu verknüpfen Sie Bekanntes mit Neuem, also eine Aufgabe, die Ihr Pferd versteht, mit dem nächsten Schritt. Wenn sich Ihr Pferd herunterwiegen lässt, dann üben Sie den nächsten Schritt, indem Sie wieder wiegen (bekannt), die linke Hand auf den Nasenrücken und die rechte hinter die Ohren legen und mit leichtem Druck nach unten weisen (neu).

**2** Das seitliche Wiegen mit der rechten Hand über dem Hals und der linken an der Nase.

Nach Wiederholungen folgt der nächste Schritt: Diesmal greift die linke Hand nicht an die Nase, sondern an die Führleine und gibt zupfende Signale nach unten (neu), während die rechte

### Kurz gesagt

| | |
|---|---|
| **Was?** | Kopfsenken |
| **Warum?** | Überwindung von Angst, Stress, Vorbereitung zum Dehnen und Flexionieren |
| **Womit?** | Halfter, Führkette oder Führleine, Gerte |
| **Wie?** | Vor dem Pferd stehend: mit Abstreichen von Brust und Beinen mit der Gerte; neben dem Pferd stehend: durch schaukelnde Bewegung des Kopfes. |

**3** In extremer Dehnungshaltung entspannt sich das Pferd. Es soll lernen, diese Position bis auf Abruf einzuhalten.

**Das Zaumzeug mit der Schenkeltrense wird vor dem Aufzäumen geordnet.**

Hand wie gewohnt im Genick liegt und den Weg nach unten weist (bekannt). Wird das wiederholt und erfolgreich umgesetzt, dann lassen Sie das bekannte Zeichen im Genick weg und zupfen nur noch an der Führleine.

Führen Sie das Kopfsenken 1000-mal und nochmals 1000-mal durch, bis Sie im Laufe von Monaten einen perfekten Gehorsam erzielt haben und Ihr Pferd selbst in Schrecksituation bereit ist, den Kopf gesenkt zu halten, auch wenn Ihnen laute Motorräder, Trecker, Kühe, was auch immer begegnen. Dann sollten Sie sich sehr für Ihre Arbeit loben!

Ich erarbeite das Kopfsenken lieber aus bewussten Signalen als über das „Herunterfüttern". Jedoch – wenn es gar nicht anders geht oder Sie die Geduld für den beschriebenen Verlauf nicht haben – füttern Sie.

### Aufzäumen und Abzäumen

Beim Auf- und Abzäumen soll der Pferdekopf gesenkt bleiben. Diese Aufgabe ist schwieriger als das Halftern, weil es mehr Störfaktoren gibt. Viele Pferde haben gelernt, sich gegen das Aufnehmen des Gebisses zu wehren, oder weigern sich, das Maul zu öffnen. Oder sie nehmen den Kopf so hoch, dass man ärgerlich wird, ein Pferd so trensen zu müssen. Setzen Sie dem ein Ende! Ihr Pferd soll lernen, den Kopf zu senken und gesenkt zu lassen, wenn Sie es aufzäumen. Sammeln Sie Punkte!

Was außerdem für das Erlernen dieser Alltagsdisziplin spricht ist die Tatsache, dass das Zäumen bei senkrecht gehaltener Maulspalte für das Pferd viel angenehmer ist, da das Gebiss nicht an die Zähne schlägt und später das Aufzäumen mit einer Kandare ebenfalls vereinfacht.

Starten Sie also ganz neu. Das Kopfsenken leitet die Übung ein. Lob mit der Stimme oder Streicheln zeigt Ihrem Pferd, dass es sich lohnt mitzumachen. Dann gehen Sie Schritt für Schritt neu an das Aufzäumen heran, so wie es die Bildfolge zeigt.

Würdigen Sie jeden kleinen Erfolg mit einem stimmlichen Lob. Nutzen Sie auch das Futterlob, wenn Sie merken, dass Sie damit die Atmosphäre positiv gestalten können.

### Kurz gesagt

| | |
|---|---|
| **Was?** | Aufzäumen |
| **Warum?** | Vorbereitung zum entspannten Reiten, potenzielle Störfaktoren eliminieren |
| **Womit?** | Zaumzeug |
| **Wie?** | Zaumzeug zurechtlegen, Kopf senken, Gebiss nehmen lassen, Kopfstück über jedes Ohr einzeln ziehen, Schnallen schließen – dabei darf das Pferd den Kopf wieder heben. |

# KÖRPERARBEIT 61

1 Das Kopfsenken durch Signaldruck am Genick leitet das Auftrensen ein.

2 Die tiefe Haltung mit senkrechter Maulspalte erleichtert das Aufnehmen des Gebisses.

3 Um so wenig wie möglich zu irritieren, wird jedes Ohr einzeln unter das Genickstück geschoben.

4 Das Pferd legt sich das Gebissstück selbständig ins Maul. Danach werden die Schnallen geschlossen. Das Abzäumen erfolgt in umgekehrter Reihenfolge.

## Spielidee

### Auftrensen vom Boden

Hier zeigt Bea Borelle das Aufzäumen im Hocken. Ein zusätzlicher Schwierigkeitsgrad ist, dass Sie sich mit dem Pferd auf einer Rasenfläche befinden, die zum Grasen verlockt. Diese Übung machen Sie bitte erst, wenn Sie ein solides Vertrauen zum Pferd haben und sich sehr sicher sind, dass es Sie nicht überrennt.

**Das Lecken der Kuhzunge:** Die sanft streichende Bewegung startet unten an der Bauchlinie.

Die Hand gleitet über das Fell bis zur Mitte der Flanke, dort wird die Hand nach oben gedreht.

Das Streichen endet oben, nachdem die Hand noch ein Stück an der Wirbelsäule entlanggeglitten ist.

*Satteln* Das Satteln ist eine Übung, die häufiger als das Auftrensen mit Unsicherheiten belastet ist. Sattelzwang, Luftanhalten, Kopfschlagen, Zähneknirschen und andere Verspannungssignale sind Reaktionen, die ich bei Kurspferden beobachten kann. Nach meiner üblichen Strategie vermeide ich auch hier jeglichen Streit und gehe das Satteln Schritt für Schritt an.

*TTouch Lecken der Kuhzunge* Dies ist ein streichender TTouch, der Pferde an Berührungen im Sattel- und Gurtbereich gewöhnt und die Atmung reguliert. Akzeptiert das Pferd diesen TTouch nicht, verwenden Sie ein Tuch, vermindern Sie den Druck oder verlangsamen Sie die Geschwindigkeit, mit der Ihre Hand über das Fell gleitet.

Legen Sie Ihre Hand im unteren Gurtbereich auf und streichen Sie sanft mit der flachen Hand in Ihre Richtung. Die Fingerspitzen zeigen von Ihnen weg. Etwa auf Schulterhöhe drehen Sie die Hand, sodass die Finger nach oben zeigen und der Handrücken sichtbar wird.

Streichen Sie weiter bis hoch zum Widerrist und lassen Sie die Bewegung in Richtung Kruppe auslaufen. Das Streichen soll eine gleichmäßig flüssige Bewegung sein, dabei kann das Fell leicht aufgerauht werden.

*TTouch Bauchheben mit Handtuch* Das Bauchheben mit Handtuch bereitet das Pferd auf sanfte Weise auf den Druck des Sattelgurtes vor, reguliert die Atmung und hilft bei Verkrampfungen der Bauchmuskeln, zum Beispiel bei Kolik. Viele Pferde senken beim Bauchheben den Kopf und atmen tief durch.

Nehmen Sie ein Badehandtuch oder Laken und legen Sie es so über den Rücken, dass Sie beide Enden auf Ihrer Seite umgreifen können. Mit der linken Hand halten Sie das eine Ende fest, mit der rechten ziehen Sie das Tuch nach oben. Zählen Sie beim Ziehen bis zehn, halten Sie es bis zehn und lassen Sie es dann bis 15 zählend locker. Wichtig ist, das Tuch sehr langsam wieder zu lösen, denn das Lösen erzeugt den Entspannungseffekt.

*Satteln* Nehmen Sie sich für das Satteln Zeit. Zeigen Sie dem Pferd zuerst den Sattel, lassen Sie es daran schnuppern und heben Sie den Sattel erst dann vorsichtig auf seinen Rücken.

Bevor Sie den Sattelgurt schließen, machen Sie ein Bauchheben mit dem Sattelgurt. Ziehen Sie den Gurt vorsichtig nach oben, halten Sie ihn bis zehn zählend auf Spannung und lassen Sie ihn dann langsam wieder los. Mit der rechten Hand stabilisieren Sie den Sattel in seiner Position.

Erregt sich Ihr Pferd, entspannen Sie es durch die Übung Kopf senken und setzen Sie dabei auch Ihre Stimme mit ein. Mittlerweile kennen Sie, verehrte Leserinnen und Leser, mich so gut, dass Sie ahnen, dass ich auch das Füttern während des Sattelns nicht ablehne. Ich setze es ein, wenn ich mit den anderen Ideen auf lange Sicht erfolglos bin. Das Füttern als solches lenkt das Pferd ab, lässt es sich wieder entspannen und atmen, aber es behebt nicht unbedingt die Ursache und ist daher als Hilfe immer meine letzte Wahl.

1 **Bauchheben mit Handtuch**

2 *Bauchheben beim Satteln:* **Langsam wird der Sattelgurt angehoben. Das Pferd soll den Kopf senken. Die linke Hand am Sattelblatt hält gegen, die rechte zieht den Sattelgurt langsam und vorsichtig an.**

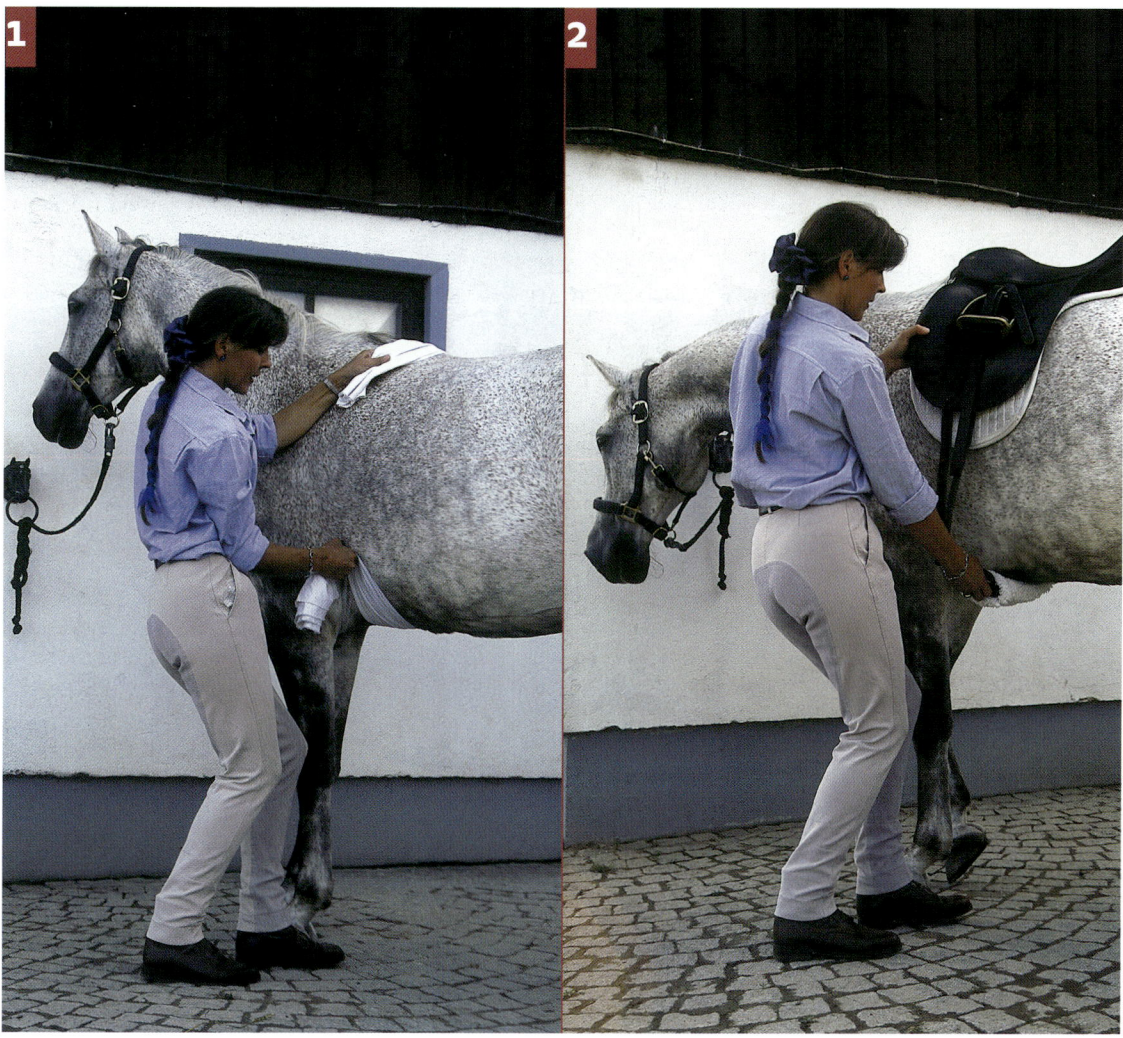

# Führtraining: Basisübungen

> ## Pferde spüren Kompetenz

Es scheint selbstverständlich und leicht zu sein, ein Pferd neben sich zu führen. So einfach ist die Sache aber gar nicht, vor allem nicht mit jungen Pferden oder solchen, die das Führen nicht richtig gelernt haben. Oft treffe ich auf Mensch-Pferd-Beziehungen, bei denen das Pferd bestimmt, den Führenden gänzlich ignoriert und eventuell gefährlich wird. Lesen Sie auch auf S. 55 zum Thema Punktekonto.

Das grundsätzliche Thema am Boden ist eine präzise Kommunikation, aus der sich eine anerkannte Position der Führperson „wie von selbst" ergibt. Ich strebe an, meine ranghöhere Stellung beim Pferd durch meine Kompetenz zu erlangen und nicht durch dominantes Auftreten.

Damit sind wir beim Thema der derzeit modernen Bodenarbeitskonzepte. Was wird zurzeit auf dem Seminar- und Kurs-Markt angeboten? Nun, entweder sind es die Führpositionen nach Linda Tellington-Jones, wie ich sie vorstellen werde, oder die nach den Prinzipien des „Join up" und „Follow up" im Round Pen oder am langen Rope. Zugegeben: Die Ergebnisse sind beeindruckend. Wie ich auf dem Pferdeflüstererseminar in Reken erleben konnte, sind die Trainer mittlerweile viel sanfter als in den ersten Jahren.

Meine eigene Reihenfolge der Wahl der Methoden ist Folgende: Ich beginne auf der Basis der TTEAM-Methode mit Körperarbeit und Führpositionen, weil ich entspannte, stressfreie und freudige Lernsituationen erreichen möchte.

85% aller Pferde lassen sich allerbestens mit Hilfe der TTEAM-Methode ausbilden oder korrigieren. 5-10% können aufgrund von körperlichen Mängeln bestimmte Dinge nicht leisten, auch nicht, wenn sie nach dem Vertreiben-Folgen-Rope-Prinzip oder anderen ähnlichen Methoden gearbeitet werden. Die restlichen 5% bringe ich durch das vorgeschaltete Vertreiben-Folgen-Rope-Prinzip zur Mitarbeit.

> ## Weichen und folgen lassen, führen

Mein Hengst Barros war so ein Sonderfall. Auch nach wochenlanger TTEAM-Arbeit und sanften Gehorsamsübungen beachtete er mich nicht wirklich. Seine Leistungen waren nicht schlecht, aber geistig war er nicht bei mir. Erst einige Übungsstunden mithilfe eines sanften, aggressionsfreien „Join-up" haben den Durchbruch bewirkt. Anschließend arbeitete ich ihn mit der TTEAM-Methode weiter.

Ein anderes Beispiel: Ich war bei Monsieur Philippe Karl zu Besuch in der Provence, in der Bergwelt der Drôme. Wir wollten einen dreieinhalbjährigen Lusitano namens Japao, der auf der

*Japao:*
„Unglaublich toll, dieses Schritt-für-Schritt-Training."
*Philippe Karl:*
„Hab' ich da etwas missverstanden?"
*Bea Borelle:*
„Brav!"

Reitanlage stand, begutachten. Er sollte sich freilaufend in der Halle bewegen, damit wir ihn beurteilen konnten. Der Weg zur Reithalle, die auf einem Hügel stand und noch im Bau war, führte über einen schmalen Weg, der zu einer Seite hin steil abfiel und mit Schotter belegt war. Das Pferd stellte sich, trotz Führpferd, als kein bisschen halfterführig heraus. Zwei starke Männer führten dieses ständig explodierende Geschoss von beiden Seiten. Es war ein Drama. Entweder fror das Pferd ein und stand regungslos oder es explodierte wieder an der Hand. Es stieg und schlug aus. Tollkühn „begleiteten" die beiden Männer den Lusitano trotzdem bis zur Halle und ließen ihn dort frei. Die Halle war nicht zu schließen, das Tor noch nicht vorhanden. Wir begutachteten das junge Pferd, und ich machte mir Gedanken, wie wir ihn erstens einfangen und zweitens wieder zurückbringen sollten. Den Rückweg fand ich sehr bedrohlich, da es diesmal bergab ging und halbhohe Mauern und scharfe Kanten von frisch betonierten Flächen den Weg säumten. Ich beschloss, ihn mit „Join up" und „Follow up" zu arbeiten. Wir sorgten mit mehreren Personen dafür, dass der Wallach in der hinteren halben Bahn der Halle blieb. Ich fing an, ihn zu vertreiben und ließ ihn Richtungswechsel machen. Nach ca. 20 Minuten war der Erfolg durch das „Join up" erkennbar – er folgte mir, und ich konnte ein friedliches Pferd in die Box bringen.

Jetzt hatte ich angebissen. Ich wollte den weiteren Verlauf des möglichen Trainings erleben und hatte dazu noch vier Tage Zeit. Samstagmorgen ging ich zu Japao in die Box und arbeitete an der Lektion Kopf senken. Ich machte Maul- und Ohren-TTouches. Er akzeptierte meine Berührungen, genoss sie aber noch nicht. Ich nahm ein Führpferd zu Hilfe, um ihn zum Reitplatz zu führen, der wiederum einen steilen Hang abwärts lag. Es gab zwar keine Eskalation, aber ohne das Führpferd wäre ich verloren gewesen. Er führte mich, bestimmte das Tempo, schnitt mir den Weg ab – und das alles bergabwärts. Auf dem Reitplatz arbeitete ich wieder 20 Minuten im „Join up", um seine Aufmerksamkeit zu bekommen. Es klappte, er wendete sich mir zu und folgte mir in jede beliebige Richtung.

Ich arbeitete noch 15 Minuten weiter – jetzt in der Führposition der Entspannung, Kopf senken, Antreten, Anhalten, Distanz halten. Er machte bestens mit. Das dritte Training am Nachmittag: Er war so willig und brillant führig, dass ich mit ihm einen kleinen Spaziergang wagte. Zum Reitplatz hätte ich nur wieder die abschüssige Strecke vor mir gehabt, also wählte ich lieber das Gelände mit ebenen Wegen. Japao war einfach toll! Er hielt an und trat an, blieb auf Distanz, ließ sich von beiden Seiten führen, ich konnte ihn mit der Gerte abstreichen und Ruhe verlangen – alles war da. Ich war begeistert. Am Wegrand lagen eine Apfelsinenkiste und unweit davon Heubänder. Ich befestigte eine Schnur an der Kiste und zog sie hinter mir her, nachdem ich Japao die Kiste hatte beschnuppern lassen und ihn einmal mit der Kiste umrundet hatte. Zwei Meter vor ihm warf ich die Kiste zu Boden. Er behielt die Ruhe. Es war unglaublich. Woher kam dieser schnelle Erfolg? Ich denke, es waren 70% das „Join up", 15% die TTEAM-Arbeit und 15% das gute Interieur des Lusitano-Wallachs. Ich ging weiter im Abstand vor Japao. Zwischen uns schleifte die Kiste und Japao folgte dahinter. Ich blieb immer wieder stehen, ließ ihn den Kopf senken und die Kiste beschnuppern. So „prozessierten" wir nach Hause. Die Stallkollegen, die mich kommen sahen, trauten ihren Augen nicht und hielten es für ein Wunder. Ich auch. Ich jubilierte und lobte Japao überschwänglich.

Sonntagmorgen arbeitete ich ihn auf dem Reitplatz. Diesen zu erreichen war leicht: Ohren-TTouch, Maul-TTouch, Position der Entspannung, Kopf senken, Distanz wahren, Anhalten, Antreten, Antraben – alles perfekt. Ich hörte nach 30 Minuten auf.

Sonntagnachmittag das Gleiche. Ich legte die Körperbandage um das Pferd. Zwei normale Bandagen werden um die Brust und

> **Was heißt eigentlich, Ihr Pferd beherrscht die Übung?**
> - Es hat verstanden, was es tun soll.
> - Es ist mittels Übung befähigt es zu tun.
> - Es führt die Übung völlig entspannt und willig aus.
> - Ein Ende ist nicht abzusehen. Sie haben das Gefühl, Sie könnten noch weit mehr verlangen.

die Hinterhand geführt und über dem Widerrist miteinander verknüpft. Schließlich legte ich noch eine Bandage um den Bauch, quasi als Vorbereitung auf den Bauchgurt – das Training lief perfekt.

Montagmorgen: Arbeit mit Körperbandage und Voltigiergurt. Ich probierte das Bauchheben, und er ließ sich anschließend gurten. Ich arbeitete mein bekanntes Programm, allerdings an der Longe.

Dienstagmorgen: Arbeit an der Longe mit Longiergurt – ein kleiner Teddybär darf auf Japaos Rücken reiten. Ich bin begeistert vom gesamten Trainingsverlauf von Freitag bis Dienstag. Freudiges Loben hat unsere Arbeit fröhlich gestaltet.

Eine Methode kann man erst beurteilen, wenn man sie selber ausprobiert hat. Deshalb arbeite ich hin und wieder Pferde im „Join up", um Erfahrungen zu sammeln und mich jeden Tag neu und bewusst für meine gewählte Trainingsform und Strategie zu entscheiden.

Fazit: Ich möchte Sie überzeugen, immer die Verlaufsform zu wählen, die möglichst sicher, entspannt und harmonisch ist. Ich selber arbeite nur in Ausnahmesituationen per Vertreiber-Methode, die mehr Stress für die Pferde bedeutet. Solange die TTEAM-Methode erfolgreich ist, wende ich sie an. Für die Führarbeit, die ich Ihnen vorstelle, brauchen Sie keinen Round Pen, keinen besonderen Platz.

**Warum Führen so wichtig ist**  Sie sollten so viel Wert auf das Führen legen, weil Sie damit a) die Beziehung zwischen Ihnen und dem Pferd festigen und b) das Führen Ihnen später die Arbeit an der Hand vereinfacht. Ich nehme beim Führen verschiedene Positionen zum Pferd ein, weil ich aus Erfahrung weiß, dass ich mir vieles erleichtere, wenn ich stets in der Lage bin, meinen Platz zum Pferd zu verändern und flexibel zu sein. Wenn ich schnell auf die unterschiedlichsten Situationen reagieren kann, ob Schrecksituation, Verweigerungshaltung oder Vorstürmen, bin ich im wahrsten Sinne auf der sicheren Seite.

Die meisten meiner Führpositionen lehnen sich an die TTEAM-Arbeit an, ich habe aber eine andere Einteilung und Namensgebung für mich entwickelt. Ich passe meine Führposition zum einen der Situation an, zum anderen auch dem Befinden des Pferdes – ein nervöses Pferd werde ich durch die Position der Entspannung beruhigen, ein eher träges Tier bringe ich durch aktiv treibende Aktionen in Gang.

Die Signale beim Führen setzen sich aus Signalen mit der Stimme, der Körpersprache, der Gerte sowie der Führleine zusammen. Das Ziel ist eine Kommunikation ohne Gebrauch der Führleine. Schnallen Sie sie später weiter zur Sicherheit ins Halfter ein, verständigen Sie sich aber über Stimme, Körpersprache und Gerte mit dem Pferd.

Warum hat das Buch viele technische Beschreibungen? Sie können nur mittels klarer Kommunikation kompetent auftreten. Dazu benötigen Sie das Wissen über didaktische Verlaufsformen und deren technische Ausführung. Sind Ihnen diese geläufig und automatisiert, werden Sie gar nicht mehr bemerken, wie effektiv diese Elemente ständig Anwendung finden. Aber vergessen Sie vor lauter Technik nicht die Freude über Ihre Erfolge!

> ## Stimmkommandos

Die Stimme kommt bei meinem Führtraining grundsätzlich als erstes Zeichen zum Einsatz – über dieses Thema habe ich schon ausführlich auf S. 26 berichtet.

Bevor Sie mit der Bodenarbeit beginnen, sollten Sie sich eine Liste für Ihre Stimmkommandos zurecht legen. Eine bestimmte Bewegungsform soll immer nur ein Kommando haben.

Beispiel: Wenn mein Pferd im Schritt antreten soll, dann soll dies nicht mit unterschiedlichen stimmlichen Kommandos belegt werden, wie zum Beispiel „Komm", „Voran", „Schritt", „Geh doch mal los" oder was auch immer.

**Kommunikation setzt sich zusammen aus Stimme, Körpersprache, Gerte und Führleine.**

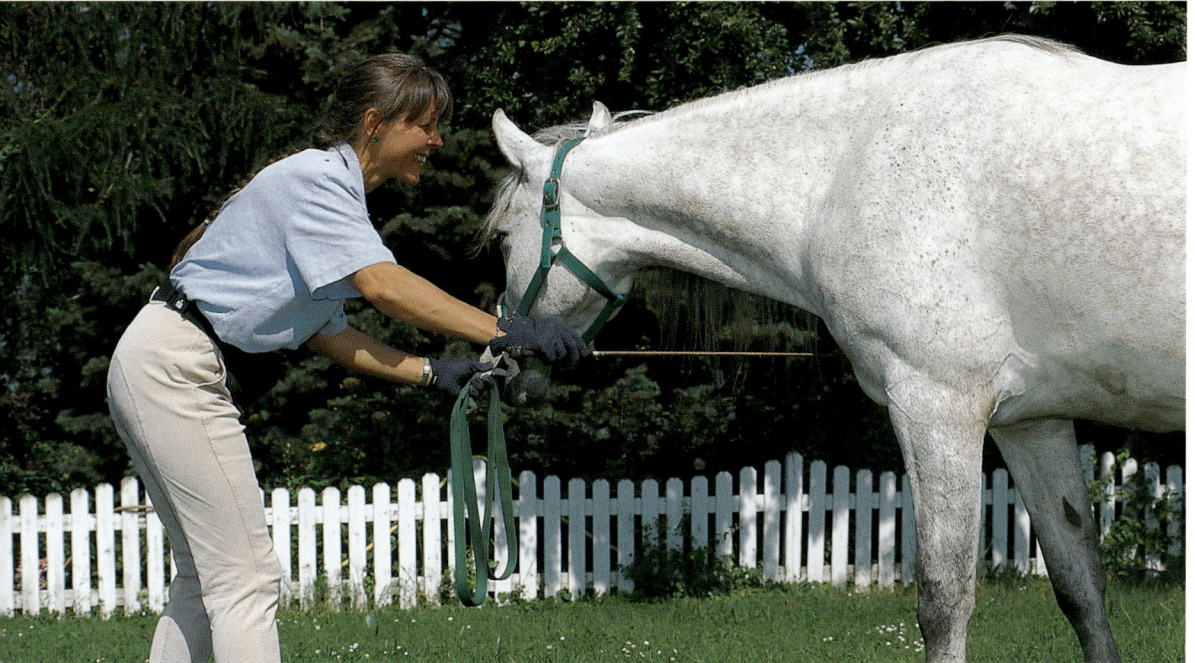

Sie sollten überprüfen, welche Kommandos Ihnen intuitiv am ehesten liegen und diese auf Ihre Liste schreiben. Zum Beispiel die Kommandos „Halt" oder „Steh". Sie sollten diese beiden Kommandos durchaus trennen: „Halt" ist das Anhalten, „Steh" ist das Stehenbleiben.

Für mich hat es sich bewährt, ein Vorbereitungswort einzuführen, vor allem bei der Arbeit an der Longe. Das Vorbereitungswort kann der Name des Pferdes sein, es kann aber auch schon ein Wort sein, das die Tendenz der Gangart angibt, also entweder eine

## Check
### Führen
Zum Führen gehören diese Übungen, für die Sie die entsprechenden Kommandos festlegen.

**Ihr Pferd:**

- [ ] kann warten und stehen bleiben (Statue), Kommando: „Ho, Halt", „Und, Steh"
- [ ] geht beim Führen nah neben Ihnen, Kommando: „Allez, mit"
- [ ] tritt auf Kommando an, Kommando: „Allez, Schritt"
- [ ] weicht von Ihnen weg auf den Hufschlag, Kommando: „Allez, zum Platz"
- [ ] hält auf Kommando an, Kommando: „Ho, Halt"
- [ ] geht auf Kommando rückwärts, Kommando: „Und zurück" (nie „Allez", das ist für vorwärts reserviert)
- [ ] geht in eine von Ihnen weg geführte Volte, Kommando: „Am Platz"
- [ ] geht mit größerem Abstand neben Ihnen
- [ ] geht in gewünschter Geschwindigkeit, verzögert oder beschleunigt auf Kommando
- [ ] geht an unbekannte Dinge heran
- [ ] lässt sich im Trab führen, Kommando: „Allez, Trab"
- [ ] geht Zirkel, Volten und Schlangenlinien an der Hand, Kommando: „Allez, mit", „Volte"
- [ ] wendet um die Vor- und Hinterhand, Kommando: „Herum", „Herüber"

Verlangsamung oder eine Beschleunigung. Die Ergänzung und das Kommando könnten beispielsweise verlangsamend „Ho, Halt" oder beschleunigend „Allez, Schritt" lauten.

Welche Kommandos Sie persönlich wählen, ist natürlich völlig Ihnen überlassen, es müssen nur immer wieder dieselben sein. Ob Sie statt „Allez" lieber „Fleißig" oder „Voran" sagen, ist völlig gleichgültig.

Wenn Sie Ihre Liste fertig haben, sollten Sie sie zu Ihrem Reitplatz mitnehmen und wenn möglich dort aufhängen. Sie werden feststellen, dass Sie Kommandos munter mischen. Aber die Wahrnehmung dessen ist schon der Ansatz zur Korrektur. Denken Sie in diesem Zusammenhang an die autodidaktische Korrektur (S. 44). Wenn mein Pferd zum Beispiel sofort antreten soll, spreche ich das Kommando „Aufpassen, Scheritt!".

> ## Führposition der Entspannung

Die Position der Entspannung nehmen Sie ein, wenn Sie das Pferd zum Kopfsenken veranlassen und es nah bei sich halten möchten oder müssen, zum Beispiel bei Vor- und Hinterhandwendungen. Manche Pferde benötigen am Anfang die Nähe zum Menschen, weil sie sich unsicher fühlen. Die Führposition der Entspannung beinhaltet mehrere Elemente. Das Pferd lernt folgende Lektionen kennen:

- stehen bleiben und warten
- Kopf senken
- antreten, langsam oder auch energisch
- langsam gehen
- anhalten
- rückwärts gehen
- seitwärts weichen mit der Vor- oder Hinterhand.

1 *Aufnehmen der Führleine:* Legen Sie die Leine über den Zeigefinger Ihrer linken Hand und lassen Sie die Leine in einer Schlaufe zwischen Zeige- und Mittelfinger herunter. Das Ende der Leine mit dem Knoten liegt hinter dem kleinen Finger. Die Hand halten Sie geöffnet, die Finger gestreckt.

2 Nähern Sie sich mit der linken Hand dem Pferdekopf und nehmen Sie das übrige Stück Leine in die rechte Hand, sodass eine Schlaufe entsteht.

3 Nehmen Sie diese Schlaufe in die linke Hand und senken Sie den Arm. Die rechte Hand hält den Rest der Leine hoch, es entsteht eine weitere Schlaufe. Die rechte Hand wird nun in Richtung Ihres Körpers geführt und abgesenkt. Sie haben so die zweite Schlaufe hinten in die Hand gelegt.

4 Jetzt ist die Leine in zwei voneinander getrennten Doppelschlaufen (wir nennen sie deshalb auch „Hasenohren") in Ihrer rechten Hand verwahrt und Sie fassen die Führleine am Übergang zur Kette, zum Seil oder direkt nah am Halfterring an.

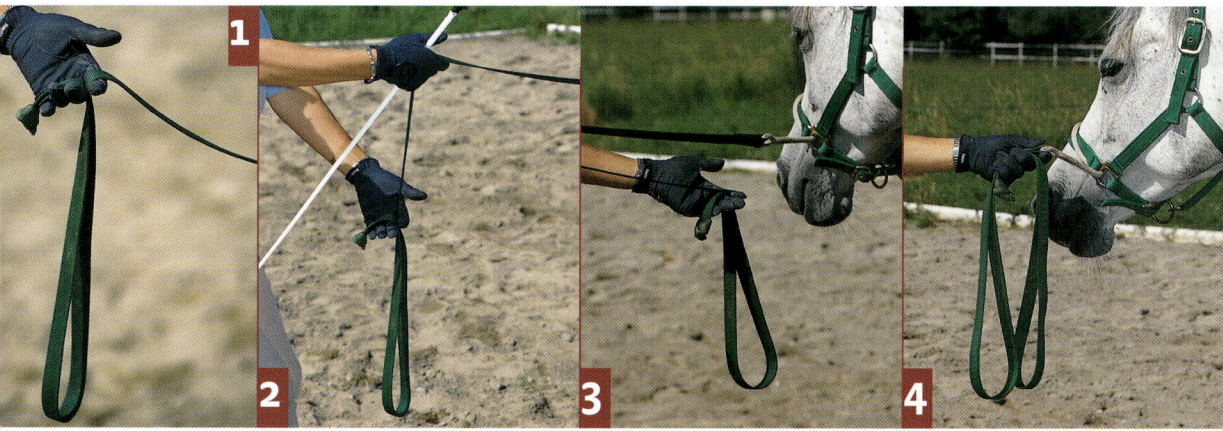

## Kurz gesagt

| | |
|---|---|
| **Was?** | Führposition der Entspannung |
| **Warum?** | Führen eines unsicheren, nervösen oder jungen Pferdes, Ruhe herstellen und das Pferd präzise dirigierbar halten, in Hindernissen wie dem Reifenfeld, auf dem Brett, beim Balancieren |
| **Womit?** | Halfter, Führleine, Gerte |
| **Wie?** | Führleine in Schlaufen legen, Position mit Blickrichtung zur Pferdekruppe, Kopf senken, abstreichen mit der Gerte; zum Losgehen Stimmsignal und Gerte nach vorne führen; zum Anhalten Stimmsignal und Gerte quer auf und ab bewegen; zum Rückwärtstreten Stimmsignal und mit Gerte Buggelenk berühren. |

Der Führposition der Entspannung gehen zwei Übungen voran: das Aufnehmen der Führleine und das Abstreichen und Kopfsenken, das schon auf S. 58 beschrieben steht. Das Abstreichen hat einen sehr beruhigenden Effekt und unterstützt das Stehenbleiben und Warten. Es wird immer dann benutzt, wenn das Stimmsignal alleine nicht ausreicht.

**Gertendisziplin** Die Kommunikation mit der Gerte wird vom Pferd dann gut verstanden, wenn die Gerte so weit wie möglich vom Pferdeauge entfernt ist und in ruhigen Bewegungen bewegt wird. Die Klarheit der Kommunikation liegt im deutlichen Aktionswechsel – wippen oder touchieren mit anschließend einkehrender Ruhe. So wird die Gerte zum Zauberstab.

Wichtig ist mir, auf die richtige Verwahrung der Gerte zu achten. Um sie nicht auf den Boden legen zu müssen, klemmen Sie sie sich unter die Achsel und haben so beide Hände frei, um die Führleine aufzunehmen. Achten Sie grundsätzlich sehr sorgsam auf Ihr Handwerkszeug, denn es soll lange in einem guten Zustand bleiben und nicht verloren gehen. Der wichtigere Grund, das Handwerkszeug bei sich zu behalten, besteht jedoch darin, dass Sie immer handlungsfähig bleiben. Sie müssen nicht erst suchen und aufheben, wenn Ihr Pferd unerwartet reagiert. Ist Ihre Position in der Rangfolge nicht geklärt oder Ihr Pferd nervös, sollten Sie sich sowieso nicht vor Ihrem Pferd verneigen.

Meine Schüler kennen den strengen Hinweis: „Der Aufenthaltsort einer Gerte oder Peitsche ist die eigene Hand, der Platz unter dem Arm, auf der Bande oder an einem anderen sicheren Ort, wo die Pferdehufe sie nicht zertrampeln."

## FÜHRPOSITION DER ENTSPANNUNG

**1** Setzt das Pferd korrekt um, was es tun soll, kommt die Gerte zur Ruhe.

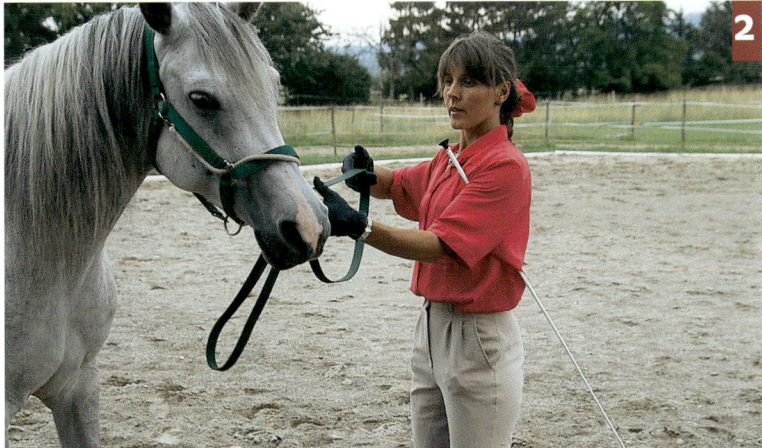

**2** Während notwendiger Handgriffe am Pferd wird die Gerte unter dem Arm verwahrt.

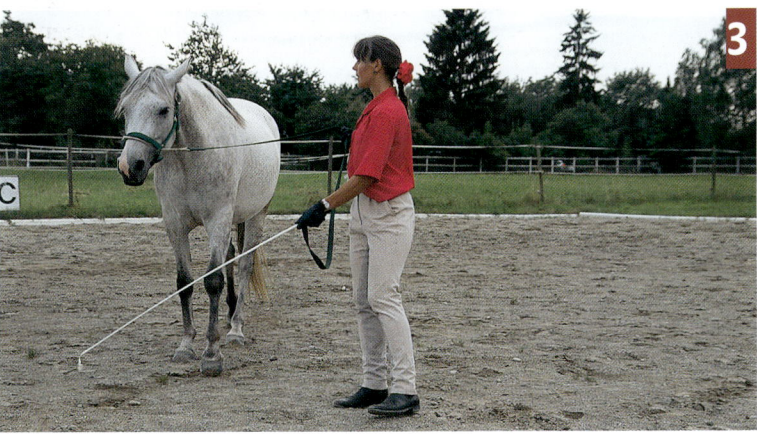

**3** Das Pferd steht, die Kommunikation setzt aus, also wird die Gerte abgesenkt.

Lernen Sie bewusst zu handeln – auch in diesen scheinbar nebensächlichen Dingen.

Die Gerte gibt nur Signale, wenn diese erforderlich sind, ansonsten wird sie still gehalten oder durch den Körper verdeckt. Wenn Sie als Ergebnis ein Pferd leicht an den Hilfen haben möchten, dürfen Sie Ihr Pferd nicht mit einer ständig „quasselnden" Gerte oder Peitsche abstumpfen. Jede Bewegung hat eine Bedeutung und stellt ein Signal dar.

**Führen von links und rechts**  Für unerlässlich halte ich es, ein Pferd von beiden Seiten führen zu können. Meist wird das Pferd nur von links aus gearbeitet, so dass Unsicherheiten entstehen, wenn es zum ersten Mal von rechts gehandhabt wird. Manche Menschen haben Schwierigkeiten, ihre eigene Koordination auf die rechte Seite umzustellen: Auf einmal führt die linke Hand das Pferd und die rechte die Gerte. Um das Pferd richtig von rechts zu dirigieren, muss das Führseil bzw. die Führkette umgeschnallt werden, sodass es aus dem rechten Halfterring hervorschaut.

- Linke Hand: Führen von links auf dem Hufschlag: die Führleine schaut links aus dem Halfter, der Mensch geht links vom Pferd.
- Rechte Hand: Führen von rechts auf dem Hufschlag: die Führleine schaut rechts aus dem Halfter, der Mensch geht rechts vom Pferd.

Auf dem Reitplatz oder in der Halle sollten Sie sich aus Sicherheitsgründen nie zwischen Zaun oder Bande und dem Pferd bewegen. Bleiben Sie stets auf der Innenseite, wenn sich Ihr Pferd auf dem Hufschlag bewegt.

Im weiteren Verlauf werden die Führpositionen immer bezogen auf die linke Hand beschrieben. Denken Sie sich also auf die linke Seite Ihres Pferdes.

**Stehen und warten**  Sie stehen neben Ihrem Pferd und drehen sich in Richtung Kruppe. Würden Sie jetzt antreten, so müssten Sie rückwärts gehen. Sie nehmen die Führleine auf, legen Sie in Schlaufen (siehe S. 71) und halten sie in der linken Hand. Die Gerte fassen Sie wie einen Degen in der rechten Hand am festen Ende bzw. Stiel an. Sie halten sie vor der Brust des Pferdes, um sofort bremsend einwirken zu können, falls das Pferd sich bewegt. Wenn das passiert, touchieren Sie die rechte Pferdeschulter oder die gesamte Brust. Bei allen Signalen gilt: so weich wie möglich, so deutlich wie nötig. Senken Sie den Kopf durch zupfende Signale am Halfter (siehe auch S. 58).

Benutzen Sie die Gerte in voller Länge, um Ihr Pferd abzustreichen. Steht das Pferd, streichen Sie ohne zu zögern Halsunterseite, Brust und Beine bis zu den Hufen ab und wiederholen den Vorgang ständig. Sprechen Sie mit beruhigender Stimme.

**Vorwärts** Sie benötigen zunächst die Führung der Bande oder des Zauns. Gestartet wird stets mit dem Kopfsenken, das auf S. 58 beschrieben steht. Wenn nötig, bücken Sie sich, um durch Ihre Körpersprache das Senken des Kopfes zu bewirken und zu erhalten. Um das Pferd zum Losgehen aufzufordern, sprechen Sie 1. das Kommando, bewegen 2. die sich unter dem Hals befindliche Gerte ganz langsam in waagerechter Linie nach vorne in Richtung Pferdemaul und laden es drittens mit einem weichen Zupfen an der Führleine in Bewegungsrichtung ein. Wiederholen Sie die Gertenbewegung, wenn Ihr Pferd nicht reagiert.

1 *Die Position der Entspannung:* **Kopfsenken mit Abstreichen der Beine. Das erste Signal zum Antreten ist das Stimmsignal.**

2 **Der Führende muss in dieser Führposition rückwärts gehen und nimmt beabsichtigt eine bremsende Position ein.**

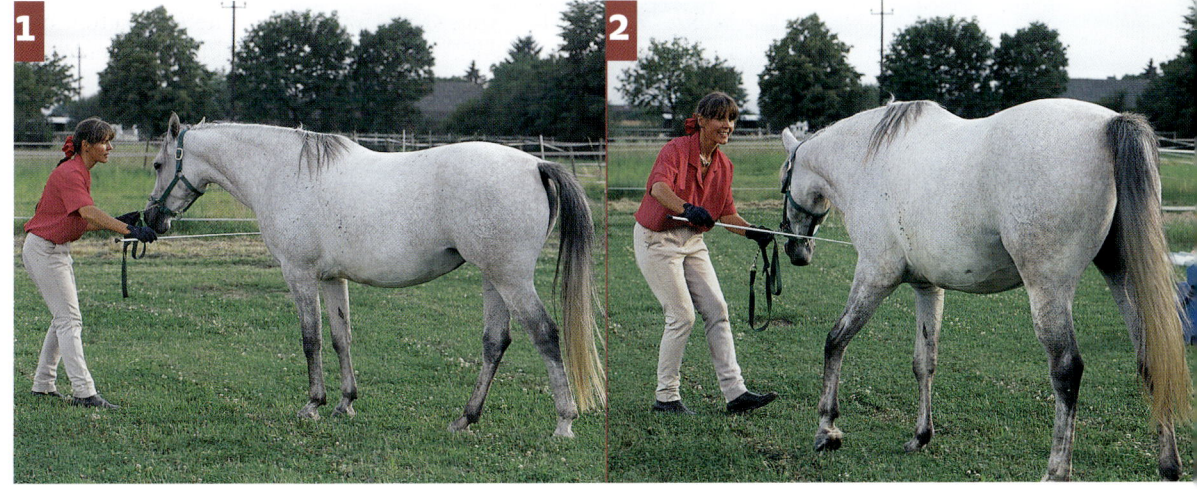

Sie gehen erst rückwärts, wenn Ihr Pferd angetreten ist. Seien Sie nicht zu dynamisch. Sie wollen Zeitlupenbewegung, daher warten Sie, bis Ihr Pferd sich bewegt hat. Machen Sie höchstens zwei bis vier Schritte, die nicht zügig, sondern im Zeitlupentempo getreten werden sollen.

Je undynamischer Sie Ihr Pferd haben wollen, um so energieloser müssen Sie die Zeichen setzen. Bewegen Sie sich im Zeitlupentempo und lassen Sie zu, dass Ihr Pferd verzögert antritt. Denn das ist das Bestreben in der Position der Entspannung. Sollte Ihr Pferd in die Bahn ausweichen, touchieren Sie es an der linken Schulter oder Hinterhand und richten es so wieder gerade.

**Anhalten** Die Signale des Anhaltens bestehen aus Stimme, Gertenbewegung, Ihrem Sich-Aufrichten, Zupfen an der Führleine und Touchieren an der äußeren Schulter. Nach dem Stimmsignal „Ho, Halt" wird die Gerte unter dem linken Arm gehalten und vor der Nase des Pferdes auf und ab bewegt. Diese Bewegung erfolgt langsam aus dem Handgelenk. Grundsätzlich werden alle Gertensignale nur aus dem Handgelenk und nicht aus dem ganzen Arm heraus gegeben.

Erst danach touchieren Sie die äußere Schulter, auch wenn das Pferd schon steht. Sie sollten das Pferd immer an der äußeren Schulter touchieren, damit es die Berührung mit dem Halten verbindet und sich später nicht davor erschreckt.

Grundsatz: Halten Sie nicht an, bevor Ihr Pferd nicht steht. Gehen Sie so lange weiter und verstärken Sie Ihre Signale, bis es steht. Erst dann halten auch Sie an, sodass Ihr Pferd sich Ihnen nicht annähern kann und lernt, gerade gerichtet anzuhalten.

Steht das Pferd, sollten Sie die Atmosphäre der Entspannung durch das Kopfsenken in jedem Fall unterstützen und festigen.

**Rückwärtstreten** Das Rückwärtstreten hat eine große Bedeutung, Sie sollten es sofort in die alltäglichen Übungen aufnehmen und oft durchführen. Wenn Ihr Pferd schließlich auf jeder Hand zwei lange Seiten rückwärts beherrscht, ist das gut. Das Rückwärtstreten ist keine Lektion, die das Pferd gerne macht. Um die Motivation deutlich zu erhöhen, geben Sie oft genug ein Futterlob.

Die vielen Vorteile des Rückwärtstretens:
- Es ist die simpelste Form, wie Sie Ihr Pferd ohne viel Aufhebens gymnastizieren können, also in erheblichem Maße die Hanken zum Beugen befähigen.
- Es klärt die Rangfolge, ohne dass Sie die Atmosphäre strafend gestalten müssten. Die Lektion alleine leistet so gute Dienste in diesem Sinne, dass Sie nicht harsch werden müssen – leider sieht man diese Unbeherrschtheit viel zu oft.
- Es kann als „Unannehmlichkeit" genutzt werden, um dem Pferd eine andere Übung schmackhaft zu machen.
- Es setzt Ihr Pferd in der Balance auf die Hinterhand. Es ist also die erste und einfachste Form, die Balanceverhältnisse zwischen Vor- und Hinterhand zu verschieben. Heben Sie dazu den Pferdekopf an.
- Es ist eine wunderbare Möglichkeit, ein Pferd, das sich auf Ihre Hand legt, davon wegzubekommen, also in einen weichen Kontakt zu bringen, da sich die Balance auf die Hinterhand verschiebt.

## Führposition der Entspannung

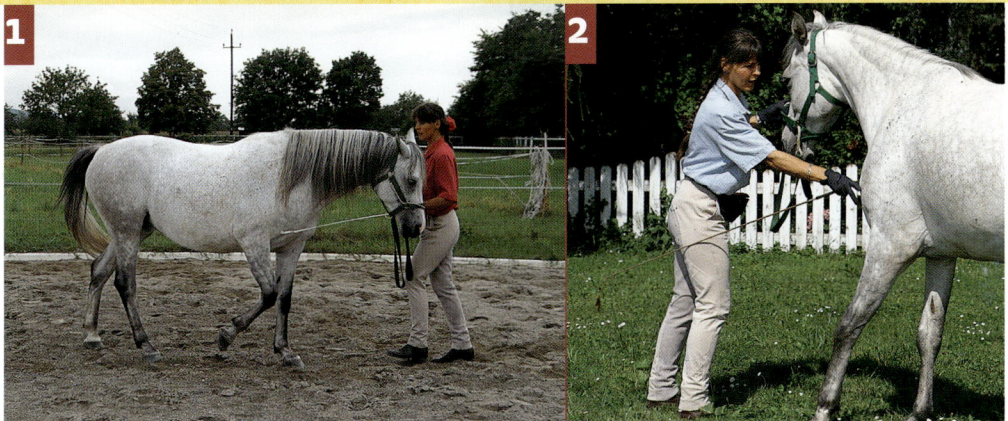

Leiten Sie die Lektion durch das Stimmkommando und ein Gertenzeichen vor der Pferdenase ein. Ihre Arme kreuzen vor Ihrem Körper, der rechte Arm wird unter dem linken Arm geführt. Die Gerte wird in Degenhaltung aus dem Handgelenk weich auf und ab geführt. Machen Sie Ihr Pferd vom ersten Moment an mit den berührungsfreien Signalen der Gerte vertraut, denn mit Gerte und Stimme allein werden später die Signale in der größeren Distanz gegeben.

Ergreifen Sie mit der linken Hand die Doppelschlaufen und kontrollieren Sie den Kopf des Pferdes, indem Sie direkt ans Halfter fassen. Berühren Sie mit der Gerte das Buggelenk und wiederholen Sie zum Beispiel „Zurück". Ihr Pferd soll Schritt für Schritt rückwärts treten, deshalb übertragen Sie Ihre Signale in Ruhe an das Pferd. Es soll nicht eilen. Ist der Gehorsam gefestigt, können Sie das Rückwärtstreten dynamischer gestalten.

**1** *Rückwärts treten: Stimmsignal und dann das Gertensignal an der Schulter*

**2** *Die Berührung der Schulter auf Höhe des Buggelenks verstärkt das Rückwärtssignal.*

### Situationen und Korrektur

*Das Pferd geht nicht rückwärts* Tritt Ihr Pferd nicht rückwärts, verdeutlichen Sie Ihre Absicht folgendermaßen:

- Legen Sie die Hand auf den Nasenrücken und schieben Sie den Kopf zurück.
- Drücken Sie mit dem Gertenknauf oder dem Fingernagel des Daumens auf das Buggelenk.
- Touchieren Sie abwechselnd beide Vorderbeine oder beide Schultern des Pferdes.
- Geht es immer noch nicht zurück, heben Sie ein Pferdebein wie beim Hufe auskratzen an und bewegen es etwa eine Minute in senkrecht kreisenden Bewegungen herum. Führen Sie das auch mit dem anderen Vorderbein, eventuell mit allen vier Beinen aus. Setzen Sie das zuletzt bewegte Bein ab und starten Sie erneut beim ersten Schritt der Übung.

*Das Pferd geht schief zurück* Weicht Ihr Pferd mit der Kruppe in eine Richtung aus, loben Sie es trotzdem und beenden die Übung nach zwei bis vier Tritten. Versteht es die Übung besser und wird williger, dann befähigen Sie es zum gerade gerichteten Rückwärtstreten, indem Sie das Pferd durch das Ausrichten des Kopfes und der Schulter korrigieren. Weicht es also nach innen in die Bahn, dann führen Sie seinen Kopf nach innen und touchieren die äußere Schulter, damit die Vorhand nach innen weicht. Die Kruppe wird durch dieses Manöver nach außen gelenkt und das Pferd insgesamt gerade gerichtet. Wenn Ihr Pferd nach außen ausweicht, bringen Sie Kopf und Schultern nach außen. Auch unter dem Sattel wird ein Pferd an der Schulter gerade gerichtet, Sie haben daher schon die Zukunft im Auge.

*Das Pferd geht nicht in diagonaler Schrittfolge* Wenn Ihr Pferd rückwärts tritt, soll es wie im Trab eine diagonale Fußfolge (gleichzeitig vorne rechts und hinten links) zeigen. Tritt es im Pass zurück (gleichzeitig vorne rechts und hinten rechts), verlangsamen Sie das Tempo. Tritt es in aufgebrochener Schrittfolge rückwärts, lassen Sie es energischer rückwärts treten.

**1** Um das Rückwärtstreten ohne Leine zu trainieren, platziert man sich neben das Pferd.

**2** Position hinter dem Pferd – das Stimmsignal muss gehorsam befolgt werden.

**3** Rückwärts mit zwei Gerten als „Zauberstäben"

**4** Das Labyrinth im Rückwärtsgang – Gymnastik pur

**Rückwärts-Varianten** Ihr Pferd soll schließlich folgende Rückwärts-Varianten beherrschen:
- Schritt für Schritt rückwärts treten
- eine bestimmte Anzahl Schritte rückwärtstreten
- jederzeit im Rückwärts halten
- gerade gerichtet rückwärtstreten
- dynamisch und große Strecken rückwärts treten (nicht das Pferd, dass zum Pass neigt)
- auf gebogenen Linien rückwärts treten

## › Führposition des energischen Vorwärts

Diese Position ist sehr effektiv für Pferde, die nicht gut antreten oder vorwärts gehen. Durch das Tippen auf die Kruppe wird die Hinterhand aktiviert und das Pferd lernt ein neues Signal kennen. Sie können so ein Ziehen an der Führleine vermeiden, bis der Hals Ihres Pferdes unendlich lang wird, es aber immer noch regungslos dasteht. Sie können sich in dieser Position durchsetzen und vermeiden unnötige Auseinandersetzungen und Gegendruck-Reaktionen des Pferdes. Sie können diese Position auch als Vorbereitung für die Arbeit unter dem Sattel einsetzen, um dem Pferd beizubringen, mit gesenktem Kopf anzutreten und anzuhalten.

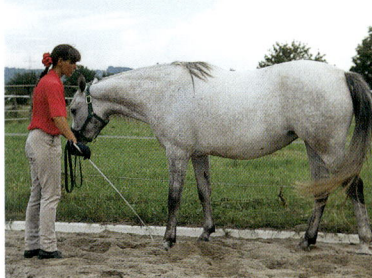

**1** *Der Start jeder Übung: Pferdekopf senken und warten auf das Signal*

### Kurz gesagt

| | |
|---|---|
| **Was?** | Führposition des energischen Vorwärts |
| **Warum?** | Antreten lassen, dressurmäßiges Antreten mit gesenktem Kopf und anhalten; Verladesituation, an Hindernissen, an die das Pferd nicht herantreten will, flüssiges Vorwärtsgehen |
| **Womit?** | Halfter, Führleine, Gerte |
| **Wie?** | Führleine in Schlaufen legen, Position mit Blickrichtung zur Kruppe, Kopf senken, Rücken mit der Gerte abstreichen, zum Losgehen mehrmals kurz, eventuell energisch auf die Krup- |

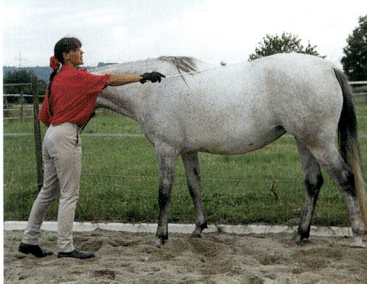

**2** *Die Gerte streicht langsam über den Rücken.*

**Vorwärts** Sie stehen in der Position der Entspannung. Sie streichen dem Pferd mit der Gerte über den Rücken. Sie sollen das Pferd nicht mit einem plötzlichen Zeichen auf der Kruppe überraschen, sondern streichen zuerst über den Rücken, damit es weiß, wo sich die Gerte befindet. Außerdem bedeutet Abstreichen, egal wo, stehen bleiben und abwarten. Es folgt Ihr Stimmkommando, auf der Kruppe geben Sie ein klopfendes Signal – so wenig wie möglich, so viel wie nötig. Sie tippen das Pferd mehrmals an und fordern es eventuell auch an der Führleine auf loszugehen. Obwohl Ihr Pferd lernen soll, energisch anzutreten, stehen Sie in einer verbremsenden Position vor dem Pferdekopf und zum Pferd gekehrt. Macht das Sinn? Die Situation ergibt sich ja daraus, dass Ihr Pferd in der viel besseren Basisführposition, in der Sie in die Bewegungsrichtung gekehrt sind, nicht antritt. Sie könnten versuchen, es aus der Position der Distanz anzutreiben. Meist hampeln die Pferde dann aber zur Seite. Deshalb ist in diesem Moment eine sehr bestimmende Position nötig, in der Sie Einfluss auf den Kopf haben und die Kruppe mit einem touchierenden

**3** *Signal zum Vorwärts: ein mehrmaliges kurzes Tippen auf der Kruppe*

Zeichen erreichen können. Nur wenige Pferde verstehen dieses Signal nicht als vorwärts, meistens wirkt das Klopfen auf der Kruppe sehr motivierend und aktivierend auf die Hinterhand. Sollte das Pferd partout nicht antreten, wenden Sie es nach links oder rechts ab in eine Volte. Loben Sie sofort mit der Stimme, wenn es antritt.

**Anhalten** Das Anhalten ist exakt dasselbe wie in der Position der Entspannung, siehe S. 71.

**Rückwärtstreten und Anhalten** Auch hier gleicht die Übung der Position der Entspannung, wird aber noch vertieft durch das Anhalten im Rückwärtstreten.

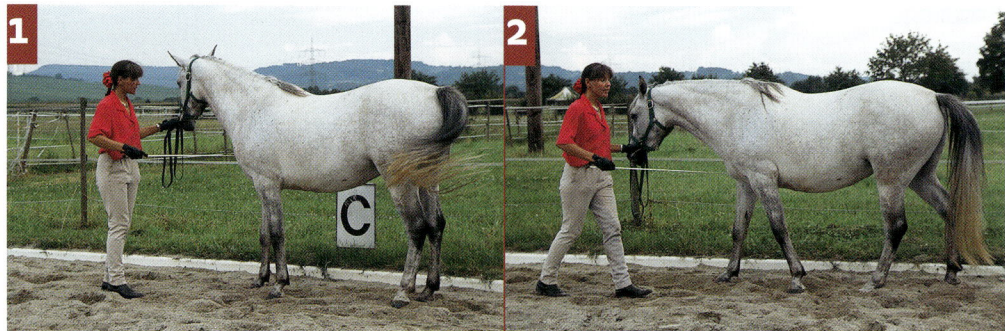

1 *Aufforderung zum Rückwärts:* Die Gerte berührt die Pferdeschulter.

2 *Rückwärts in entspannter Haltung*

Das Zeichen zum Anhalten im Rückwärtstreten wird ebenso mit der Gerte auf der Kruppe gegeben, aber die Führleine gibt das Signal „vorwärts". Das Einüben dieser Situation ist extrem wichtig für Pferde, die nach rückwärts stürmen, z.B. aus dem Hänger. Die Position des energischen Vorwärts ist die Lösung für Verladeunsicherheiten und befähigt Sie, Ihr Pferd schließlich alleine zu verladen und zwar so, dass das Pferd vor Ihnen in den Hänger geht und Sie auf der Rampe stehen bleiben und die Querstange schließen können. Vielfach sieht man das Rückwärtsschiessen auch als „Nein"-Reaktion des Pferdes unter dem Sattel. Kennt und fürchtet der Reiter diese Verweigerungssituation, dann richtet er das Pferd in keinem Fall mehr gewollt rückwärts. Das Pferd soll das Rückwärts ersatzlos aus dem Programm streichen. Der Reiter könnte zukünftig die Lösung in der Position des energischen Vorwärts finden. Ein rückwärts schießendes Pferd muss lernen, sofort anzutreten, abrufbar rückwärts zu treten, wieder anzutreten oder stehen zu bleiben. Ein unerwünschtes Verhalten muss „ab- und anschaltbar" gemacht werden.

## > Basisführposition

Die Basisführposition nehmen Sie ein, um das Pferd in einem üblichen Abstand und in der Vorwärtsbewegung neben sich zu führen. Sie benutzen die Gerte als Führung und können damit die Richtung und den Abstand bestimmen.

Die Basisposition nehmen Sie ein, wenn Sie ein Pferd von einem Platz zum anderen oder an Hindernisse heranführen wollen. Sie erlaubt Ihnen eine gute Kontrolle über das Pferd. Außerdem wählen Sie diese Position, wenn Ihnen nicht genug Raum für die Position der Distanz, die ich Ihnen später vorstelle und an sich bevorzuge, zur Verfügung steht. Sie können Ihren Abstand zum Pferd aber leicht vergrößern, indem Sie die Führleine verlängern.

**1** *Basisposition:* Aufforderung zum Antreten, die Gerte berührt die Nase.

### Kurz gesagt

| | |
|---|---|
| **Was?** | Basisführposition |
| **Warum?** | Führen von A nach B, für Hindernisse, falls Ihnen nicht genug Raum für die Position der Distanz zur Verfügung steht. |
| **Womit?** | Halfter, Führleine, Gerte |
| **Wie?** | Führleine in beiden Händen, rechte Hand führt nah am Pferdekopf, linke Hand hält eine Schlaufe der Führleine und Gerte, Position neben dem Pferd, zum Losgehen Gerte nach vorne führen; zum Anhalten Gerte quer halten; zum Rückwärtstreten Buggelenk berühren; jeweils als Erstes das Stimmsignal nicht vergessen. |

**2** *Los geht's:* die Gerte lädt ein, vorwärts zu gehen, bewusste Körpersprache unterstützt die Absicht.

**Aufnehmen der Führleine** In der Basisposition stehen Sie links neben dem Pferd und halten die Führleine in beiden Händen. In der rechten Hand liegt die Führleine nah am Halfter, die linke hält das Ende der Führleine, einen Teil in einer Schlaufe und die Gerte. Die Gerte zeigt mit der Spitze nach vorn (Degenhaltung).

**Vorwärts** Zum Antreten geben Sie die Signale in folgender Reihenfolge: Sie sagen ein Stimmsignal wie „Allez, Schritt", führen die Gerte von der Pferdenase aus einladend nach vorn und gehen selber los. Wenn nötig, geben Sie zupfende Zeichen am Führseil bzw. der Führkette.

Generell hat die Führleine in jeder Führposition immer eine lose Verbindung zum Pferd. Ihr Pferd soll nicht Ihre Hand „tragen" müssen, denn das ist zum einen unangenehm für das Pferd und zum anderen ein ständiges, ungewolltes Signal – das Pferd wird so gezwungen, ein Signal zu ignorieren.

**3** *Im Schritt* bleibt die Gerte vor dem Pferd und gibt die entsprechenden Signale.

Signale an der Führleine werden immer nur in Sekundenbruchteilen gegeben und dann durch effektivere Mittel wie die Gertensignale verstärkt.

In allen Führpostionen, in denen Sie in der Bewegungsrichtung des Pferdes mitgehen, zeichnet die Gerte mit langsamen Bewegungen wiederholte Male die Strecke vor. Sie zeichnen den Weg der Strecke in die Luft. Dabei wird die Gertenspitze nicht abgesenkt, sondern waagerecht gehalten. Die Bewegung kommt weich aus dem entspannten Handgelenk heraus.

Eine derartige Technik und die betonte Benutzung der Gerte bringen Ihren Körper sehr ausdrucksstark in Bewegung. Es entsteht eine deutliche Körpersprache. Wenn Ihr Pferd wie gewünscht geht, halten Sie die Gerte links neben sich, da Sie nicht weiter kommunizieren müssen.

Später soll sich das Pferd mehr nach der Stimme und der Sprache der Gerte oder Peitsche richten. Sie entwickeln hier am Boden ein Kapital, das Sie als Reiter benötigen. Ihr Körper lernt fließende Bewegungen von klarer Aktion und weicher Entspannung innerhalb von wechselnden Bewegungsabläufen. Das ist für mich ein entscheidendes Argument für die Bodenarbeit und die Führpositionen.

Obwohl Sie gehen, soll das Pferd warten oder einen Handwechsel ausführen, den Sie nicht auf gleicher Linie mitvollziehen, oder es soll beschleunigen, während Sie langsam gehen und umgekehrt.

## Situationen und Korrektur in der Basisführposition

*Das Pferd drängelt* Sollte Ihr Pferd auf Sie zudrängeln, fassen Sie die Gerte wie eine Reitgerte und lassen den Stiel 60 cm aus Ihrer Hand herausschauen. Schwenken Sie sie waagerecht zwischen sich und dem Pferd in einem Bogen von 220° hin und her wie einen Scheibenwischer.

Oder wippen Sie ruckartig mit dem Stiel in Richtung Pferdekopf oder touchieren Sie das Pferd auf der Nase oder im Genick. Geben Sie dabei dem Pferd immer die Möglichkeit zu weichen, in dem Sie die Leine freigeben und mit dem Arm nachgeben, wenn es gehorsam wegstrebt, anstatt reflexartig festzuhalten, was das Gegenteil von dem kommuniziert, was Sie erreichen wollen – und das Pferd verunsichert.

**Anhalten** Um das Pferd anzuhalten, gehen Sie vorbereitend deutlich in eine Position vor und seitlich neben dem Pferd. Atmen Sie aus und machen Sie sich kleiner. Die Gerte wird ca. 1,5 m vor

1 Das Touchieren der Pferdeschulter ist das deutliche Signal zum Anhalten.

2 *Abstand halten:* Die Gerte schwenkt wie ein Scheibenwischer zwischen Mensch und Pferd.

der Pferdenase quer zum Pferd mit einer ruhigen Bewegung aus dem Handgelenk bewegt. Die Hand kommt dabei nicht höher als das Buggelenk, um nicht unnötigerweise den Kopf des Pferdes zu erhöhen. Die Gerte, quer vor dem Pferd gehalten, versperrt den Weg nach vorne. Die Bande begrenzt den Weg nach außen. Den Weg nach innen sichern Sie nötigenfalls durch die Gerte: Schwenken Sie die Gerte zügig – aber nicht hektisch – zwischen sich und dem Pferd in einem Bogen wie einen Scheibenwischer hin und her und wechseln Sie zwischen den Signalen zum Anhalten und Weichen (S. 86 und S. 95).

In jedem Fall ergänzen Sie das berührungsfreie Signal der Gerte mit dem Touchieren. Selbst wenn Ihr Pferd schon steht, touchieren Sie es zwei- bis dreimal weich an der äußeren Schulter und sagen „Ho, Halt", damit es das Signal mit der Ausführung verbindet. Denken Sie daran, dass es Momente geben kann, in denen Ihr Pferd nicht geneigt ist anzuhalten. Dann muss es auf das Touchieren der Gerte Gehorsam zeigen, was es nur kann, wenn es das Zeichen kennt und versteht.

Nur wenn es unbedingt nötig ist, geben Sie ein zupfendes Signal an der Führleine, in jedem Fall aber begleiten Sie das Anhalten mit dem Stimmkommando „Ho, Halt". Erst wenn das Pferd steht, halten Sie selber an. Hier müssen Sie kombinierte Gertenzeichen verwenden (siehe S. 89) und daran denken, dass Ihr Pferd geradegerichtet anhalten soll.

Sie streichen Ihr Pferd mit der Gerte ab – dabei können Sie sich etwas zu ihm wenden, ohne sich ganz umzudrehen – und korrigieren eventuell den Abstand zu ihm.

*Anhalten:* Stimmsignal und Positionsveränderung zum Pferd, der Mensch hält erst, wenn das Pferd steht.

Die Gerte wird in Richtung Pferdebrust geführt, um das Anhalten zu unterstützen.

Achten Sie darauf, dass Ihr Pferd geradegerichtet anhält. Dazu ist es notwendig, dass Sie so lange mitlaufen, bis Ihr Pferd stoppt, denn ein weiterlaufendes Pferd ziehen Sie am Kopf herum und damit in eine Volte. Hat Ihr Pferd gelernt, gerade gerichtet anzuhalten, dann kann es, wenn es aus erhöhtem Tempo kommt, untertreten.

Sie erarbeiten vom Boden Übungen, die Sie später für das Reiten in der Versammlung benötigen. Der Weg kann früh bereitet werden. Später üben Sie das gerittene Anhalten aus allen Gangarten. Mit Futter erhöhen Sie die Motivation enorm. In weniger als zwei Wochen können Sie bei häufigem Üben erstaunlich positive Resultate erleben.

Pferde müssen eine Bremse besitzen – ist sie kaputt, muss sie sofort repariert werden. Das Anhalten muss in jedem Moment und mit größtem Gehorsam abrufbar sein, um ein sicheres Pferd zu haben. Aber das Anhalten hat auch einen gymnastizierenden Effekt, denn das Pferd lernt unterzutreten. Erhöhen Sie den Gehorsam durch häufiges Üben aus hohem Tempo, aus ruhigem und forciertem Schritt und Trab. Loben Sie freudig mit reichlich Futter.

## Situationen und Korrektur

*Das eilende Pferd* Eilt Ihr Pferd mit Ihnen nach vorne und Sie schaffen es nicht, rechtzeitig in eine vordere Position zu kommen, dann zupfen Sie an der Führleine, touchieren die äußere Schulter am Buggelenk und setzen die Stimme ein mit dem Kommando „Ho, langsam". Haben Sie die vordere Position erreicht, dann halten Sie Ihr Pferd, wie auf der vorherigen Seite ausführlich beschrieben, an.

*Das unachtsame Pferd* Hält Ihr Pferd nicht an, dann hilft es oft, wenn Sie mit der Gerte auf die Bande oder den Zaun der Reitbahn klopfen. Erstaunt wird das Pferd stehen bleiben. Loben Sie es dann sofort und streichen Sie es mit der Gerte ab.

*Das Pferd hält mal an, mal nicht* Hält Ihr Pferd in der Basisposition nicht sicher an, dann entspannen Sie es im Schritt, lassen Sie es den Kopf senken und wechseln Sie in die Position der Entspannung. Erst wenn Sie in dieser Position sicher sind, wechseln Sie wieder in die Basisposition.

*Das Pferd ist unmotiviert* Das Pferd zum Anhalten zu motivieren geht leicht mit Futter. Wenn Sie jedes Mal beim Anhalten füttern, werden Sie bald Ihr Pferd aus hohem Tempo auch unter dem Sattel ohne Zügel anhalten können.

**Rückwärtstreten**  Aus dem Halten kann man das Rückwärts entwickeln. Drehen Sie sich zum Pferd um und nehmen Sie die Führleine in der Doppelschlaufe auf. Führen Sie das Pferd in der Position der Entspannung rückwärts, wie es auf S. xx beschrieben steht.

Versteht Ihr Pferd Sie sehr gut, können Sie auch beginnen, selber rückwärts zu gehen, das heißt Sie drehen sich einleitend nicht um, sondern geben das Stimmkommando, ein berührungsfreies Gertensignal oder touchieren es an der äußeren Schulter und gehen rückwärts (siehe auch Ben auf S. 78).

> ## Führposition der Distanz

Die Position der Distanz setzen Sie ein, wenn Sie Ihr Pferd schon gut in den anderen Positionen führen können und Sie seine Selbstständigkeit weiter fördern wollen.

Verlassen Sie jetzt die „Mami-ist-bei-dir"-Positionen, die für viele Situationen sinnvoll sind, und lassen Sie Ihr Pferd erwachsen werden. Die Position der Distanz erlaubt Ihnen auch, einen Sicherheitsabstand zum Pferd einzuhalten. Es soll lernen, respektvoll vor Ihnen zu weichen und einen Abstand einzuhalten. In Hindernissen schützt Sie diese Position davor, dass Ihr Pferd in Angstsituationen auf Sie zuspringt.

Die Zielsetzung Weichen möchte ich hier noch einmal in Verbindung mit der Vertreiben-Folgen-Rope-Methode ansprechen. Ich vertreibe nicht nur das Pferd im Ganzen nach vorne, hinten oder in eine andere Richtung, sondern auch in seinen „Teilen": die

### Kurz gesagt

**Was?**
Führposition der Distanz
**Warum?**
Selbstständigkeit, Sicherheitsabstand, Vorbereitung für das Arbeiten mit Hindernissen
**Womit?**
Halfter, Führleine, Gerte
**Wie?**
Schritt für Schritt: Führleine in beiden Händen, rechte Hand führt entfernt vom Pferd, linke Hand hält Führleinenende und Gerte, Position neben dem Pferd, zum Losgehen Kruppe, Widerrist und Hals antippen; zum Anhalten zum Pferd hinwenden und Brust antippen; zum Rückwärtstreten Stimmsignal.

Position der Distanz

Vorhand, die Hinterhand, den Kopf, die Beine. Das Ergebnis ist ein enormer Respekt des Pferdes, es bemerkt und beachtet Sie und erlebt Sie als bestimmend und weisend – es vertraut sich Ihnen an.

Die Führposition der Distanz funktioniert nach denselben Prinzipien und Sie nutzen sie aus schlichtweg praktischen Erwägungen – Sie wollen, dass das Pferd nicht an Ihnen klebt, also müssen Sie es wegschicken, damit es selbstständig wird und die Distanz wahrt. Haben Sie Streitigkeiten, lassen Sie Ihr Pferd weichen – führen Sie es nicht in Volten um sich herum, sondern von sich weg. Bestimmen Sie den Weg und machen Sie sich damit ranghoch. Ohne viel Aufhebens!

### Entwicklung der Distanz

Ich stelle mich in der Position der Entspannung vor Kincsem, gebe das Stimmkommando „Am Platz" (= „Geh weg", „Geh raus"), führe ihren Kopf nach rechts und berühre mit der Gerte ihre linke Schulter. Ich will erreichen, dass die Stute ihre Vorhand um die Hinterhand bewegt. Dies geht leichter, wenn ich das Pferd nach rechts wende, denn ich habe bei der Wendung auf der Außenseite einen viel präziseren Einfluss auf das Pferd. Wenn ich es links um mich herumgehen lassen würde, dann wäre ich in der inneren, defensiveren Position, mein Pferd könnte leichter drängeln oder sich meiner Einwirkung entziehen. Durch meine Position außen am Pferd übernehme ich die aktive Rolle und erkenne sehr schnell an den Reaktionen des Pferdes, wenn ich Abstand und Einwirkung nicht präzise genug halte.
In der Position der Distanz halte ich die Führleine in der rechten Hand und das Ende der Leine und die Gerte in der linken Hand. Die Gerte wird wie ein Degen gehalten.

Die Gerte bewege ich zwischen mir und dem Pferd wie eine Art Scheibenwischer in einem Bogen von 220° hin und her, ich verhindere so, dass das Pferd zu mir drängt und sperre den

1 *Entwicklung der Distanz:* Der Pferdkopf wird nach rechts gewiesen, die Gerte berührt die linke Schulter.

2 Die Gerte schwenkt zwischen Pferdeschulter und Pferdekopf, um die Seitwärtsbewegung zu verdeutlichen.

3 Bea Borelle hält genügend Abstand zum Pferd, um mit der Gerte agieren zu können.

4 Einmal herum, eine perfekte Wendung um die Hinterhand, aber weiter geht's...

5 ... in der zweiten Runde vergrößert Bea Borelle den Abstand noch mehr, um in die Position der Distanz zu gelangen.

6 *So soll es aussehen:* Die Hand ist weg vom Pferdekopf, die Leine auf ganze Länge abgerollt.

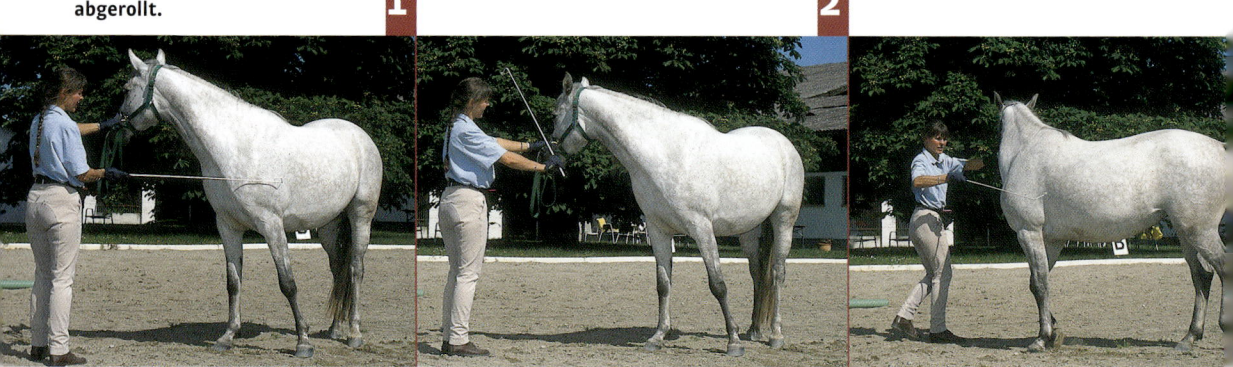

Bereich ab. Ich kann den Abstand zum Pferd durch meinen gestreckten Arm und mit der Gerte aufrechterhalten und wirke immer wieder treibend und führend auf die äußere Schulterseite ein. Kincsem reagiert sehr gut und dreht sich gut gestellt um die Hinterhand.

    Nachdem ich sie einmal um sich selbst gedreht habe, vergrößere ich den Abstand, indem ich die Führleine verlängere. Ich bewege weiterhin die Gerte hin und her und halte so den Abstand und die Bewegungsrichtung ein.

    Innerhalb der Drehung vergrößere ich den Abstand immer weiter, bis ich die maximale Länge der Führleine erreicht habe. Dann gehe ich in eine Vorwärtsbewegung über, wiederhole das Stimmkommando und halte die Gerte als eine Art Abstandhalter zum Pferd.

    Die Gertenspitze muss auf das Pferdeauge gerichtet sein, sich auf der Linie Pferdeauge – Pferdemaul bewegen, darf energisch wippen und dann wieder „still" sein. Es sind circa 60 cm Abstand zwischen Gertenspitze und Pferdekopf, der stets gehalten werden soll. Wenn Sie touchieren müssen, berühren Sie das Pferd am Maul, im Genick oder an der Schulter. Agieren Sie mit deutlichen Signalen, denn danach kann die Gerte wieder erkennbar zur Ruhe kommen. Halten Sie Abstand zum Pferd, sonst können Sie nicht mit der Gerte agieren.

    Ob das Pferd nun von mir weicht, Abstand halten soll oder von mir weg wendet, das Stimmkommando ist immer das gleiche. Schlängeln Sie die Führleine aus dem Handgelenk, sodass sie in Zick-zack-Bewegungen auf das Pferd „zuläuft", was ein Weichen des Pferdes bewirkt oder verstärkt. Die Hand wird nicht auf und ab, sondern das Handgelenk wird von rechts nach links auf horizontaler Ebene bewegt. Weicht das Pferd, geben Sie positives Feedback per Stimme.

**Einfache Schlangenlinie** Gehen Sie auf den Hufschlag in größtmöglicher seitlicher Distanz. Führleine und Gerte in der linken Hand, rechte Hand führt das Pferd. Sie wollen auf die linke Hand. Sie weisen mit der Gertenspitze, die sich etwa 50 cm vor dem Pferdekopf befindet, Ihr Pferd auf den Hufschlag. Gehen Sie im Schritt auf Augenhöhe des Pferdes mit. Wenden Sie sich am Bahnpunkt in die Bahn, indem Sie Ihre rechte Schulter deutlich vordrehen. Die Gerte zeigt auf Hüfthöhe gehalten in horizontaler Linie den Weg nach links in die Bahn.

Wiederholen Sie die Geste. Holen Sie Ihr Pferd mit der Gertenspitze an der Nase ab und weisen Sie mit der Gerte in einem horizontalen großen Bogen nach links. Das Pferd folgt Ihnen nach links in die Bahn. Gehen Sie einige Schritte geradeaus und kommunizieren Sie mit der Gerte, dass Ihr Pferd nicht weiter auf Sie zukommen darf.

Schicken Sie es dann wieder auf den Hufschlag zurück. Die Gerte bewegen Sie wie einen Scheibenwischer oder Sie wippen mit der Spitze auf das Pferdeauge zu. Sollte Ihr Pferd Sie nicht beachten, heben Sie die Arme, beugen sich nach vorne und fokussieren Ihr Pferd mit scharfem Blick. Gehen Sie immer auf den Pferdekopf zu, nie auf die Hinterhand. Sie sind viel zu nah am Pferd, als dass Sie sich erlauben könnten, pferdische Reflexe wie das Ausschlagen zu provozieren. Solange Sie mit der 1,8 m langen Führleine arbeiten, sollen Sie nie hinter die Gurtlage geraten.

Wiederholen Sie viele einfache Schlangenlinien, bis Ihr Pferd das Weichen versteht. Wenden Sie diese Übung immer wieder zur Klärung des Weichens an.

### Situationen und Korrektur

*Das Pferd stürmt vor* Sollte Ihr Pferd an Ihnen vorbeiziehen wollen, wechseln Sie in die Basisführposition, rufen im Stand Ruhe durch das Kopfsenken ab und zeigen dem Pferd die gewünschte Linienführung in kürzerer Distanz.

*Das Pferd drängelt auf Sie zu* Verstärken Sie das Zeichen der wippenden Gerte und achten Sie darauf, dass Sie selber die Distanz wahren, d.h. Sie müssen in die Bahn weichen, während Sie dem Pferd sagen „Weiche von mir". Denn ansonsten verringert sich die Distanz so stark, dass Sie keine effektvollen Signale mit der Gerte geben können. Sie merken, das Pferd muss unabhängig von Ihrer Körperbewegung reagieren und das Gertensignal vorrangig beachten (siehe S. 90 Führposition der Konzentration und S. 85 Führposition der Distanz).

SITUATIONEN UND KORREKTUR 89

**Vorwärts** Möchten Sie direkt aus der Position der Distanz losgehen, stellen Sie sich im Abstand zum Pferd auf. Dem Stimmsignal folgt die Gerte als treibende Hilfe: Tippen Sie das Pferd zuerst an der Kruppe, dann am Widerrist und am Hals an, z. B. im Takt der Schrittbewegung. Durch die Fortsetzung dieser Berührungen auch in der Bewegung können Sie den Abstand zum Pferd gut aufrechterhalten. Stellen Sie das Gertensignal ein, wenn das Pferd tut, was Sie möchten, also auf der Linie und im gewünschtem Tempo bleibt.

**Anhalten** Das Anhalten aus der Distanz ist etwas schwieriger als in den anderen Positionen. Sie haben aber durch die Schritt-für-Schritt-Logik das Pferd auf Ihre Signale eingestellt, es kennt das Halt-Hörzeichen und wird darauf reagieren. Gemäß der Strategie „Bekanntes mit Neuem verknüpfen" beginnen Sie in der vertrauten Basisführposition und erhöhen nach und nach den Abstand.

Wenn Sie den maximalen Abstand erreicht haben, setzen Sie die Gerte wie in der Basisposition ein: Etwa 1,5 m vor der Pferdenase wird die Gerte locker aus dem Handgelenk heraus langsam in Hüfthöhe nach vorne platziert, dann langsam und tief auf und ab bewegt.

Die Auf- und Ab-Bewegung sollte nicht mehr als ca. 60 cm betragen, sonst wirkt sie hektisch und verführt das Pferd zum Heben des Kopfes. Halten Sie Ihr Pferd gerade gerichtet mit kombiniertem Gertensignal an.

> **Es gibt Situationen, in denen muss Ihre Gerte zwei Inhalte fast gleichzeitig kommunizieren. Das ist ein kombiniertes Gertensignal, z.B.:**
> - Wenn Sie antreten, muss Ihre Gerte im zügigen Wechsel „Tritt an" und „Halte Abstand" kommunizieren,
> - beim Anhalten „Halt an" und „Bleib weg",
> - beim Rückwärtstreten „Geh Rückwärts" und „Bleib weg".

**1 Tempo reduzieren:** Weit vor dem Pferd kommt die Gerte zum Einsatz.

**2 Wenn nötig, verringert man den Abstand zum Pferd, um das Anhalten zu erreichen.**

## Kurz gesagt

**Was?**
Führposition der Konzentration

**Warum?**
Führen im Schritt, Erhöhung der Konzentration, Vorbereitung auf den Handwechsel

**Womit?**
Halfter, Führleine, Gerte

**Wie?**
Schritt für Schritt: Führleine unter dem Kinn verschnallen, Führleine in beiden Händen, rechte Hand führt fern vom Pferd, linke Hand hält Führleinenende und Gerte, Position rückwärts zum Pferd, zum Losgehen einladend rückwärts gehen; zum Anhalten Körper aufrichten und auf das Pferd zugehen; häufige Gangartenwechsel

**Die Position zum Pferd** Zum Treiben befinden Sie sich in einer weiter zurückliegenden Position, als wenn Sie normal mit dem Pferd mitgehen – dabei sind Sie in Augenhöhe des Pferdes. Zum Treiben verlegen Sie Ihre Körperposition auf Höhe der Gurtlage, zum Bremsen einige Schritte vor, aber immer noch neben dem Pferd. Die gleiche Systematik gilt in der Basisposition, in der Sie sich zum Treiben etwas mehr zurückziehen und zum Bremsen etwas mehr vorgehen. Das Gleiche gilt für die Arbeit an der Hand.

**Rückwärtstreten** Auch das Rückwärtsgehen scheint aus der Distanz schwieriger zu sein. Ich habe aber die Erfahrung gemacht, dass die Distanz das Verständnis und die Aufmerksamkeit des Pferdes steigert und es so viel bereiter ist, auf meine Signale zu reagieren. Probieren Sie es aus!

Starten Sie zunächst mit der Position der Entspannung, um das Thema einzuleiten. Da es diese Übung häufig genug gemacht hat, gehorcht es willig. Jetzt erhöhen Sie den seitlichen Abstand und richten es abermals zurück. Dann gleiten Sie bei erneutem Start in die Position der Distanz. Sie können Ihre Position während der Bewegung verändern, weil Ihr Pferd gelernt hat, unabhängig von Ihrer Position zu reagieren. Sie können dann auch dazu übergehen, ebenso wie Ihr Pferd rückwärts zu gehen.

### › Führposition der Konzentration

Wenn Sie aus der Position der Distanz frontal vor das Pferd treten, sind Sie in der Position der Konzentration, in der Sie rückwärts vor dem Pferd auf dessen Weg gehen. Sie haben das Pferd so ständig im Blick. Nachteil ist, dass Sie üben müssen, sich auch rückwärts sicher und schnell bewegen zu können. Sie können aus dieser Position jederzeit wieder in die Position der Distanz oder in die Basisposition wechseln.

**Vorwärts** Stellen Sie sich frontal zum Pferd auf und holen Sie sich die Konzentration des Pferdes, indem Sie es ansprechen. Beide Augen und Ohren des Pferdes müssen bei Ihnen sein. Der Pferdekopf darf nicht nach rechts oder links weichen. Sie gehen betont langsam rückwärts und nehmen das Pferd dabei mit. Gehen Sie an der Bande entlang, die den Weg nach rechts versperrt. Das Ausweichen nach innen können Sie mittels Gerte und Führleine verhindern.

Weil Sie sich in dieser Position die Augen und Ohren des Pferdes „holen" können, erreichen Sie die völlige Aufmerksamkeit des Pferdes.

# FÜHRPOSITION DER KONZENTRATION

**Traben** Für das Traben empfiehlt es sich, die Führleine unter dem Kinn einzuschnallen: Sie ziehen den Karabiner am linken unteren Halfterring von außen nach innen unter dem Kinn entlang, am rechten unteren Halfterring von innen nach außen und befestigen dann den Karabiner am rechten oberen Halfterring.

Beim Antraben aus dem Schritt geben Sie das Stimmkommando, bewegen die Gerte vor der Pferdenase auf sich zu und „ziehen" Ihr Pferd durch Ihr Rückwärtsgehen mit sich mit.

Die Position der Konzentration im Trab bereitet den Handwechsel im Trab vor. Zum Kommando „Allez, hier" soll das Pferd auf Sie zu traben, solange Sie sich frontal zu ihm befinden.

**1 Die Position der Konzentration**

## Situationen und Korrektur

*Das Pferd trabt nicht an* Zögert Ihr Pferd, dann lassen Sie es aus der Position des energischen Vorwärts antraben, danach erhöhen Sie die Distanz, während die Gertenspitze auf die Nase des Pferdes gerichtet ist und das Trabtempo bestimmt.

*Das Pferd eilt auf Sie zu* Wippen Sie energisch mit der Gerte auf die Pferdenase zu und achten Sie darauf, nicht zu verzögern, damit Ihre Distanz zum Pferd kleiner wird. Die Gertenspitze muss ca. 60 cm vom Pferdeauge entfernt sein.

**2 Aufforderung zum Trab**

Wird die Distanz zu klein, können Sie das wippende Zeichen mit der Gerte nicht mehr geben und allenfalls die Brust touchieren. Sie merken: Ihr Pferd muss sich unabhängig von Ihrem Gehtempo machen und Ihre Gertensignale respektieren, denn während Sie eilen, soll es verzögern.

**Vorbereitung auf den Handwechsel** Das Pferd geht auf dem Hufschlag rechte Hand, Gerte und Führleine sind in Ihrer linken Hand, Ihre rechte Hand greift die Führleine und führt das Pferd in der Position der Konzentration. Schicken Sie das Pferd nach rechts ins Innere der Bahn. Nehmen Sie die Gerte und Führleine in die

**3 Erste Schritte im Trab**

> Haben Sie schon einmal darüber nachgedacht, ob Sie durch Ihr Weichen vor dem Pferd rangniedrig werden?
> Das würden Sie, wenn Sie keine weitere Körpersprache und weiteren Signale verwenden würden. Da Sie das tun, bleiben Sie ranghoch. Während Sie vorm Pferd weichen, um handlungsfähig zu bleiben, kommunizieren Sie ganz energisch „bleibe weg von mir". Dadurch sind Sie in der aktiven Rolle und bleiben ranghoch. Sie erhöhen sogar den Respekt des Pferdes, das bemerkt, dass Sie selbst aus der Distanz handlungsfähig und souverän bleiben.

**4 Bea Borelle reduziert das Tempo, indem sie auf das Pferd zugeht.**

**Für die Position der Konzentration wird die Führleine unter das Kinn geschnallt.**

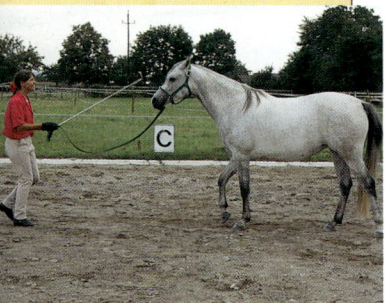

**Die Stimme, die Gerte und in Folge die Körpersprache halten das Pferd auf Abstand.**

**Zum Halt gehen Sie auf das Pferd zu, berühren mit der Gerte die Nase und setzen die Stimme ein.**

rechte Hand und führen Sie mit der linken weiter. Lassen Sie Ihr Pferd einen Bogen auf die Bande zu machen. Noch bevor es den Hufschlag erreicht, überholen Sie es. Sie gehen rückwärts auf den Hufschlag, Ihr Pferd folgt. Weisen Sie Ihr Pferd jetzt einige Tritte nach links ins Innere der Bahn. Sie fassen die Gerte und Leine wieder in der linken Hand und lassen es erneut einen Bogen auf die Band zu gehen. Wiederholen Sie diese Volten einige Male. Haben Sie Ihr Pferd angehalten und genügend gelobt? Seien Sie begeistert, freuen Sie sich, die Übung ist gar nicht so einfach!

**Schlangenlinien durch die ganze Bahn**  Sie gehen rechte Hand auf dem Hufschlag in der Position der Distanz. In der zweiten Ecke der kurzen Seite überholen Sie Ihr Pferd und wechseln in die Position der Konzentration. Sie weisen Ihr Pferd nach innen in eine 90°-Wendung, wechseln die Führleine und Gerte von links nach rechts und gehen parallel zur kurzen Seite auf den anderen Hufschlag zu. Es folgt wieder eine Wendung um 90°, dabei überholen Sie und wechseln wieder die Seite der Führleine und Gerte. Sie gehen also in Schlangenlinien durch die ganze Bahn. Haben Sie das erreicht? Sie sind großartig. Loben Sie sich und Ihr Pferd!

› ## Wechsel der Gangarten

Sie verwenden die Basisführposition oder die Position der Distanz für den Wechsel zwischen den Gangarten. Nutzen Sie beim Temporeduzieren die Gerte mit großem Abstand vor der Pferdenase als optische Sperre. Mit Stimme und Gerte ermuntern Sie Ihr Pferd zum Wechsel in die schnellere Gangart.

Reduzieren Sie Ihre Körpersprache zum Antreiben immer weiter. Ihr Pferd soll auf feiner werdende, dezentere Signale reagieren.

Wechseln Sie häufig zwischen Trab, Schritt, Halt und Rückwärts, denn das verfeinert Ihre Hilfengebung enorm. Das Pferd wird gymnastiziert und lernt durch die häufigen Gangartenwechsel vermehrt Gewicht auf der Hinterhand aufzunehmen, was Sie durch Ihre Körpersprache vormachen.

Wenn Sie aus dem Trab direkt zum Halt durchparieren, werden Sie z.B. sehen, dass Ihr Pferd eher geschlossen auf seinen vier Beinen stehen bleibt, als wenn Sie es aus dem Schritt anhalten. Wenn Ben neben mir galoppiert und ich ihn prompt anhalte, gehe ich selber in die Knie und laufe auf diese Weise so lange mit, bis er steht (Stimme und Gerte begleiten und unterstützen natürlich das Kommando).

> ## Handwechsel

Die Führleine oder Führkette, wie Sie sie bisher eingeschnallt haben, eignet sich nicht für fließende Handwechsel. Wenn Ihr Pferd in einem guten Gehorsam steht und Sie die Führleine kaum noch als Signalgeber einsetzen, dann können Sie sie wie einen Halfterstrick in den mittleren unteren Halfterring einhaken, damit Sie ohne Pause und Führseil-Umschnallung auf beiden Händen arbeiten können.

Beginnen Sie in der Position der Distanz und führen Sie Ihr Pferd auf die Diagonale der Bahn. Hier wechseln Sie in die Position der Konzentration durch das Kommando „Allez, hier". Gehen Sie zügig vor Ihrem Pferd rückwärts und nutzen Sie die lange Linie für die Vorbereitung des Handwechsels. Ihr Pferd soll nicht durch eine enge Wendung auf der Hinterhand erschreckt weichen. Gehen Sie nun aus der vorderen Position in die seitliche über, wechseln Sie die Seite des Pferdes, geben Sie Raum in die neue Richtung und weisen Sie es mit dem Gertensignal hinaus auf die neue Linie.

> ## Dehnungshaltung in Volten und auf dem Zirkel

Sie sollen Ihr Pferd in allen Führpositionen vielseitig beschäftigen, das heißt, Sie wechseln nicht nur die Führseite, die Richtung und die Gangarten, sondern führen Ihr Pferd auch in bekannte Bahnfiguren. Auf gebogenen Linien wie Zirkel und Volten lernt das Pferd, seinen Körper in einer gesunden Art zu bewegen. Kehrtvolten sollten Sie nicht machen, damit Sie nicht zwischen die Bande und das Pferd geraten.

Durch die Biegung wird die äußere Körperseite gedehnt und die inneren entspannt. Sobald eine Körperseite entspannt ist, fällt es dem Pferd leichter, seinen Hals fallen zu lassen und in einer gedehnten Haltung zu gehen.

Auch in einer Kurve sollen die Hinterbeine in die Spur der Vorderbeine treten, es verändern sich dabei die Schwerpunktverhältnisse. Die inneren Beine haben eine kürzere Strecke zurückzulegen als die äußeren. Dieser Unterschied wird vom Körper ausgeglichen: Das innere Hinterbein tritt weiter unter den Schwerpunkt, es wird stärker gebeugt und nimmt mehr Last auf. Diese vermehrte Lastaufnahme verbunden mit einer größeren Hankenbeugung ist ein Ziel von Versammlung – die gebogenen Linien sind also eine hilfreiche Übung, um ein Pferd zu gymnastizieren. Je enger die Längsbiegung des Körpers, desto größer ist die gymnastizierende Wirkung. Einer zu engen Biegung kann sich der Pferdekörper aber nicht mehr anpassen (mit einem Durchmesser

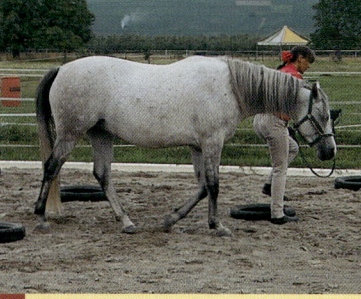

**1** Volten um Reifen herum – immer in Dehnungshaltung

**2** Optische Hilfsmittel, wie Reifen, gestalten die Arbeit präziser.

**3** Die engen Biegungen fördern die extreme Dehnungshaltung.

**4** Die Gerte und die Körpersprache begrenzen den Weg.

unter sechs Metern), dann würde die Hinterhand aus der Linie der Vorderbeine nach außen herausfallen.

Im Reitkapitel geht es ausschließlich um das Thema Dehnungshaltung. Den ersten Schritt dorthin machen Sie hier und jetzt. Der Durchbruch der bisherigen Arbeit! Wenn Ihr Pferd von sich aus in den Führpositionen den Kopf senkt und in extremer Dehnungshaltung (S. 124) oder Dehnung bis zum Buggelenk (S. 125) geht, ist das wunderbar. Tut es das nicht, rufen Sie es ab.

Sie stehen in der Position der Entspannung und halten das Pferd dazu an, den Kopf zu senken – als Einführung in das Thema. Drehen Sie sich zum stehenden Pferd hin. Halten Sie die Gerte kurz gefasst auf halber Länge in der rechten Hand in der Degenhaltung, aber mit abgesenkter Spitze.

Drücken Sie ca. 20 cm des Gertenstabes gegen die innere Schulter und zupfen Sie den Kopf des Pferdes herunter. Das Gertensignal ist das Zeichen für „Nase herunter". Nun gehen Sie im Schritt mit dem Pferd in eine Volte nach links. Sie sind in die Bewegungsrichtung gekehrt, halten die Doppelschlaufen in der linken Hand und drücken impulsartig die Gerte gegen die Schulter. Tatsächlich soll dieses Gertensignal die Schulter auf der Linie halten, damit Sie in der Volte die Möglichkeit haben, den Kopf zu senken und gleichzeitig nach innen zu bringen.

Strebt das Pferd in die extreme Dehnung mit dem Kopf über dem Boden, dann begrüßen Sie das!

Drängt das Pferd auf Sie zu, arbeiten Sie weiter wie auf S. 97 Hinterhandwendung oder S. 85 Position der Distanz beschrieben. Bei einem erneuten Versuch der Volte touchieren Sie deutlich die hereinfallende Schulter, biegen das Pferd ganz allmählich und weisen zupfend den Kopf in die Dehnung.

Versteht und respektiert Ihr Pferd Sie, dann wird es den Kopf in der Dehnung halten. Halten Sie an, loben Sie Ihr Pferd. Die Zukunft für korrektes Reiten hat begonnen!

Erhöhen Sie nun den Abstand, aber setzen Sie weiterhin das Gertenzeichen durch Verlängerung der Gerte und Ausstrecken Ihres Arms ein.

Sie gehen in die Volte und biegen und dehnen Ihr Pferd. Die gebogene Linie unterstützt Ihre Arbeit.

*Zirkel* Zirkel haben einen Durchmesser von maximal 20 Metern.

*Volten* Kreise mit Durchmessern von 6, 8 oder 10 Metern. Hilfreich sind auf der Mittellinie oder in der Bahn ausgelegte Reifen zur besseren Orientierung und zur Kontrolle der richtigen Ausführung der Volten.

*Figur der Acht* Die Figur der Acht besteht aus zwei durch diagonale Linien verbundene Halbkreise mit einem Durchmesser von je 10 Metern mit Richtungswechsel.

Zukünftig werden Sie auf allen gebogenen Linien die Dehnungshaltung abfragen.

## › Vorhandwendung

Bei einer Vorhandwendung wird die Hinterhand des Pferdes in einem Halbkreis um die Vorhand herumgeführt, d.h. die Hinterhand weicht aus. Jedes Pferd führt diese Bewegung am Putzplatz aus, das Kommando ist „Herum". Diese Lektion ist eine gute Übung, um die Wirksamkeit Ihrer Hilfengebung zu kontrollieren, und ist eine Basisübung der Vertreiben-Methode. Weichen lassen heißt bestimmend sein und erzeugt Beachtung. Diesen Effekt sollten Sie im Blick behalten und die Übung dann anwenden, wenn Sie dieses Ziel erreichen wollen.

### Kurz gesagt

| | |
|---|---|
| Was? | Vorhandwendung |
| Warum? | Lösende Übung, Überprüfung Ihrer Signalgebung |
| Womit? | Halfter, Führleine, Gerte, 2 Stangen |
| Wie? | Schritt für Schritt: Führposition der Entspannung, Kopf senken, Seitwärtsbewegung der Hinterhand durch Stimme und Gertensignal einleiten, erst 90°, später 180° und 360°. |

Nutzen Sie die Vorhandwendung nur als Vorübung zum Schulterherein und Konterschulterherein und zur generellen Abrufbarkeit, danach nicht mehr! Sie belastet nur unnötig die Gelenke der Vorhand, vor allem, wenn Ihr Pferd die Beine dreht, statt abzufußen. Natürlich kann das Touchieren der Beine das Abfußen unterstützen, aber ich lege Ihnen ans Herz: Die Vorhandwendung dient nur zur Verständnisklärung – und dann ab damit in die Klamottenkiste.

Wir haben Stangen zu einer rechtwinkligen Ecke ausgelegt, um sie als optische Hilfe zur Verdeutlichung der Übung auf den Fotos zu nutzen. Wenn Sie die Übung beginnen, verlegen Sie sie in die Mitte der Bahn ohne optische Anlehnung.

Führen Sie Ihr Pferd in der Position der Entspannung und halten Sie es an. Behalten Sie Ihre Position vorne links am Pferdekopf, strecken Sie den Arm und wenden Sie den Pferdekopf zu sich. Sagen Sie „Herum". Heben Sie die Gertenspitze neben dem

**1** *Vorhandwendung:* Führen Sie die Übung bitte frei in der Bahn aus. Die Hinterhand des Pferd weicht der touchierenden Gerte.

**2** Das Touchieren der Schulter hält das Pferd vom nicht erwünschten Vorwärtstreten ab.

**3** *Ende der Übung:* Kopf senken, abstreichen, loben, Futter, freuen!

Pferd an, ohne es zu berühren. Reagiert Ihr Pferd schon auf das Stimmsignal, ist das große Klasse. Halten Sie sofort inne, stellen Sie alle Hilfengebung ein, senken Sie die Hände und den Blick und loben Sie mit Stimme, Händen, Futter.

### Situationen und Korrektur

*Das Pferd weicht nicht* Reagiert das Pferd nicht allein auf die Stimme, dann touchieren Sie es mit der Gerte in ansteigender Dosierung. Weich beginnen und so lange verstärken, bis das Pferd weicht. Dann sofort alle Signale einstellen und mit allen Mitteln loben!

*Das Pferd geht rückwärts* Korrigieren Sie mit der Position des energischen Vorwärts, sodass das Pferd anhält und wieder vorkommt. Beginnen Sie erneut, eventuell mit deutlicherem Signal mit der Gerte an der Hinterhand.

*Das Pferd geht vorwärts* Halten Sie am Halfter deutlich gegen oder tippen es mit der Gerte an der Brust an, damit der Weg nach vorne versperrt bleibt. Gehen Sie zur Bande. Ausnahmsweise stehen Sie zwischen Bande und Pferd und geben die Signale. Die Situation gleicht der am Putzplatz. Also „binden" Sie Ihr Pferd an Ihrer Hand an, das heißt Sie lassen Ihre Hand, wie sie ist, und geben nicht nach, sondern halten fest, als wenn das Pferd angebunden wäre.

*Das Pferd eilt* Unterbrechen Sie die Übung, lassen es den Kopf senken und atmen selbst ganz ruhig durch. Stellen Sie sich vor, wie die Übung Schritt für Schritt aussehen soll, und beginnen Sie erneut, ganz in Ruhe. Verlangen Sie nur einen einzigen Schritt, danach loben Sie überschwänglich und starten erneut. Lesen Sie auch die Korrektur der Situation „Das Pferd geht vorwärts".

*Das Pferd ist unwillig* Kommt das Pferd mit der Hinterhand auf Sie zu oder schlägt sogar gegen die Gerte, bleiben Sie gelassen. Viele Pferde reagieren so. Senken Sie den Pferdekopf, streichen Sie die Hinterhand ab und ignorieren Sie beim nächsten Versuch jede ähnliche Reaktion. Touchieren Sie unbeirrt weiter mit ansteigender Dosierung – nur so wenig wie möglich, aber so viel wie nötig –, bis das Pferd weicht. Bravo! Einstellen der Signale, Loben! Freuen Sie sich, nehmen Sie dem Pferd den Wind aus den Segeln und verändern Sie die Stimmungslage durch Ihre Freude. Überzeugen Sie durch Souveränität. Wenn Sie zum Schulterherein oder Konterschulterherein übergehen wollen: jetzt und heute? Warum nicht? Die Beschreibung finden Sie auf S. 99.

## › Hinterhandwendung

Bei einer Hinterhandwendung wird die Vorhand des Pferdes in einem Kreis um die Hinterhand herumgeführt. Die Hinterhand des Pferdes beschreibt dabei einen kleinen Kreis, und die Hinterbeine sollten im Schrittrhythmus auf- und abfußen. Die Vorderbeine sollen voreinander kreuzen, die Hinterbeine auf einem kleinen Kreis treten.

### Kurz gesagt

| | |
|---|---|
| **Was?** | Hinterhandwendung |
| **Warum?** | Rang klären, Gymnastizierung, Vorbereitung Seitengänge, Rangieren vor Hindernissen |
| **Womit?** | Halfter, Führleine, Gerte |
| **Wie?** | Schritt für Schritt: Führposition der Entspannung, Kopf senken, Kopf wegwenden, mit der Gerte Schulter antippen und das Pferd am Kopf in die Seitwärtsbewegung führen, zuerst nur 90°, dann 180°, schließlich auch 360° |

Die Wendung um die Hinterhand am Halfter ist eine gute Vorbereitungen für die Seitengänge in der Handarbeit und für Hindernisübungen, um die Vorhand zu rangieren, z. B. vor dem Brett, der Wippe, dem Hänger. Da das Pferd lernt, mit der Schulter zu weichen, unterstützt die Übung die Lektion Schulterherein. Wenn ein Pferd die Tendenz hat, mit der Schulter auf Sie zuzudrängen, hilft zur Vermeidung die Hinterhandwendung.

1 *Hinterhandwendung Schritt für Schritt:* Stimmsignal „Seitwärts", Pferdekopf in die Bewegungsrichtung stellen, Touchieren an der äußeren Schulter. Das Pferd tritt im Zeitlupentempo seitwärts, so soll es sein.

2 **Das äußere Vorderbein soll nach vorne übertreten.**

3 **Übung beenden, loben mit Stimme und Futter!**

Ich empfehle, die Übung nicht aus dem Halten heraus zu beginnen, denn das blockiert die Hinterhand und ist eine Übung für das verstehende und befähigte Pferd. Die Übung ist eine typische Basisübung der Vertreiber-Methode und von großer Bedeutung, um das Weichen zu klären. Es soll in keinem Trainingsplan fehlen, denn:

- Sie werden ranghoch,
- sie lassen die Schulter weichen,
- die Übung bereitet die Führposition der Distanz vor,
- die Übung bereitet den Travers und die Schrittpirouette vor. Übrigens: Mit dem Training von Hinterhandwendung und Rückwärtsrichten befinden Sie sich schon im ersten Schuljahr der Hohen Schule!

Beginnen Sie auf freier Fläche ohne begrenzenden Stangen wie in unseren Fotos, wo sie zur Verdeutlichung der Übung liegen. Führen Sie Ihr Pferd in der Position der Entspannung, halten Sie an und lassen Sie Ihr Pferd den Kopf senken. Führen Sie den Kopf von sich weg und schwenken Sie die Gerte wie einen Scheibenwischer in einem 220°-Bogen zwischen sich und dem Pferd. Reagiert Ihr Pferd schon darauf mit einem Weichen: Wunderbar! Einstellen der Signale, Kopf tief, Abstreichen, Loben.

### Situationen und Korrektur

*Das Pferd weicht nicht* Leiten Sie die Seitwärtsbewegung durch das Touchieren mit der Gerte an der äußeren Schulter ein. Auf der äußeren Schulter befinden auch Sie sich, aber sehr weit vor dem Pferdekopf und im Weg des Pferdes. Drücken Sie das Pferd durch Ihre Führung am Kopf energisch von sich weg und mit dem Gertensignal seitwärts: Schritt, Halt, Schritt, Halt. Verlangen Sie nach und nach eine Wendung um 90°, später können Sie die Übung auf 180° und 360° erweitern.

*Das Pferd geht rückwärts* Korrigieren Sie durch die Position des energischen Vorwärts und beginnen Sie neu.

*Das Pferd geht vorwärts* Sie müssen den Weg nach vorne blockieren und sich mehr vor den Pferdekopf platzieren.

*Das Pferd eilt* Unterbrechen Sie die Übung, halten das Pferd an, lassen es den Kopf senken und atmen selbst ganz ruhig durch. Stellen Sie sich vor, wie die Übung Schritt für Schritt aussehen soll und beginnen Sie erneut, ganz in Ruhe, und verlangen Sie nur einen einzigen Schritt, danach loben Sie überschwänglich und fordern erst dann den nächsten Schritt.

*Das Pferd kreuzt nach hinten*  Sollte das Pferd die Vorderbeine nach hinten überkreuzen, stellen Sie es nicht geschlossen auf, sondern achten darauf, dass das äußere Vorderbein, das als Erstes seitwärts treten soll, etwas vor dem inneren steht. Sie führen das Pferd mit einer leichten Tendenz nach vorne und von Ihnen weg.

*Das Pferd ist unwillig*  Ähnlich wie das Touchieren der Hinterhand kann das Antippen der Schulter Pferde zur Gegenwehr provozieren. Zeigen Sie sich beharrlich und unbeirrt (siehe S. 126 Flexionieren).

> ## Konterschulterherein und Schulterherein

Sie können am Halfter sehr gut Konterschulterherein und Schulterherein üben (S. 147). Dazu fassen Sie das Pferd ganz kurz mit der Hand direkt am Halfter. Sie dirigieren Ihr Pferd mit der Gerte, die zum inneren Schenkel wird und seitwärts treibt oder

*Schulterherein:* **Der Mensch geht vorwärts, das Pferd seitwärts.**

zum „äußeren Zügel", der die äußere Schulter bremst, während Sie weiter nach vorne gehen wie zuvor. Ihre Körperposition ist auf Halshöhe Ihre Pferdes. Lesen Sie im Kapitel Arbeit an der Hand auf S. 147 weiter.

**Die Gerte vor der Brust platziert verhindert das Streben in die Bahnmitte hinein.**

Damit möchte ich das Kapitel Führen abschließen. Haben Sie alles mit Ihrem Pferd erarbeiten können? Das ist großartig!
Sie haben gelernt und als Kapital in petto:
- korrekte Anweisungen zu geben und auszuführen
- zu loben und sich zu freuen,
- zwischen weichen Bewegungen und klaren Aktionen zu wechseln,
- eine gute Feinmotorik in beiden Händen,
- ausdrucksstark und liebevoll zu sein.

Machen Sie eine kleine Vorführung für Bekannte, Stallgenossen, Ihre Familie. Sagen Sie in der Vorführung, was Sie vorhaben, dann wird für die Betrachter deutlich, was Sie beide können. Öffnen Sie eine Flasche Sekt und feiern Sie den Erfolg mit den Menschen, die sich mit Ihnen freuen. Ich gratuliere Ihnen!

## › Trainingszettel:
## 10 Minuten Führtraining für Einsteiger

- Führleine links verschnallt, führen von links auf der linken Hand
- betreten der Bahn in der Position der Distanz
- nach 10 m anhalten, antreten, weiter im Schritt
- nach 10 m anhalten, antreten, weiter im Schritt
- einfache oder mehrfache Schlangenlinie
- ganze Bahn weiter geradeaus
- abwenden in zwei Volten in Dehnungshaltung
- ganze Bahn weiter geradeaus
- abwenden auf die Mittellinie, Halten bei X
- Statue, einmal um das Pferd herumgehen
- umschnallen der Führleine, Führen von rechts auf der rechten Hand
- durch die ganze Bahn wechseln
- Wiederholung des gleichen Ablaufs wie auf der linken Hand
- Halt in der Mitte der kurzen Seite
- eine Pferdelänge rückwärts, vorwärts, rückwärts
- antraben, vier Volten im Trab
- bis zur Mitte der langen Seite traben, durchparieren zum Schritt
- abwenden in die Bahnmitte, Statue, umschnallen der Führleine, antreten
- Mitte der kurzen Seite durchparieren zum Halt,
  Übung beenden, Kopf senken, abstreichen, loben, Futter, freuen!

## › Trainingszettel:
## 10 Minuten Führtraining für Fortgeschrittene

- Führleine im unteren Ring verschnallt, führen von links, Basisposition
- Statue, warten, antreten
- nach 10 m Schritt anhalten, antreten in der Position der Distanz
- vier Volten linke Hand
- Handwechsel
- vier Volten rechte Hand
- antraben, Schritt, antraben
- halten, rückwärts richten
- antreten, antraben
- vier Volten im Trab
- Handwechsel
- vier Volten im Trab
- abwenden in die Bahnmitte, Statue
- Hinterhandwendung
- antraben, Mitte der langen Seite halt
- Vorhandwendung
- antreten, antraben
- durchparieren zum Schritt, Halt
- Kopf senken, abstreichen, loben, Futter, freuen!

## > Spielen und trainieren

Bald nachdem Sie begonnen haben, Ihr Pferd in den verschiedenen Führpositionen unter Kontrolle zu haben, führen Sie es an die unterschiedlichsten Hindernisse heran. Das hat folgende Gründe: Ihr Pferd soll selbstsicher, scheufrei und intelligenter werden. Sie selber lernen, schwierige Situationen zu „handeln", und werden immer sicherer im Umgang mit Ihrem Pferd. Es ist eine fantastische Möglichkeit, Ihr Pferd kennen zu lernen, Erfahrung mit heiklen Situationen und deren Lösung zu sammeln. Das Hindernistraining bietet außerdem Abwechslung, Erfolgserlebnisse und Spaß. Ich weiß, dass viele Pferdebesitzer Schwierigkeiten haben, genug Zeit, Platz und Material für die Hindernisse aufzubringen. Auch mir ging und geht es oft so, dass ich mich mit den Gegebenheiten arrangieren muss, mich nicht entsprechend ausbreiten kann oder mir schlichtweg ein Helfer fehlt. Dann entscheide ich mich für den Aufbau eines einzelnen Hindernisses oder Elements. Ich möchte Sie ermutigen, sich die Übungen anzusehen und selber auszuprobieren, wie erfolgreich Sie Ihr Pferd mit dem Hindernistraining an der Hand in seiner Leistungsfähigkeit und seinem Selbstbewusstsein fördern können. Tun Sie sich mit anderen Reitern zusammen und üben Sie gemeinsam – so ist der Aufbau der Hindernisse leichter und das Training macht noch mehr Spaß. Was auch immer Sie sich an weiteren, neuen Hindernissen ausdenken, achten Sie immer darauf, dass Gefahren ausgeschlossen werden.

### Check
### Führtraining mit Hindernissen
Zum Führtraining mit Hindernissen gehören diese Übungen:

**Ihr Pferd:**

- [ ] lässt sich in allen Führpositionen dirigieren
- [ ] bleibt in Sichtkontakt auf Kommando stehen (Die Statue)
- [ ] bleibt bei ungewohnten Geräuschen ruhig
- [ ] geht neben, über und auf Paletten/ein Podest
- [ ] geht über Brett und Wippe
- [ ] lässt sich auf ein schmales Brett dirigieren
- [ ] geht über Stangen und Cavaletti
- [ ] stellt sich mit den Beinen in Eimer
- [ ] geht über Reifen
- [ ] geht zwischen Tonnen hindurch

*Die Statue:* Das Pferd wird in das Stangenviereck hineingeführt.

*Das Pferd steht still:* Die Führleine wird aufgeknotet.

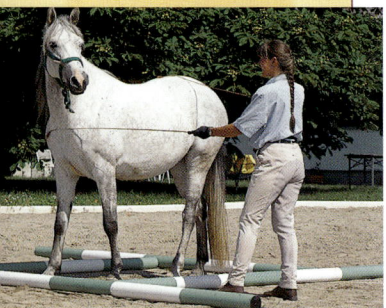

Zwei Gerten streichen den Pferdekörper ab, der Mensch bewegt sich um das Pferd herum.

> ## Die Statue

Die Statue ist eine Übung, die das Pferd zur Ruhe und Selbstständigkeit erzieht. Es soll im Abstand zu Ihnen auf der Stelle stehen bleiben, solange Sie es möchten. Ein Pferd, das gelernt hat, ruhig stehen zu bleiben, kann das schließlich auch beim Putzen, beim Satteln oder beim Aufsitzen. Sie können das Pferd dann z.B. auf dem Reitplatz stehen lassen und, wenn Sie wollen, Hindernisse aufbauen oder verändern.

Oft „parke" ich meine Pferde unter dem Sattel in einer Ecke und lasse sie dem Treiben in der Halle oder auf dem Reitplatz zuschauen. Auch beim gemeinsamen Aufbruch ins Gelände bleibt mein Pferd stehen, während sich die Gruppe sammelt oder unterwegs ein Anhalten notwendig wird.

Darüber hinaus wird hier einer der wichtigsten Aspekte in der Ausbildung eingeübt: Das Pferd muss warten lernen und darf erst dann reagieren, wenn Zeichen einsetzen.

### Kurz gesagt

| | |
|---|---|
| **Was?** | Statue |
| **Warum?** | Selbstsicherheit und Ruhe, abrufbares Stehenbleiben und Warten trainieren, Vorstufe für viele Showtricks |
| **Womit?** | 4 Stangen, Halfter, Führleine, 2 Gerten |
| **Wie?** | Erst nah am Pferd, dann im Abstand an der Führleine, schließlich ohne Führleine und mit zwei Gerten das Pferd abstreichend und einrahmend stehen lassen. |

*So wird's gemacht* Zuerst legen Sie mit vier Stangen ein Rechteck aus, das an eine Windmühle erinnert, da ein Teil der Stangen übersteht. Die Grundfläche sollte etwa 50 cm länger und breiter als das Pferd sein. Diesen Stangen-Rahmen verwenden Sie, weil es für das Pferd viel leichter ist, in einem markierten Bereich zu stehen, als irgendwo frei auf einem großen Platz. Es lernt, die Stangen als deutliche Grenzlinien zu akzeptieren.

Führen Sie das Pferd in das Rechteck und halten Sie es mithilfe Ihrer Stimme und den üblichen Signalen an. Um ihm zu zeigen, dass es an Ort und Stelle zu halten hat, bleiben Sie zuerst nah am Pferd und streichen es mit der Gerte ab. Bleiben Sie etwa eine Minute so stehen, loben Sie das Pferd und lösen Sie die Übung auf, indem Sie mit dem Pferd das Rechteck verlassen.

Im nächsten Schritt gehen Sie in der Position der Distanz in das Rechteck, halten es dort an und wahren auch im Halten den Abstand. Aufgrund der Gertenlänge können Sie aber immer noch das Pferd abstreichen, was ihm ein Gefühl des Beschütztseins und der Kontrolle gibt und somit das ruhige Stehen unterstützt. Wenn sich Ihr Pferd bewegt, reagieren Sie aus der Distanz: Sagen Sie Ihr Stimmkommando „Ho, Halt" und benutzen Sie Ihre Körpersprache, um es zum Stillstehen zu bewegen. Entweder gehen Sie also etwas auf das Pferd zu, wenn es nach vorne weggehen will, oder Sie geben Zug auf die Führleine, wenn es nach hinten ausweicht. Seitliche Ausweichmanöver korrigieren Sie mit Hilfe der Gerte: Halten Sie sie wie eine Schranke neben das Pferd.

Für die nächste Phase benötigen Sie eine zweite Gerte. Führen Sie das Pferd in das Rechteck, halten Sie es an, wickeln Sie die Führleine auf und fixieren Sie sie am Halfter. Nehmen Sie die Gerten in je eine Hand und streichen Sie das Pferd ab, vorn an Brust und Beinen, hinten den Rücken, die Kruppe, die Hinterhand. Ihr Pferd soll fühlen, dass Sie es betreuen, dass Sie da sind. Sie umarmen damit sinnbildlich Ihr Pferd und rahmen es ein.

Beginnen Sie, sich zunächst nur im vorderen Bereich und dann schließlich auch um das Pferd herumzubewegen. Streichen Sie dabei weiter über das Fell. Sie wechseln vorne am Kopf die Seite des Pferdes. Wendet sich das Pferd mit dem Kopf zu Ihnen, gebieten Sie nur Einhalt, wenn es Anstalten macht, sich zu bewegen. Es darf Ihnen ruhig mit den Augen folgen. Dasselbe gilt für das Beschnuppern des Bodens: Es ist erlaubt, solange das Pferd stehen bleibt. Touchieren Sie die Nase, wenn es sich bewegt.

Wenn Sie es geschafft haben, einmal um das Pferd herumzugehen, ohne dass es sich bewegt, loben Sie es ausführlich mit Ihrer freudigen Stimme, mit Streicheln und Futterlob.

## Die Übung im Pferdealltag

*Unruhe am Putzplatz* Bleibt Ihr Pferd beim Putzen nicht still stehen? Dann üben Sie die Statue zunächst auf dem Reitplatz – verbinden Sie Bekanntes mit Neuem. Transportieren Sie den Erfolg zur erfolglosen Stelle. Legen Sie die Windmühle auf dem Hof aus und üben Sie dort. Dann legen Sie den Rahmen auf den Putzplatz, stellen das Pferd hinein und üben die Statue. Danach binden Sie das Pferd an. Tage später können Sie dann auch die Stangen entfernen und das Pferd bleibt stehen. Freuen Sie sich über jeden Fortschritt!

Beginnen Sie mit dem Rahmen und setzen Sie dann die Übung auch mit Reifen fort (S. 100). Danach kann Ihr Pferd ohne eingrenzende Stangen den Motorradreifen betreten und bleibt darin stehen. Als Nächstes markieren Sie einen Kreis auf dem Reitplatzboden und üben dort die Statue. Ersetzen Sie den Reifen durch einen Stab, einen Hulahup-Reifen oder Ähnliches. Führen Sie das Ihren Reitkameraden vor und freuen Sie sich!

**4** Der Mensch bewegt sich langsam, zielsicher und selbstbewusst.

**5** Auch wenn das Pferd in die Gegend blickt – es bleibt stehen und wird mit der Stimme gelobt.

**6** *So ist es richtig:* Konzentration und sicheres Stehen im Stangenviereck.

## > Klappersack

Mit der Klappersack-Übung können Sie Ihr Pferd auf ungewöhnliche Geräusche vorbereiten. Stellen Sie das Pferd dazu frei in das Stangenrechteck und zeigen Sie ihm unterschiedliche Gegenstände, mit denen Sie Geräusche erzeugen können: eine Getränkedose, knisterndes Papier oder Folie und schließlich einen ganzen Sack voll mit Dosen. Das Pferd soll dabei frei stehen, weil es damit seine Fähigkeit, bewusst stehen zu bleiben, demonstriert. Es lernt,

### Kurz gesagt

**Was?** Klappersack
**Warum?** Gehorsam, Vertrauen, Kompetenz, Gewöhnung an ungewohnte Geräusche, Vorübung für alle weiteren spielerischen Steigerungen
**Womit?** Vier Stangen, Getränkedosen, knisterndes Papier oder Folie, Sack oder Beutel
**Wie?** Pferd in Rechteck stehen lassen, Geräusche in Sichtweite des Pferdes erzeugen, mit dem Geräuschobjekt allmählich um das Pferd herumgehen.

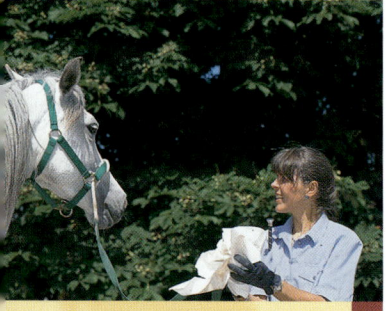

Kincsem steht im Stangenviereck und Bea Borelle zeigt ihr die Getränkedose. **1**

Jetzt nimmt Bea Borelle ein Blatt Papier und macht damit ein knisterndes Geräusch. **2**

Hier zeigt sie Kincsem den Klappersack. Die reckt neugierig die Nase vor und schnuppert. **3**

Bea Borelle steht hinter der Stute. Diese zeigt perfekten Gehorsam und vollstes Vertrauen. **4**

nachzudenken und die Dinge viel besser als ungefährlich zu akzeptieren, als wenn Sie es angebunden und nah bei sich halten würden. Steigern Sie die Übung bis zum starken Schütteln des Sacks und rennen Sie schließlich um das Pferd herum. Das ist schon wieder eine kleine Vorführung wert. Großartig. Merken Sie, dass Sie langsam, aber sicher stolz auf Ihre Leistung sind, dass Sie begeistert werden? Sie haben Grund dazu!

> **Podest**
Pferde mögen es, erhöht zu stehen, zum Beispiel auf Hügeln in Weiden und im Auslauf. Auch Ihr Pferd wird das Podest lieben, es wird nahezu süchtig danach werden. Es kann sein, dass Ihr Pferd es sogar heimlich besteigt, wenn keiner zuguckt. Ich habe Ben Schritt für Schritt das Besteigen eines Podestes beigebracht.

*Vorbereitung* Für dieses und alle weiteren Hindernisse gilt folgende Vorgehensweise: Sie bleiben direkt vor dem Hindernis stehen und lassen das Pferd schnuppern und die Sache beurteilen. Sie erkennen die Stimmungslage Ihres Pferdes und wissen, was auf Sie zukommt. Vielleicht sollten Sie jetzt schon beschließen, bei der Bewältigung des Hindernisses dem Pferd mit Futter zu helfen.
Hinter dem Hindernis soll Ihr Pferd anhalten. Zwingen Sie das aber nicht gleich von Anfang an durch, wenn sich Ihr Pferd angstvoll vom Hindernis entfernen will. Je besser es das Hindernis kennt, desto leichter ist es schließlich, auch dahinter anzuhalten.

*Hilfsmittel* Ich nutze Transport-Paletten als Untergrund, weil sie günstig zu bekommen, für eine Person leicht zu handhaben und mit wenig Aufwand auch für Großpferde stabil zu machen sind: Sie sollten die Zwischenräume mit weiteren Latten verschließen. Zusätzlich habe ich meine Paletten mit blauem Teppich bezogen, damit sie rutschfest sind, nicht splittern und außerdem etwas schöner aussehen.

### Kurz gesagt

| | |
|---|---|
| **Was?** | Paletten/Podest besteigen |
| **Warum?** | Vertrauen, Spaß, Vorbereitung auf das Verladen und Zirkuslektionen |
| **Womit?** | 6 Paletten |
| **Wie?** | Durch Durchgang gehen; über einfach und dann doppelt ausgelegte Paletten führen; erst nur die Vorderbeine und dann ganz auf dreifach gestapelten Paletten stehen. |

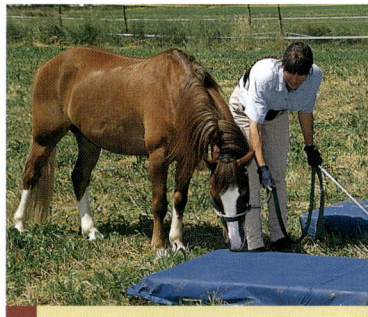

**1** Bea Borelle lässt Ben an den Paletten schnuppern.

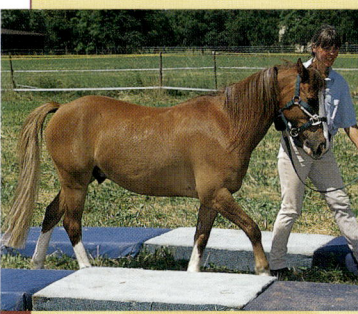

**2** Im Schritt geht es durch den Gang. Anhalten unterstützt das Nachdenken des Pferdes.

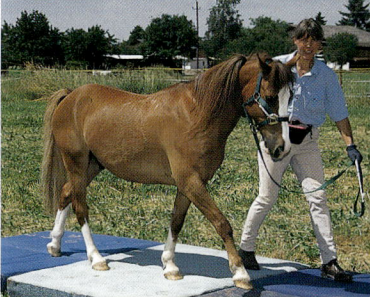

**3** Ben geht sicher und entspannt über den Palettenboden.

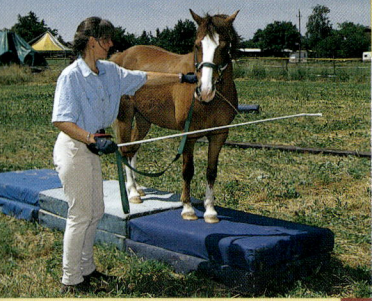

Pferde lieben erhöht zu stehen. Das kommt der Übung zu Gute. **1**

Das Podest wird um eine weitere Palette erhöht. **2**

Erstaunt genießen die Pferde diese Veränderung. **3**

Ziel erreicht: Die Bergziege auf dem Paletten-Podest. **4**

*So wird's gemacht* Zuerst lege ich die Paletten so aus, dass sie eine schmale Gasse bilden. Ich führe Ben in der Basisposition an die Paletten heran und lasse ihn an der ersten schnuppern. Dann dirigiere ich Ben langsam durch die Gasse hindurch. Mit einem ungeübtem Pferd würde ich in der Gasse mehrmals anhalten und das Pferd nachdenken lassen.

Kann das Pferd auf Grund seiner Angst noch nicht stehen bleiben, gehen Sie mehrmals mit ihm ohne Anhalten durch die Gasse. Allmählich gewöhnt es sich an die Situation und Sie können es auch in der Gasse zum Halten veranlassen.

Als nächsten Schritt lege ich die Paletten zusammen, sodass sie in zwei Reihen nebeneinander liegen. Ich führe Ben erst auf die Paletten und lasse ihn dann auf ihnen gehen. Auch hier ist ein Stoppen genauso zu erarbeiten wie vorher beschrieben.

Nun wird es schwieriger: Ich lege die Paletten doppelt übereinander und führe Ben auf die erhöhte Plattform. Ich halte ihn an, damit er in Ruhe seine neue Position überdenken kann.

Nächste Steigerung: Ich lege drei Paletten übereinander und lasse Ben zuerst nur seine Vorderbeine auf das so entstandene Podest stellen. Ich lobe ihn und schicke ihn wieder hinunter. Anschließend soll er mit allen vier Hufen auf das Podest steigen.

Ziel erreicht: Ben steht in der Bergziege auf der Grundfläche einer Palette. Sie können sich denken, was Sie tun sollen, wenn Sie dieses Ziel erreicht haben. Ja klar, genießen Sie es und jubeln Sie Ihrem Pferd zu!

## › Brett und Wippe

Auch das Brett und die Wippe sind Vorbereitungen auf das Verladen sowie das Überwinden von Brücken. Die Übung schult das Gleichgewichtsgefühl. Viele Pferde lernen, die Wippe durch Gewichtsverlagerung selbstständig vor und zurück zu bewegen und haben sichtlich Spaß dabei. Gehen Sie wie immer Schritt für Schritt vor. Sie benötigen ein stabiles Brett (Maße 1,2 m x 2,5 m) mit einer unteren Einfassung für die Wippenstange. Sie haben ja nun schon so viele Vorführungen gemacht, dass Sie mit Leichtigkeit jemanden finden, der erkennt, dass Sie als nächstes eine Wippe brauchen – und sie Ihnen baut. Umarmen Sie ihn dafür und weiter geht's!

*So wird's gemacht* Gewöhnen Sie Ihr Pferd in aller Ruhe an das Brett. Es soll sehr vertraut damit werden und darauf die Statue zeigen, bevor Sie es zu einer Wippe umfunktionieren. Beginnen Sie also nicht sofort mit der Wippe, denn das könnte Ihr Pferd zu

## Kurz gesagt

| | |
|---|---|
| **Was?** | Brett und Wippe |
| **Warum?** | Vorbereitung auf das Verladen und Brücken, lockert den Rücken und das Becken des Pferdes. |
| **Womit?** | Stabiles Brett 1,2 x 2,5 m mit Führung für Wippenstange, stabile, verschieden starke Stangen zum Unterlegen |
| **Wie?** | Brett flach auf dem Boden überqueren, Statue auf dem Brett, erst dünne Stange unterlegen, Pferd das Wippen zeigen, dann durch feine Signale zur selbstständigen Gewichtsverlagerung animieren, dickere Stange unterlegen. |

sehr erschrecken, und Sie brauchen dann sehr lange, um es wieder an die Übung zu gewöhnen.

In der Bildsequenz führe ich Ben in der Position der Entspannung auf das Brett. Ich lasse ihn mit beiden Vorderbeinen auf dem Brett stehen und streiche seine Brust ab. Auf dem Brett halte ich ihn erneut an, danach wieder in der Mitte des Bretts. Dann lege ich eine Stange unter das Brett, die schon ein geringes Wippen erlaubt. Gehen Sie zunächst mehrmals ohne anzuhalten über die Wippe. Ist Ihr Pferd dabei gelassen, dann halten Sie es beim Betreten der Wippe mit der Vorhand an. Abstreichen mit der Gerte. Wieder einen Schritt vorwärts, Anhalten, bis Sie zu der Stelle kommen, wo es wippt. Ich berühre Ben an der Kippstelle mit der Gerte an der Brust, damit er sein Gewicht nach hinten verlagert. Ich kontrolliere das Brett zusätzlich mit meinem Fuß, damit das Herunterwippen nicht zu überraschend passiert. Jetzt liegt die dickere Stange unter der Wippe, die ein höheres Wippen ermöglicht. Durch leichte Signale mit der Gerte lernt Ben, sein Gewicht ganz fein zu verlagern. Schließlich taxieren und balancieren die Pferde alleine und bringen die Wippe mit ihrer eigenständig durchgeführten Gewichtsverlagerung in Bewegung.

1 Das Anhalten und Warten auf dem Brett zeigt die Selbstsicherheit und das Vertrauen des Pferdes.

2 Die Wippe ist eine gute Übung für das Gleichgewichtsgefühl.

3 Gewichtsverlagerung durch feine Signale mit Gerte und Führleine.

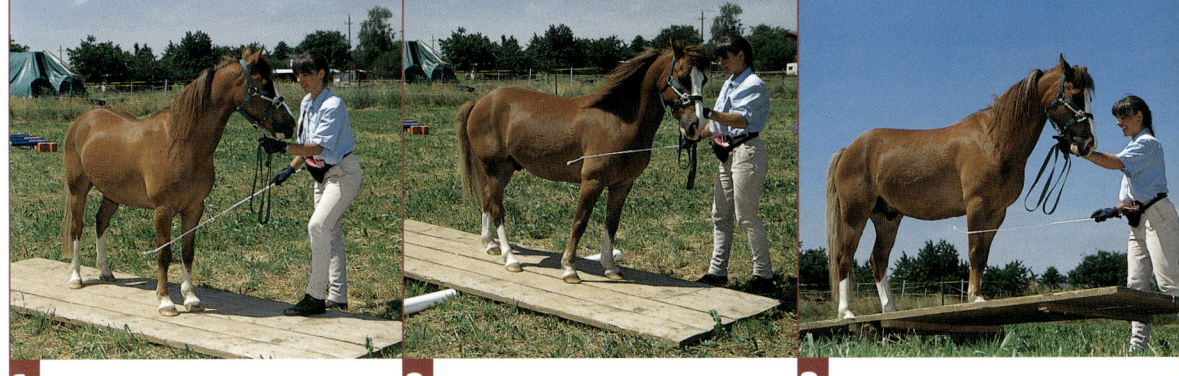

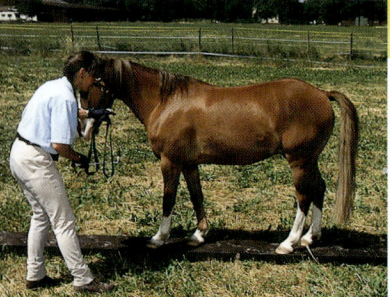

**Das Pony auf dem Drahtseil!** Ein schmales Brett am Boden ist die erste Vorbereitung.

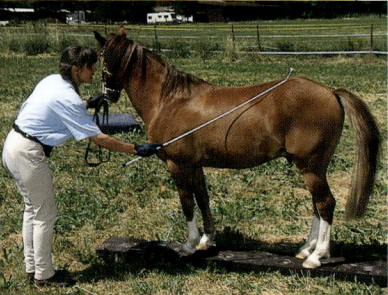

**Ben muss jedes Bein einzeln und genau platzieren.**

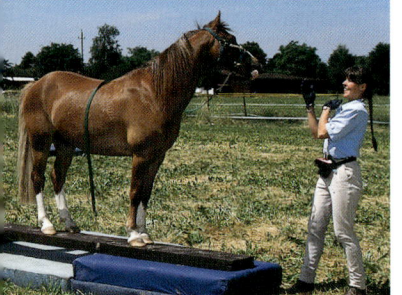

**Jetzt ist das Brett erhöht und Ben steht eng und ausbalanciert auf dem „Drahtseil". Bea ist begeistert und zeigt das auch.**

**Bea Borelle und Ben begeistern mit ihrer Vorführung des Drahtseilaktes.**

## › Balancieren auf dem schmalen Brett

Dies ist eine ziemlich schwierige Übung für Pferde, weil sie ihre Beine nicht einfach gerade hintereinander aufsetzen, sondern sie sehr eng nebeneinander stellen müssen, um auf das schmale Brett zu passen. Ziel ist, das Brett zu erhöhen und einen richtigen Balanceakt daraus zu machen – eine Art Seiltanz für Pferde. Ben kann diese Übung schon recht gut, aber auch er muss nicht selten heruntersteigen, wenn er seine Füße nicht genau platziert. Ich werde das Brett aber nie bis zu einer bedrohlichen Höhe steigern. Mein Pferd soll bei einem Fehltritt nicht zu Schaden kommen. Die im Foto zu sehende Höhe reicht völlig, um Können und Mut zu demonstrieren.

### Kurz gesagt

| | |
|---|---|
| **Was?** | Balancieren auf dem Brett |
| **Warum?** | Gehorsam, Motivation, Vertrauen, Können, Mut, Vorbereitung auf Zirkuslektionen |
| **Womit?** | 2 stabile Bretter 0,3 x 2,5 m, fünf Paletten |
| **Wie?** | 2 Bretter flach auf dem Boden überqueren, anhalten; 2 Bretter auf Paletten legen, balancieren in der Höhe. |

***So wird's gemacht*** Zuerst lege ich zwei miteinander verschraubte schmale Bretter auf den Boden. Ben lernt zunächst, seine Füße präzise auf die Bretter zu stellen. Ich unterstütze dies durch das feine Touchieren mit der Gerte an den Beinen. Ben lernt, dass eine Berührung hinten am Fesselkopf Fuß nach vorne setzen bedeutet; eine Berührung vorne an der Fessel heißt nach hinten setzen und seitliches Touchieren links oder rechts. Ich bin in der Position der Entspannung, weil ich so alles gut im Blick habe und fein einwirken kann. Dann streiche ich den Körper von der Kruppe bis zu den Hinterbeinen ab, damit Ben stillsteht und nachdenken kann.

## › Stangen und Cavaletti

Das Training mit Stangen und Cavaletti fördert die Beweglichkeit, das Gangvermögen und die Aufmerksamkeit. Bauen Sie die Stangen so variabel wie möglich auf. Gut eignen sich für das Cavaletti-Training Stangenhalter aus Kunststoff, die verschiedene Auflagenhöhen haben und leicht zu transportieren sind.

### Kurz gesagt

| | |
|---|---|
| **Was?** | Stangen, Cavaletti |
| **Warum?** | Abwechslung, Selbstsicherheit, Bewegungsfreude |
| **Womit?** | 4 und mehr Stangen, mehrere Cavaletti oder Auflagen |
| **Wie?** | Stangen in unterschiedlicher Anzahl und Abständen auslegen; Cavaletti tief, wechselseitig hoch/tief. |

Aufmerksam tritt die Stute über die Stangen. Bea Borelle imitiert das Über-die-Stangen-steigen.

Das Absenken der Gerte, die Körpersprache und das Zupfen an der Führleine sollen das Absenken des Kopfes veranlassen.

***So wird's gemacht*** Zuerst legen Sie Stangen auf den Boden. Pferd hinführen, anhalten und schauen lassen. Machen Sie Ihrem Pferd durch Abstreichen mit der Gerte seine Beine bewusst. Führen Sie es an und imitieren Sie das Darübersteigen. Latscht Ihr Pferd zu sehr, wecken Sie es durch eine kurze Trabreprise auf. Anhalten, rückwärts richten, antreten, antraben, traben zum Hindernis, anhalten, schauen lassen, abstreichen der Beine – neuer Versuch. Motivieren Sie das Pferd zusätzlich mit der Stimme und heben Sie Ihre Beine deutlich, damit das Pferd animiert wird, Ihre Bewegungen nachzuahmen. Stimmlob, Futterlob und Freude!

Nach und nach legen Sie die Stangen in unterschiedlichen Höhen und Abständen aus. Ihr Pferd soll hinschauen und taxieren lernen. Zur Förderung des Schritt- oder Trabrhythmus können Sie die Stangen auch in ganz korrekten Abständen auslegen. Verändern Sie die Abstände falls nötig. Variieren Sie auch die Richtung und die Führseite. Manchmal stellt sich heraus, dass ein Pferd eine Aufgabe von der anderen Seite besser bewältigen kann.

***Abstände*** Wenn Sie mit korrekten Abständen arbeiten wollen, gelten folgende Grundregeln. Die genauen Maße sollten Sie der Stangenhöhe und dem Pferdeformat anpassen.

- Cavaletti im Schritt: 70–90 cm
- Cavaletti im Trab: 120–140 cm

**1** Ben sucht sich seinen Weg durch das Stangenmikado.

**2** Feine Signale und das Mitlaufen unterstützen ihn dabei.

STANGEN UND CAVALETTI | 113

**1** Leichte Cavalettihalter sind nützlich für das Training.

**2** Abwechselnd hoch und tief gelegte Stangen fördern die Beweglichkeit.

**3** Spiel und Spaß

**4** Ben, das Springtalent

# 114 FÜHRTRAINING MIT HINDERNISSEN

Der Stern ist eine gute Biege- und Dehnungsübung. Gehen Sie am äußeren Rand mit.

> ## Stern

Der Stern fördert die Beweglichkeit und die Koordination des Pferdes. Es lernt, seine Beine hoch zu nehmen und zu schreiten, genau hinzusehen und sich zu biegen.

*So wird's gemacht* Ich führe Kincsem in der Position der Distanz zuerst über die tief liegenden Stangen. Mit der Gerte kann ich den Abstand wahren und sie veranlassen, ihren Kopf tief zu halten und sich im Hals zu biegen. Ich schreite ebenfalls über die Stangen, um sie zum Nachahmen zu animieren. Die Stangen werden höher gelegt und ich gehe auf den Außenkreis. Schließlich soll Kincsem innen, also gebogen, und über die höheren Stangen schreiten. Ist Ihr Pferd zu eilig, dann fühlt es sich unsicher im Gedränge der Stangen. Legen Sie die Stangen weiter auseinander und gehen Sie einen Schritt, Halt, abstreichen, antreten, wieder einen Schritt usw.

### Kurz gesagt

**Was?** Stern
**Warum?** Aufmerksamkeit, Beweglichkeit, Beinkoordination
**Womit?** Vier Stangen und eine Auflage (Strohballen, Sprunghalter)
**Wie?** Stangen tief im Halbkreis auslegen, Pferd innen gehen lassen, Stangen höher legen, Pferd erst außen, dann innen enger und höher treten lassen.

**1** Ziel ist, Ben mit allen vier Beinen im Eimer stehen zu lassen, ganz frei und ruhig.

**2** Ben hebt das hintere Bein, Bea Borelle platziert den Eimer.

> ## Übung mit Eimern

Diese Übung macht allen Beteiligten unglaublichen Spaß. Sie fördert das Stillstehen und ist gleichzeitig eine Vorbereitung für mögliche Behandlungen an den Hufen.

### Kurz gesagt

| | |
|---|---|
| **Was?** | Übung mit Eimern |
| **Warum?** | Stillstehen und Zirkuslektion |
| **Womit?** | 4 Stangen, 4 stabile Eimer |
| **Wie?** | Pferd ins Rechteck stellen, Pferdebeine einzeln in die Eimer stellen, Pferd schließlich selbstständig in den Eimern stehen lassen. |

*So wird's gemacht* Zuerst bringe ich Ben in das Rechteck und stelle eines seiner Vorderbeine in den Eimer. Ich fordere ihn auf, das Bein zu heben, schiebe den Eimer unter und lasse ihn das Bein wieder absetzen. Ich streiche seine Beine ab, das Pferd soll sich betreut fühlen und sich seiner Beine bewusst werden. Sie können auch versuchen, Ihr Pferd in den Eimer hineinsteigen zu lassen, aber das ist schwieriger, weil es dann einen Schritt vorwärts machen wird. Durch meine Art des Hineinstellens bleibt das Pferd am Platz und die schon im Eimer stehenden Beine werden nicht bewegt.

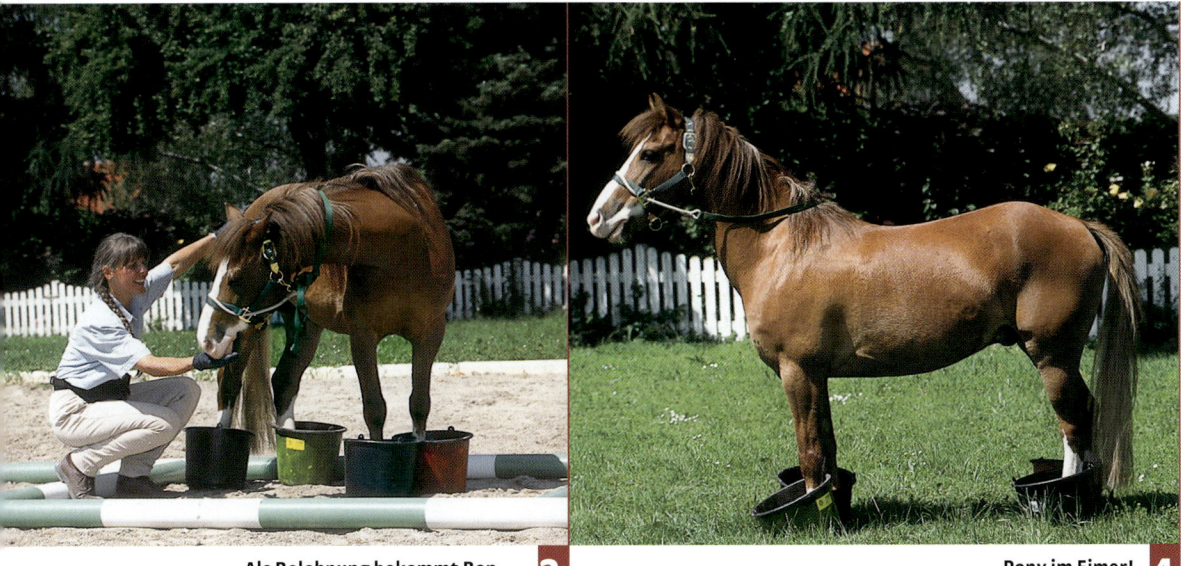

**Als Belohnung bekommt Ben ein Leckerli.** 3

**Pony im Eimer!** 4

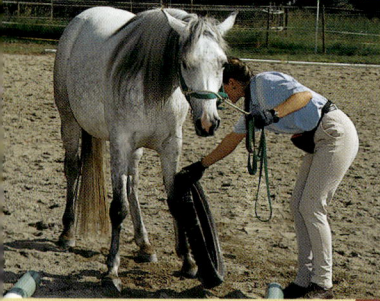

Die erste Kontaktaufnahme mit dem Reifen. Kincsem soll lernen, dass er völlig ungefährlich ist.

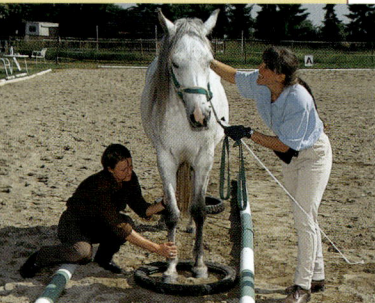

Helferin Nancy setzt Kincsems Vorderbein in den Reifen.

Ben im breiten Reifengang: Wenn er auf den Rand der Reifen tritt, wird er korrigiert.

Ein einzelnes Hinterbein richtig platzieren – Ben ist aufmerksam dabei.

## › Reifen im Stangengang

Ihr Pferd über Reifen gehen zu lassen ist eine Vertrauensübung, die sehr hilfreich ist, um eine bessere Beinkoordination zu erreichen und Sicherheit zu vermitteln. Verwenden Sie für Anfängerpferde nur Motorradreifen. Sie sind weniger gefährlich, da ihr Innendurchmesser größer ist und sie flacher sind als Autoreifen. Erst Könner verwenden Autoreifen.

*So wird's gemacht* Zuerst lege ich einen Stangengang aus und lege einen einzelnen Reifen hinein. Kincsem schaut sich den Gegenstand skeptisch an. Sie senkt den Kopf, als ich mit der Gerte in Richtung Reifen deute. Ich möchte, dass sie sich Zeit nimmt, den Reifen genau zu betrachten. Sie soll selbst beurteilen, dass das Ding ungefährlich ist.

Ich rolle den Reifen an ihr Bein heran, damit sie lernt, dass er harmlos ist. Ich spreche die ganze Zeit beruhigend mit ihr. Kincsem ist nicht überzeugt davon, sich dem Reifen zu nähern. Deshalb nehme ich ihr Bein und bewege es in Richtung Reifen. Seien Sie vorsichtig bei dieser Übung, falls Sie sich nicht sicher sind, dass Ihr Pferd stehen bleibt. Wenn Sie sich wie ich mehr seitlich neben das Pferd stellen, können Sie das Bein bewegen, ohne in der Vorspring-Linie des Pferdes zu stehen.

Beim zweiten Vorderbein hilft mir meine Assistentin Nancy. Mit der Gerte streiche ich das schon im Reifen stehende Bein beruhigend ab und spreche bestärkend und lobend mit Kincsem.

Jetzt steht Kincsem mit beiden Vorderbeinen im Reifen – eine tolle Leistung! Sie wiederholen diese Übung, bis Ihr Pferd eigenständig den Reifen betritt und sich auch nicht scheut, beim Weitergehen mit der Hinterhand in die Reifen zu treten. Nun legen Sie einen weiteren Reifen in die Gasse, sodass Ihr Pferd mit der Vorhand im vorderen und mit der Hinterhand im hinteren Reifen steht. Nach und nach füllen Sie die Gasse mit weiteren Reifen, bis diese dicht an dicht liegen.

## › Breites Reifenhindernis

Mit Ben gehe ich über das breite Reifenhindernis. Hier muss er sich jeden einzelnen Schritt überlegen. Ich führe ihn in der Position der Entspannung, weil ich so seine Bewegungen am besten im Blick haben, und ihn gut unterstützen kann. De facto ist dies die Vorübung für das Balancieren (siehe S. 94), denn dafür muss auch jeder Huf einzeln bestimmbar sein, jedes einzelne Bein muss in jede Richtung und auf den Zentimeter genau platziert werden können.

BREITES REIFENHINDERNIS 117

### Kurz gesagt

**Was?** Übung mit Reifen
**Warum?** Beinkoordination, Geschicklichkeit, Sicherheit
**Womit?** 2 Stangen, 4 bis 16 Motorradreifen
**Wie?** Pferd Reifen zeigen, schnuppern und schauen lassen, mit Führleine und Gerte heranführen. Wenn das nicht geht, Pferdebeine selbst hineinstellen, eventuell Helfer bitten.

*So wird's gemacht* Ben hat keine Angst vor den Reifen, aber auch er muss sich anstrengen, seine Beine gezielt aufzusetzen. Er stellt seine Hufe teilweise auf und in die Reifen. Ich möchte, dass er in die Lücken tritt, und zeige ihm das mit Hilfe meiner Gertensignale. Ben hat gelernt, seine Position nicht zu verlassen, sondern einfach nur sein Bein zu heben und ein kleines Stück zu versetzen.

*Touchieren der Beine* Mit der Gerte werden Signale am Pferdebein gegeben, um es vorwärts, seitwärts oder rückwärts weichen zu lassen. Üben Sie dies mit Ihrem Pferd, ohne in einem Hindernis zu stehen.

- Gerte vorne an der Fessel: Bitte bewege dein Bein rückwärts. Gerte plus Signal an der Führleine: Weiche rückwärts.
- Gerte außen am Fesselkopf: Bitte bewege dein Bein nach innen. Gerte plus Signal an der Führ-leine: Weiche zur Seite.
- Gerte hinten am Fesselkopf: Bitte bewege dein Bein nach vorne. Gerte plus Signal an der Führ-leine: Weiche vorwärts.

Das Signal mit der Gerte gibt die Bewegung der Beine vor.

Pillango schnuppert in entspannter Haltung am Plastiksack.

*So soll es aussehen:* tiefe Dehnungshaltung, entspanntes Lernen.

## › Übungen mit Tonnen

Das Training mit Tonnen bereitet das Pferd auf unterschiedliche Gegenstände im Gelände, auf dem Reitplatz, beim Turnier oder auf das Verladen vor.

Verwenden Sie dafür sechs Tonnen aus Kunststoff, zwei große Folien und zwei Stangen. Die Folien werden an beiden Enden um die Stangen gewickelt, damit sie an den Tonnen halten.

1 Nemes soll durch den Tonnengang mit Folie gehen. Die Futtergabe reduziert Stress.

### Kurz gesagt

| | |
|---|---|
| **Was?** | Übung mit Tonnen |
| **Warum?** | Vorbereitung auf Verladen, Brücken, Scheutraining |
| **Womit?** | 6 Tonnen, 2 Folien, 4 Stangen |
| **Wie?** | Pferd schnuppern und schauen lassen, mit Führleine und Gerte heranführen, erst in der Basisposition, dann in der Position der Distanz, Hindernis variieren, eventuell Helfer dazu bitten. |

2 Auch durch die erhöhten Tonnen geht Nemes aufmerksam, wenn auch etwas unsicher.

*So wird's gemacht* Zuerst führe ich Nemes an das Hindernis heran und er bekommt Futter. Wie immer soll alles in Ruhe und mit Nachdenken ablaufen. Ich führe Nemes in der Basisposition und gehe mit ihm durch den Tonnengang hindurch.

Im nächsten Durchgang werden die Tonnen enger gestellt und ich führe in der Position der Distanz. Um Nemes zur Selbstständigkeit zu erziehen, gehe ich außerhalb des Durchgangs. Er geht korrekt mit tiefem Hals durch das Hindernis.

Nun wird es schwerer. Wir erhöhen zuerst einseitig, dann auf beiden Seiten die Tonnen. Nemes wird nun etwas unsicherer, flüchtet aber nicht, sondern sieht sich alles aufmerksam an.

Schließlich möchte ich, dass der Wallach unter einer Folie hindurchgeht. Ich führe ihn mit tiefem Kopf heran. Nemes folgt mir, fällt aber unter der Folie in den Trab. Ich lasse ihn traben, denn meist wird der zweite Durchlauf ruhiger und bewusster. Wenn ich ihn in solchen Momenten zwingen würde zu bremsen, würde ich sein Vertrauen verlieren. Ich möchte erreichen, dass er gelassen und ruhig durch das Hindernis geht, aber nicht gezwungenermaßen und gleich perfekt beim ersten Mal.

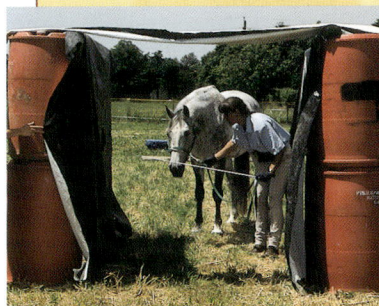

3 Dritte und letzte Steigerung sind die Tonnen mit Foliendach. Noch ist Nemes entspannt.

Schließlich gelingt es, im und hinter dem Hindernis anzuhalten. Vergewissern Sie sich, dass die Konstruktion nicht umfällt, wenn Sie oder das Pferd sie berühren. Üben Sie lieber in der Halle statt draußen, wo der Wind das Pferd plötzlich erschrecken kann. Wir haben die Übung wegen des besseren Lichts für die Fotos nach draußen verlegt.

4 Aber jetzt will er doch fliehen. Dennoch behält er die Selbstkontrolle.

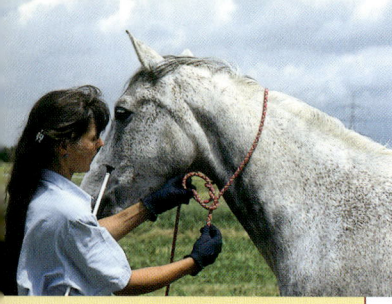
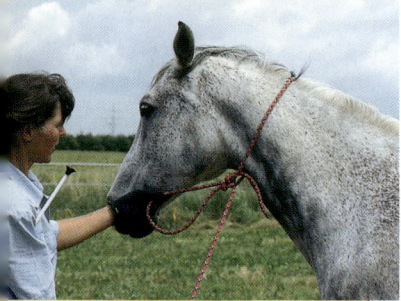

### Spielidee

## Tonnengang mit Seilhalfter und frei

Wenn Sie und Ihr Pferd fortgeschritten sind, können Sie die Tonnenübung in immer größer werdender Freiheit probieren. Sie müssen natürlich dafür Sorge tragen, dass Ihr Pferd sich nicht auf und davon machen kann – gehen Sie auf einen sicher umzäunten Platz oder besser noch in eine Halle.

**Anlegen des Seilhalfters** Verwenden Sie einen 7 m langen glatten Strick, z. B. ein Bergsteigerseil. Legen Sie eine Schleife um den Pferdehals und machen Sie einen Sicherheitsknoten, indem Sie eine kleine Schlaufe bilden, dadurch eine zweite legen und das Ende des Seils hindurchziehen. Es entsteht ein Knoten, der die Schleife um den Hals nicht zuzieht.

Nun legen Sie eine weitere Schleife für die Nase an, die mit der Halsschlaufe verbunden ist. Eine zweite Schlaufe um die Nase vervollständigt das Strickhalfter.

**So wird's gemacht** Zunächst führe ich Nemes in der Position der Konzentration in den Tonnengang hinein. Ich wecke seine Aufmerksamkeit durch meine Stimme, als er woanders hinsieht. Er geht daraufhin langsam und aufmerksam durch den Gang.

Dann besteht das Seilhalfter nur noch aus der Schlaufe um den Hals. Nemes hält den Kopf zunächst etwas hoch, senkt ihn aber beim Durchschreiten der Tonnen in optimale Tiefe.

Auf dem letzten Bild ist der Wallach frei. Ich locke ihn mit Stimme, Körpersprache und Leckerli zu mir an das Ende des Tonnengangs. Er hat ein großes Lob und Belohnung verdient.

Sie ahnen, was jetzt kommt! Stimmt, Sie sollten schon wieder einen Termin für die Schau festlegen.

---

All diese Übungen sind gute Vorübungen für Showtricks. Wenn Sie mit Ihrem Pferd diese Hindernisse beherrschen, können Sie getrost behaupten, dass Sie
- ein aufmerksames,
- kluges und kompetentes,
- hoch motiviertes,
- begeistertes und interessiertes Pferd haben;
- selbst gelernt haben, sich zu freuen, zu lachen und begeistert zu sein. Bravo! Ich gratuliere!

## ÜBUNGEN MIT TONNEN

**1** Mit Seilhalfter und in der Führpostion der Konzentration führt Bea Borelle das Pferd in den Tonnengang.

**2** Mit aufmunternder Stimme und Körperhaltung wird Nemes durch die Tonnen dirigiert.

**3** Im dritten Schritt geht Nemes fast frei. Es liegt nur noch eine Schlaufe um seinen Hals.

**4** Schließlich läuft Nemes völlig ruhig und frei im Tonnengang. Lob, Leckerli und Freude sind der Lohn.

# Arbeit an der Hand

> ## Dehnen und lösen an der Hand

Die Arbeit an der Hand ist die Bezeichnung dafür, ein Pferd gezäumt und zwischen beiden Zügelhänden vom Boden aus zu arbeiten. Es soll der Kontakt zum Pferdemaul hergestellt und die Kopfposition noch präziser eingestellt werden, als es bisher am Halfter der Fall war. Die Arbeit an der Hand ist die Vorstufe zu den Lektionen, die das Pferd schließlich unter dem Sattel beherrschen soll: korrektes Antreten, Halten, Rückwärtsrichten, die Seitengänge wie Konterschulterherein und Schulterherein. Diese Übungen sind dem Pferd vom Boden aus leichter verständlich zu machen und gehören meines Erachtens in jedem Fall zum Trainingsprogramm. Widerstrebt einem Pferd eine dieser Lektionen unter dem Sattel, dann kann man sie erst einmal an der Hand üben und das Verständnis und den Gehorsam an der Hand überprüfen.

An der Hand entsteht eine Leichtigkeit, weil die Signale mit Gerte und Zügeln weich und weisend eingesetzt werden und sich das Pferd ohne Reitergewicht in seinen Körperteilen zu positionieren lernt. Ziel der Arbeit an der Hand ist es, in jeder Übung Leichtigkeit zu spüren.

- Leichtigkeit „am Schenkel": Sie benötigen keine touchierende Gerte mehr.
- Leichtigkeit an der Hand: Sie brauchen keinen Einfluss mehr auf die Kopfposition zu nehmen.

Das Pferd biegt sich, hält seinen Kopf in der gewünschten Ersten Dressurhaltung und „schnurrt" sein Programm nur so ab. Sie haben das Gefühl, es macht keinen Unterschied, ob Sie zehn Schritte oder 30 verlangen. Die Leichtigkeit entsteht durch das Verstehen, die Befähigung des Pferdes und das laufende Training. Ein Pferd wirklich symmetrisch zu schulen, es also auch auf der ursprünglich steiferen Seite weich und geschmeidig zu halten, ist eine lebenslange Aufgabe für Sie und das Pferd.

Der erste Schritt an der Hand ist, Ihr Pferd mit den neuen Zeichen über das Gebiss im Maul vertraut zu machen. Bitte blättern Sie noch einmal zurück auf S. 61, zum Kapitel Aufzäumen mit gesenkten Kopf.

> ## Ausrüstung

Verwenden Sie eine Wassertrense mit einem einfach gebrochenen Gebissstück. Empfehlenswert ist die so genannte Schenkeltrense, die wie eine Wassertrense in das Zaumzeug verschnallt wird, ohne dass die Schenkel an den Backenstücken fixiert werden: Sie liegt präzise im Maul, ohne sich zu verschieben. Trensen ohne

**Es ist im Sinne Baucher'scher Zügelführung, die Schenkeltrense zu verwenden. Diese wird nicht am Backenriemen fixiert.**

Schenkel sollen möglichst große Ringe haben, damit das Gebiss nicht durchs Maul gezogen werden kann. Sollte das passieren, versehen Sie das Gebiss mit Gummischeiben. Schnallen Sie das Sperrhalfter entsprechend locker, damit das Pferd im Unterkiefer nachgeben kann, was unbedingt erforderlich ist. Ich empfehle nicht die hannoversche Zäumung – es sei denn, Sie verschnallen sie „englisch". Glatte, schmale Lederzügel ohne Querriegel eignen sich auch für die Arbeit unter dem Sattel, weil Sie die Zügel leicht durch die Finger gleiten lassen können.

### Check
### Arbeit an der Hand
Zur Arbeit an der Hand gehören diese Übungen/Fähigkeiten:

**Ihr Pferd:**
- [ ] lässt sich aufzäumen
- [ ] strebt im Stand und im Schritt auf ein Signal in die Dehnung
- [ ] lässt sich im Stand flexionieren
- [ ] lässt sich im Schritt flexionieren
- [ ] wendet um die Vor- und Hinterhand
- [ ] geht Konterschulterherein im Schritt und Trab
- [ ] geht Schulterherein im Schritt und Trab

## › Ab in die Dehnung

Ziel ist, nachdem Ihr Pferd im Unterkiefer nachgegeben hat, dass es auf den Zügelzug in den Maulwinkeln nach unten strebt, und das prompt. Es kann anfangs auch ein Zügel-aus-der-Hand-ziehen sein, denn das ist ein Zeichen dafür, dass Ihr Pferd das Gebiss im Maul problemlos akzeptiert. Lesen Sie bitte auch die Begründungen für die Dehnungshaltung im Kapitel Reiten ab S. 159.

**Extreme Dehnung** Die Nase senkt sich bis auf etwa 10 cm über den Boden. Sie schicken Ihr Pferd in die extrem tiefe Dehnung, damit es diese Position kennen lernt: a) um Ihr Pferd in Momenten höchster Erregung zu entspannen, b) um es zu einem am Boden liegenden Gegenstand herunterweisen zu können (später auch vom Sattel aus) und c) um Rückenverspannungen zu lösen. Jedoch muss klar sein, dass Sie dabei zu viel Gewicht auf die

1 Dehnung bis zum Buggelenk = Erste Dressurhaltung

2 Extreme Dehnung

Schultern des Pferdes laden, deshalb ist die extreme Dehnungshaltung auch immer nur ein vorübergehender Zustand. In Erregungsmomenten reduzieren Sie das Tempo zum Schritt oder Halt und stellen Entspannung über die tiefe Kopfposition her. Das ist vor allem hilfreich, wenn das Pferd Angst vor Gegenständen oder anderen Außeneinflüssen hat.

**Dehnung bis zum Buggelenk** Vom Widerrist an dehnt sich der Hals vorwärts-abwärts auf horizontaler Linie aus zuvor erhobener oder aufgerichteter Form. Diese Haltung wird auch als Remontenhaltung bezeichnet, der Terminus der Deutschen Reiterlichen Vereinigung (FN) ist „Zügel aus der Hand kauen lassen". In dieser auch als Dehnungshaltung bezeichneten Form werden Jungpferde angeritten, Pferde generell aufgewärmt und Pausen zwischen Reprisen und Lektionen gestaltet. Ich nenne diese Haltung Erste Dressurhaltung. Anfänglich werden alle Übungen in dieser Haltung geritten, alle Gangarten, Übergänge, Handwechsel, Seitengänge.

In dieser Weise stellt die Deutsche Reiterliche Vereinigung den Sinn des Zügel-aus-der-Hand-kauen-lassens nicht dar. Wird doch in der gängigen Praxis dieser Moment nur am Ende der Reitstunde verlangt, aber nie als generelle Ausbildungshaltung beschrieben und durchgeführt.

„Doch ist und bleibt das Maul das Tor, das dahin führt dass ein Pferd in seiner Gesamtheit und in Bewegung gymnastiziert und entspannt wird – und man braucht die Schlüssel zu seinem Schloss. Denn Zutritt zu einem Freund verschafft man sich nicht durch Einbruch."
Philippe Karl

Durch das Heben des Gebisses wird das Pferd zum Nachgeben im Unterkiefer veranlasst.

Dabei öffnet es das Maul und beginnt zu kauen.

Dann folgt das Flexionieren. Der Hals wird um 90° gebogen.

> **Erste Übung:**
> **Abrufbares Nachgeben im Unterkiefer**

Philippe Karl wurde durch François Baucher zu dieser Technik inspiriert und hat seit vielen Jahren Erfahrung damit. Der Begriff „Nachgeben im Unterkiefer" ist ein klassisch französischer und beinhaltet mehr als unser deutsches Wort „Maultätigkeit". Es ist die permanente Bewegung des Kiefergelenks gemeint. Das Pferd soll sich mit der Zunge immer wieder das Gebiss zurecht legen, das „Gebiss kosten".

Zunächst sollten Sie Ihrem Pferd wie auch beim Auftrensen oder Halftern das Kopfsenken durch Druck im Genick, Herunterwiegen oder Zupfen am Halfter zeigen. Ihr Pferd wird durch die Vorübungen Ihren Signalen folgen, und Sie machen es so mit der nun folgenden Thematik vertraut: das abrufbare Nachgeben über Zügel und Gebiss.

Stellen Sie sich links neben den Pferdekopf mit Blickrichtung zum Pferd. Nehmen Sie mit der linken Hand den linken inneren Zügel direkt hinter dem Trensenring auf oder greifen Sie mit den Fingern in den Trensenring, um eine bessere Kontrolle zu haben. Den rechten äußeren Zügel legen Sie direkt hinter den Ohren über das Genick und nehmen den Zügel auf Ihrer Seite in Höhe der Ganaschen auf. Dabei greifen Sie den Zügel vorne durch die Hand verlaufend mit den Fingern, das heißt aus einer aufrecht gehaltenen und leicht verdeckten Hand.

*Flexionieren*
*Mit dem Wort Flexionieren greife ich zwar die in der Westernreiterei benutzte Bezeichnung „Flexing" auf, will mit dieser Wortwahl meine Tätigkeit aber vom üblichen Biegen des Halses im Westernreiten abgrenzen. Gemeint ist ein deutliches Biegen des Halses um 90°.*

Flexionieren Sie das Pferd nach links, ziehen Sie beide Zügel aufeinander zu, sodass Sie mit beiden Händen Druck auf die Maulwinkel ausüben: Heben Sie die linke und senken Sie die rechte Hand. Ihre Hände kommen sich entgegen, und zwar mit gleicher langsamer Geschwindigkeit und genügendem anhaltenden Druck. Wichtig ist, den Druck nicht abrupt aufzubauen und in der effektiv notwendigen Stärke anzuwenden. Bei sensiblen Pferden sollten Sie mit einer sehr weichen, bei stoischen mit einer klaren Druckaufnahme beginnen.

Der Zug auf die Maulwinkel bringt das Pferd dazu, sein Maul zu öffnen. Ein sofortiges Nachgeben des Drucks veranlasst das

Pferd, sich das Gebiss wieder tiefer ins Maul zu legen. Sie können also das Nachgeben im Unterkiefer entwickeln und das Pferd anregen, sich das Gebiss im Maul zurechtzulegen – und das macht es über die Kaubewegung. Der weitere Schritt zur Entspannung ist damit erreicht: das Nachgeben im Unterkiefer und eine kontinuierliche Tätigkeit des Kiefergelenks.

**François Baucher**
*Die Abkauübung geht zurück auf den Franzosen François Baucher, dessen Buch „Methoden der Reitkunst" 1843 erschienen ist und der mit seinen ungewöhnlichen Methoden die damalige Reiterwelt in Erstaunen versetzte. François Baucher war Reiter der französischen Kavallerie und erkannte, dass Abkau- und Biegeübungen an der Hand Entspannung und Losgelassenheit fördern. Er hat eine Vorgehensweise entwickelt, die vom Boden aus begonnen und unter dem Sattel beibehalten werden kann. Konsequenz daraus sind angehobene, mobile Reiterhände.*

Wenn es nicht zu einer Maulaktivität kommt, wiederholen Sie den Vorgang: Sie ziehen die Zügel mit beiden Händen an – sobald sich das Maul öffnet, geben Sie sofort nach und vibrieren, um das Nachgeben des Kiefergelenks beizubehalten. Stellt das Pferd die Aktivität des Unterkiefers ein, wiederholen Sie den Vorgang wieder und wieder. „Tote" Mäuler wieder zum Leben zu erwecken ist eine mühevolle Angelegenheit. Unverzagt werden Sie diese Übung an jedem Trainingstag, an dem Ihr Pferd aufgezäumt ist, durchführen. Eines Tages wird Ihr Pferd dauerhaft kauen. Geben Sie prompt immer bei gewünschter Kaubewegung das stimmliche Lob, damit Ihr Pferd begreifen kann, was Sie mit diesem Signal auslösen wollen.

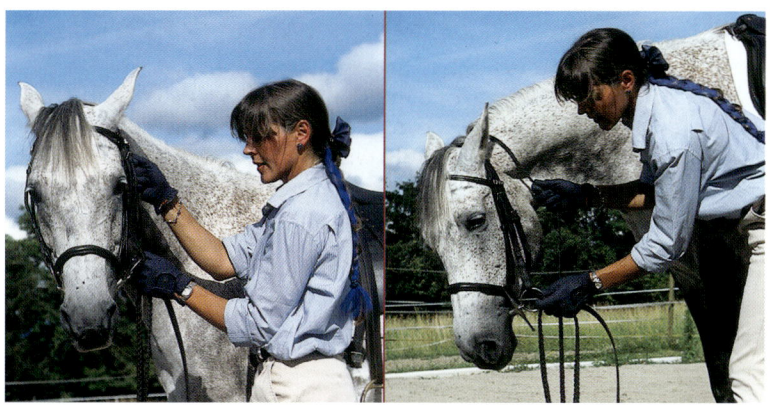

**So wird das Pferd nach links flexioniert und strebt dann in die Dehnung.**

Demonstrieren Sie Skeptikern, die das für eine Qual für das Pferd halten, Folgendes: Stellen Sie sich vor Ihr Pferd und greifen Sie mit den Daumen in die Trensenringe. Heben Sie den Kopf Ihres Pferdes an und ziehen Sie das Gebiss im Maul hoch. Sie werden sehen, wie frei sich die Zunge des Pferdes unter dem Gebiss bewegen kann. Bei der Technik der angehobenen Hände wird die Zunge nicht gequält. Es ergibt sich kein Nussknackereffekt (bei dem das Gebiss den Kiefer schmerzhaft zusammendrückt), den viele fürchten.

### › Zweite Übung: Extreme Dehnungshaltung

Während des Nachgebens im Unterkiefer und Flexionierens soll das Pferd zum Senken der Kopfes bewegt werden, indem Sie weiterhin Zug ausüben und sofort beim ersten Anzeichen des Kopfsenkens mit den Händen nachgegeben.

Der Vorteil dieser Übung, mittels des Flexionierens um 90° das Pferd zur Dehnung zu veranlassen, liegt darin, dass ein Pferd mit so deutlich gebogenem Hals einseitig die Halsmuskulatur dehnt. Das Pferd hat nicht die ausdauernde Kraft, lange in dieser Haltung über dem Gebiss zu verharren, und findet daher den Weg in die Dehnung.

In der geraden Halsposition über dem Gebiss sind beide oberen Halsmuskelgruppen angespannt. Verliert das Pferd in der flexionierten Position die gedehnte äußere Muskelpartie als Mitspieler für die erhöhte Kopfhaltung, kann die verkürzte innere Muskelpartie auf Dauer diese hohe Kopfposition alleine nicht halten. Der Ausweg, dem Druck in den Maulwinkeln und der flexionierten Stellung nach oben durch weiteres Erhöhen der Kopfstellung zu entweichen, bleibt durch den im Genick liegenden äußeren Zügel verschlossen. Sobald daher das Pferd abwärts strebt, geben Sie die Zügel frei und loben begeistert.

*Das Pferd zieht gegen Ihre Hand und strebt sofort mit dem Kopf nach unten* Gratuliere, genau das ist die gewünschte Reaktion. Geben Sie mit den Händen nach, lassen Sie die Zügel durch die Hände gleiten und loben Sie Ihr Pferd mit der Stimme. Zeigen Sie echte Begeisterung und Freude. Wenn Ihr Pferd seinen Kopf dann noch sehr tief und konstant unten hält, freuen Sie sich weiter und zeigen Sie das durch sanftes Klopfen oder Streicheln am Hals. Diese Haltung nenne ich auch extreme Dehnung, weil das Pferd mit seiner Nase fast den Boden berührt. Versuchen Sie, Ihr Pferd in dieser tiefen Haltung etwa eine Minute lang zu halten, und lösen Sie dann die Übung auf. Sollte Ihr Pferd den Kopf selbst-

**Das gegebene Signal bringt das Pferd abrufbar in die extreme Dehnung.**

ständig heben, beginnen Sie erneut wie oben beschrieben. Ihr Pferd soll verstehen lernen, dass es die Dehnungshaltung eine Zeit lang erhalten soll. Wenn Ihr Pferd seinen Kopf nicht ganz in die Tiefe nimmt, loben Sie ebenfalls – jede Kopfhaltung unterhalb des Buggelenks ist ein Erfolg! Wiederholen Sie, bis das gewünschte Ziel tiefe Dehnung – heute oder bald – erreicht ist. Wollen Sie die Sicherheit mit Ihrem Pferd erhöhen, dann üben Sie das auch auf dem Hof, auf dem Außenreitplatz und im Gelände. Denken Sie daran, sich Schritt für Schritt zu verständigen.

Bietet Ihnen Ihr Pferd im Laufe der Zeit einen „Ergänzungsvertrag" an, der da lautet: „Ich dehne mich schon, komm bloß nicht auf die Idee, mich zu biegen!", dann wird es wissen, warum es das tut. Es möchte sich nicht biegen, geschweige denn flexionieren lassen, sondern bietet den Kompromiss dehnen statt biegen oder flexionieren an. Pferde, die schon in gebogener Stellung in die Dehnung finden, unterbreiten ein akzeptables Angebot. Erst allmählich, nach vielen Übungsstunden erhöhen Sie die seitliche Dehnungsanforderung und flexionieren Ihr Pferd, damit es in die Dehnung strebt. Dieser Weg gilt für Schritt und Trab. Im Stand können Sie durchaus das Flexionieren üben und das Pferd eine Weile in dieser Haltung belassen.

Nicht jedes Pferd reagiert sofort in dieser gewünschten Form. Es können folgende Situationen auftreten:

### Situationen und Korrektur

*Das Pferd weicht dem Druck aus, strebt mit dem Kopf nach oben und hält ihn dort*  Gehen Sie mit den Händen mit hoch und geben Sie beharrlich weiter Zug auf die Zügel. Da der Druck nicht nachlässt, wird das Pferd versuchen, dem Druck zu entkommen. Irgendwann geht es nicht mehr höher, der einzige Weg ist der

**Das Flexionieren nach rechts**

nach unten. Deutet Ihr Pferd eine Auseinandersetzung an, dann starten Sie noch einmal mit der Vorübung. Sie zeigen ihm den Weg in die Tiefe und lassen es den Kopf senken. Sie geben nach und führen den Pferdekopf am linken Trensenring nach unten. Wechseln Sie zwischen dieser alten vertrauten Ausführung und der neuen Verlaufsform, damit das Pferd diese miteinander verbindet.

*Das Pferd reagiert gar nicht*  Manche Pferde meinen, sehr gehorsam zu sein, indem sie gar nichts tun und den unangenehmen Druck aushalten. Vielleicht ist aber auch Ihr Zug zu gering. Sie müssen sich trauen, etwas mehr Druck zu geben und ihn solange durchhalten, bis das Pferd reagiert. Nur Mut, der Zug auf die Maulwinkel ist für das Pferd weniger unangenehm als der sonst übliche auf der Zunge. Versteht das Pferd nicht, was Sie von ihm erwarten, öffnen Sie die „Tür zur Dehnung" und zeigen ihm den Weg in die Tiefe, indem Sie nachgeben und durch Druck auf den Mähnenkamm den Weg nach unten zeigen. Loben Sie ausführlich, wenn es nach unten nachgibt. Zeigen Sie Ihrem Pferd klar und deutlich, was Sie wollen.

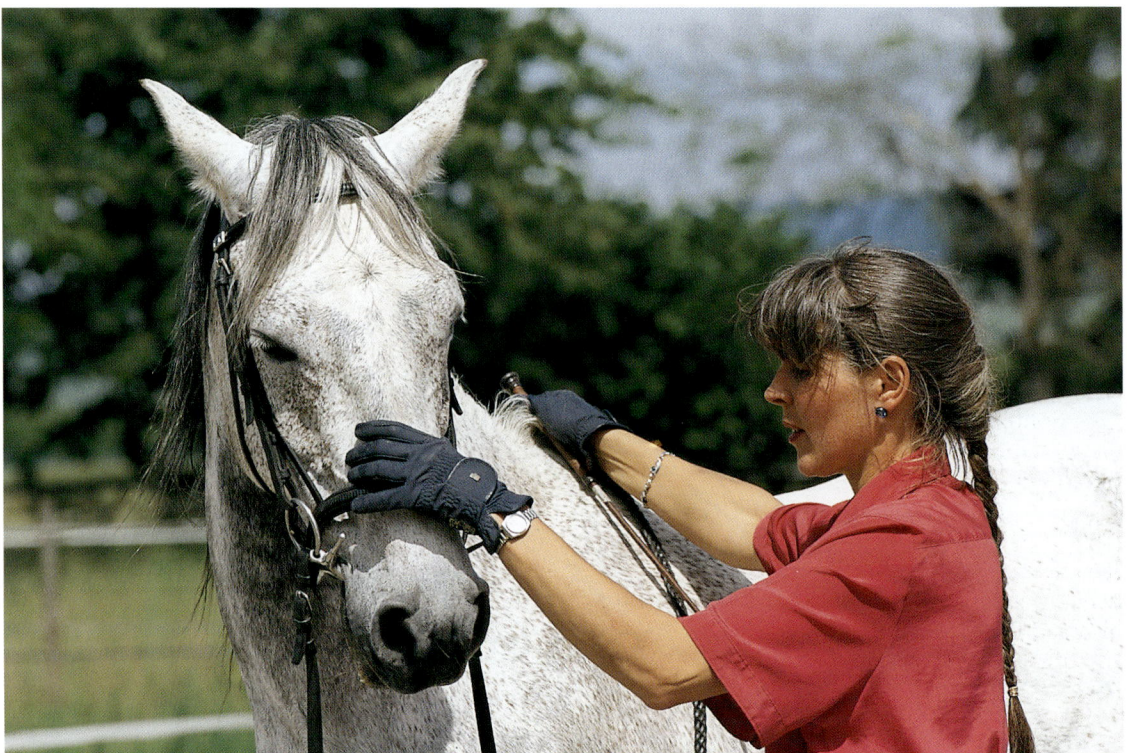

**Weicht das Pferd seitlich aus, kann man sich verständlich machen, indem man die Übung sanfter gestaltet und das Pferd mit den Händen flexioniert.**

Wiederholen Sie die erste Übung so oft, bis Ihr Pferd auf Zügelzug sofort nach unten strebt. Zu diesem Pferdetyp gehörte übrigens Barros. Er befand sich in einem Missverständnis. Er wollte besonders gehorsam sein und dachte, das Flexionieren wäre eine Übung für sich, die es tapfer gilt durchzuhalten. Er traute sich nicht in die Dehnung, er versuchte es auch erst gar nicht, weder im Stand, im Schritt oder im Trab oder unter dem Sattel. Viele gehorsame Pferde reagieren so. Öffnen Sie diesen Pferden die Tür zur Dehnung und zeigen Sie den Weg nach unten.

*Das Pferd tritt nach vorne*  Manche Pferde versuchen sich dem Flexionieren zu entziehen, indem sie losgehen. Unterbrechen Sie Ihr Vorhaben und füttern Sie Ihr Pferd mit der Hand an der Gurtlage. Dabei bleiben die meisten Pferde stehen. Gehen Sie mit ihm in eine Ecke und üben Sie dort weiter.

Hilft diese Zwischenübung nach mehreren Durchführungen nicht, dann müssen Sie das Antreten ignorieren, denn wenn Sie die Übung unterbrechen und neu ansetzen, lernt Ihr Pferd sehr schnell, dass es durch dieses Verhalten „die Pein" loswerden kann.

Sie müssen die flexionierte Position halten. „Kreiseln" Sie mit dem Pferd mit und entlassen Sie es nicht aus der Situation des Flexionierens. Sagen Sie ihm, dass es stehen bleiben soll, also „Ho, Halt". In dem Moment, in dem es in flexionierter Position anhält, loben Sie per Stimme, fahren aber mit dem Signal fort.

Jetzt fängt Ihr Pferd an zuzuhören, es überlegt, wie es in dieser Situation reagieren kann – und findet den Weg in die Tiefe (eventuell müssen Sie ihm den Weg dorthin zeigen).

*Das Pferd tritt rückwärts*  Diese Reaktion ist nicht selten, wenn das Pferd mit geradem Hals in die Dehnung veranlasst wird: Das Pferd kennt den Zügeldruck als Rückwärtssignal und deutet es so. Ihr Tempo des Flexionierens ist zu langsam, Ihre Absicht zu zögerlich und Ihre Zügelführung zu rückwärtig. Öffnen Sie die Zügelführung und flexionieren Sie zügig und unverzagt.

Sollte die Rückwärtstendenz sehr stark sein, verlegen Sie die Übung in die Ecke der Bahn, wo der Weg nach hinten durch die Bande versperrt ist.

*Das Pferd tritt seitlich*  Dies passiert meist beim Flexionieren. Reagieren Sie wie beim Nach-vorne-Weglaufen. Bei Unverbesserlichen flexionieren Sie, sagen „Ho, Halt" und gehen so lange mit, bis das Pferd von selbst stehen bleibt – es wird dann sofort ausführlich gelobt. Der Druck bleibt bestehen, bis die gewünschte Reaktion in die Tiefe erfolgt.

Vorsicht bei nervösen Pferden, die sich leicht in Erregung hineinsteigern – hier wähle ich in jedem Fall die Fütterungsstrategie. Durch Futtergaben in der Tiefe und eine ruhige Atmosphäre vermittle ich dem Pferd, was ich von ihm möchte. Meist hilft es, das Pferd nach rechts, also nach außen zu flexionieren. Ein stoisches, unverbesserliches Pferd dagegen würde ich so lange kreisen lassen („in die Mühle nehmen"), bis es begreift, dass es stehen bleiben und sich in die Tiefe dehnen soll.

### › Dritte Übung: Flexionieren wie beim Reiten

Wenn Sie Ihr Pferd nah am Kopf in die Tiefe schicken können, üben Sie das Flexionieren in weiter nach hinten versetzter Position. Es ist ein Zwischenschritt. Ihre Hände sind in einer Position, die der vom Sattel aus entspricht. Sie befinden sich am Boden, stehen auf Höhe der Schulter Ihres Pferdes und nehmen die Zügel links und rechts vom Pferdehals über dem Widerrist auf wie es der Handhaltung beim Reiten entspricht. Jetzt ist es schwieriger, den Zug nach oben auszuüben, Sie müssen also die Hände relativ hoch anheben und halten.

Diese Übung ist aber zum Trainieren Ihrer eigenen Geschicklichkeit sehr nützlich, bevor Sie es vom Sattel aus probieren. Es kann sein, dass Ihr Pferd in einer Weise reagiert, wie schon ab S. 129 beschrieben. Dann verhalten Sie sich so, wie dort erklärt.

Der Moment, in dem Ihre Hände den aufgenommenen Druck lösen – also nachgeben – ist Folgender: Das erste Zeichen ist, dass das Pferd einen Moment den Druck verringert, also dem flexionierenden Zügel im Unterkiefer nachgibt, und das zweite, dass es mit der Nase abwärts strebt. Diesen zweiten Moment dürfen Sie nicht verpassen, am besten auch den Ersten nicht.

Sie müssen mit beiden Händen vorgehen oder die Finger der Hand öffnen, sodass Ihr Pferd die Zügel aus der Hand ziehen kann. Wichtig ist, das Sie die Abwärtsbewegung keinesfalls behindern: Entweder gehen die Hände so weit vor in Richtung Pferdemaul, dass kein Widerstand entsteht, oder Sie öffnen die Finger und lassen die Zügel durchgleiten. Sie müssen sicher sein, dass Sie Ihr Pferd nicht in der Dehnungsbewegung abwärts behindern.

Sollte es gar nicht klappen, gehen Sie wieder nach vorne nah an den Kopf und wiederholen die ersten Übungen. Im nächsten Schritt versuchen Sie durchzusetzen, dass Ihr Pferd, wenn es gedehnt ist, in einer gebogenen Stellung verbleibt. Das bewirken Sie durch das entsprechende Zügelmaß, das heißt das innere Zügelmaß bleibt kürzer als das äußere. Das bedarf einer gefühlvollen

Abschätzung. Diese Vorgehensweise verhindert, dass das Pferd mit der Nase vor die Senkrechte kommt.

Üben Sie anschließend das Wenden des Kopfes in tiefer Haltung von links nach rechts und umgekehrt, das heißt Sie stellen Ihr Pferd in extremer Dehnungshaltung im Genick um.

## › Vierte Übung: Erste Dressurhaltung / Dehnungshaltung

Wir streben eine Haltung an, in der sich das Pferd nicht tiefer als bis zum Buggelenk dehnt. Pferde, die sehr auf die Schulter fallen, sollten sich in einer etwas höheren Position befinden. Die Nasenlinie ist leicht vor der Senkrechten oder an der Senkrechten, das Pferd soll im Unterkiefer nachgeben.

Sie halten Ihr Pferd, das beim Flexionieren in die Tiefe strebt, auf dem Weg in die Dehnung auf Buggelenkshöhe durch ein Schließen der Finger und Nicht-Mehr-Herauslassen der Zügellänge auf. Es kann durchaus sein, dass Ihr Pferd sich wundert, dass es nicht mehr die bisherige Übung vollziehen soll. Es spürt „ein Verschließen der Tür", also ein Versperren des Weges nach unten. Jetzt stellt sich die Frage: Wie reagiert das Pferd darauf, dass es nicht mehr in die Dehnung gehen darf, sondern am Zügel stehend verbleiben soll?

Es wirkt verwirrt. Geben Sie nochmals das Signal zur Dehnung und „öffnen Sie die Tür" zur extremen Dehnung. Das Pferd muss wieder dehnungsbereit werden. Wiederholen Sie das mehrmals, bis Sie die Tür wieder in Buggelenkshöhe verschließen. Allmählich wird Ihr Pferd Sie verstehen.

Sollte es sich aber beharrlich dehnen wollen – Ihnen also Druck in die Hand geben, den Sie nicht wünschen – dann flexionieren Sie es, um das Nachgeben zu bewirken. Gibt Ihr Pferd

*Schulterherein*: Dehnungshaltung bis zum Buggelenk

nach, dann lassen Sie es wieder in die Dehnung bis auf Buggelenkshöhe. Will es das nicht mehr, dann geben Sie das Signal aus beiden Händen, Druck in beiden Maulwinkeln und Öffnen der Tür zur Dehnung aus beiden Händen. Wiederholen Sie diese Übung immer wieder, nach und nach versteht Sie Ihr Pferd. Schließlich sollte Ihr Pferd die Position der Ersten Dressurhaltung einnehmen und dort verharren.

Das Gefühl, dass Ihnen das Pferd vermitteln soll, ist ein ganz weicher Kontakt zur Hand. Es ist ein Gefühl von gleichzeitiger Lockerheit und Verbundenheit. Man könnte jetzt vom ersten Schritt zur Selbsthaltung sprechen.

Um ein Pferd in Erster Dressurhaltung oder Dehnungshaltung zu halten, müssen Ihre Hände beweglich und weich sein – es ist ein wechselndes Kontakthalten und Nachgeben – eine hin- und hergehende Kommunikation zwischen Ihrer Hand und dem Maul des Pferdes.

> *Dehnungsübung mit geradem, gebogenem oder flexioniertem Hals?*
> *Aus dem bisher Erklärten ergibt sich, dass je nach Reaktion des Pferdes es in unterschiedlichen Verlaufsformen in die Dehnung gewiesen wird:*
> - *ungebogen: das Pferd, das hinter den Zügel tendiert;*
> - *gebogen: das Pferd, das gebogen brav in die Dehnung strebt, mit korrekter Nasenlinie leicht vor oder an der Senkrechten;*
> - *flexioniert: das Pferd, das deutlich in eine Haltung über dem Gebiss tendiert und die Nase vorstreckt, wenn es sich dehnt.*

### › Der Kontakt zur Hand: drei Reaktionen und deren Korrekturen

Wenn der Kontakt zum Pferdemaul entsteht, reagieren Pferde auf drei verschiedene Arten:
- Es stellt sich über den Zügel
- Es stellt sich hinter den Zügel
- Es legt sich auf den Zügel und schiebt die Nase vor.

Nach Baucher'scher Technik werden alle Situationen im Sattel aus den Händen korrigiert und nicht durch Treiben, Kreuzanspannen (bei der Arbeit an der Hand gibt es diese Möglichkeiten ohnehin nicht), denn die kann der „Fremdsprachler" Pferd nicht in direkten Bezug zu seiner Kopfposition setzen und damit nicht verstehen. Zu viele hilflos schreiende Reitlehrer vertreten ein uneffektives Konzept mit stillen Händen. Bei zu vielen Pferden oder Lektionen greift diese gut gemeinte, aber unbrauchbare Technik nicht.

## Situationen und Korrekturen

*Das Pferd stellt sich über den Zügel* Das Nachgeben im Unterkiefer, biegen oder flexionieren ist die Technik, um das Pferd in die Dehnung zu weisen.

*Das Pferd stellt sich hinter den Zügel* In diesem Fall müssen Sie ungleich geschickter agieren und das Pferd muss zwei Dinge auf einmal begreifen. Ein Pferd, das hinter die Senkrechte tendiert, scheut den Kontakt zum Gebiss, das heißt genau daran werden Sie arbeiten. Stellen Sie sich frontal vor Ihr Pferd, greifen Sie mit den Daumen in die Trensenringe und heben Sie den Kopf des Pferdes extrem hoch. Sie geben Druck auf die Maulwinkel. Das Pferd gibt im Unterkiefer nach und öffnet sich im Genick. Gehen Sie rückwärts und lassen Sie Ihr Pferd folgen. Es soll den Kontakt zum Gebiss akzeptieren lernen, und Sie können es deshalb in keine andere Position lassen, da es sonst sofort wieder hinter die Senkrechte streben würde. In späteren Übungsverläufen stellen Sie sich wieder neben Ihr Pferd auf Kopfhöhe.

Sie stellen Ihr Pferd im Genick und Hals gerade, „öffnen" sein Genick, indem Sie den Kopf über den Zügel bringen. Das Pferd kann sich dem Kontakt der Hand nicht entziehen. Will es das, dann befehlen Sie ihm wieder, über dem Zügel zu stehen. Aus dieser Position biegen Sie es bis zu 45°. Wenn es sich nicht dehnen will, dann zeigen Sie ihm den Weg mit dem Druck der Hand im Genick oder der linken Hand am Trensenring nach unten zupfend. Strebt es nach unten, dann führen Sie die Nase nach vorne! Dieses Pferd soll, wenn es in der Dehnung ist, immer die Nase vorstrecken und damit am Gebiss bleiben. Dies sind die vier Inhalte, die Sie dem Pferd vermitteln müssen:
- Es darf nicht mehr hinter die Senkrechte.
- Es muss sich im Genick öffnen.
- Es muss den Kontakt zum Gebiss akzeptieren.
- Es muss in die Dehnung mit geöffnetem Genick und mit Kontakt zur Hand streben.

Ist das Pferd zögerlich, den Kontakt zur Hand in der Dehnung zu halten, so machen Sie hier zunächst einen Kompromiss. Ihre Hände geben nach, öffnen die Tür und zeigen den Weg in die Dehnung. Diese Pferde dürfen als Korrektur Ihnen die Zügel aus der Hand ziehen, denn damit demonstrieren sie ihren Dehnungswillen und ihre Vorbehaltlosigkeit zum Gebiss. Später wird diese Form wieder differenziert und weich gestaltet, sodass das gleiche Ziel erreicht wird: Ihr Pferd zeigt sich dehnungsbereit und verharrt in Buggelenkshöhe weich an der Hand.

**1** Situation: das Pferd strebt über den Zügel.

**2** Situation: das Pferd strebt hinter den Zügel.

**3** Situation: das Pferd legt sich auf den Zügel.

Sollte Ihr Pferd in gebogener Position immer wieder hinter die Senkrechte tendieren, dann lassen Sie es im Genick und Hals gerade, setzen das Dehnungssignal und lassen es mit geradem Hals und geöffnetem Genick in die Dehnung streben. Vielleicht müssen Sie ihm den Weg dorthin erneut zeigen.

*Das Pferd liegt auf dem Zügel oder nimmt die Nase zu sehr vor*
In beiden Situationen veranlassen Sie das Pferd erneut zum Nachgeben und damit zur Veränderung des von Ihnen gewünschten Drucks auf Ihre Hand. Sie werden das Pferd flexionieren, sodass es nachgibt. Das Nachgeben erkennen Sie daran, dass der Druck nachlässt. Genau in diesem Moment geben Sie mit Ihren Händen nach und entlassen das Pferd bei leicht gehaltenem Kontakt in die Dehnung. Wird das Pferd zu resolut und erhöht wieder den Druck auf Ihre Hand, dann flexionieren Sie erneut.

Sie erziehen Ihr Pferd, den Kontakt weich zu halten, die gewünschte Tiefe der Dehnung zu akzeptieren und das Verbleiben an Ihrer Hand zu erkennen. Das ist der Anfang, ein Pferd zwischen beiden Händen beliebig positionieren zu können. Das Pferd soll lernen:

- dass es sich jederzeit auf Ihr Zeichen hin dehnen soll,
- dass es Ihrer biegenden oder flexionierenden Hand weich folgen soll,
- dass es weich anfragen soll, wie tief es sich dehnen soll,
- sich weich abfangen lassen soll, wenn Ihre Hand die Dehnungstiefe begrenzt.

Ein Pferd kann sich nur auf die Hand legen, die ein Gegenhalten anbietet. Das ist der Fehler. Eventuell müssen Sie Ihr Pferd durch Arrêts auffordern, sich nicht auf die Hand zu legen. Ihre Finger müssen permanent spielen und dürfen in keinem Fall still gegenhalten.

> ## Fünfte Übung: Dehnung nach links und rechts

Wenn Ihr Pferd das Streben in die Dehnung verstanden hat und den Kopf unten hält, können Sie dazu übergehen, den Kopf von links nach rechts und umgekehrt zu stellen, das Pferd also nur im Genick umzustellen. Das Genick ist die Verbindung zwischen Kopf und erstem Halswirbel. Das Pferd soll im Hals gerade bleiben. Sie lenken den Kopf mit den Händen von sich weg und zu sich zurück. Sollte Ihr Pferd zwischendurch den Kopf heben – am wahrscheinlichsten ist das, wenn es in die vollkommen gerade Haltung kommt – starten Sie das Kopfsenken erneut. Bleiben Sie während der ganzen Übung entspannt und „drücken" Sie nicht zu sehr: Ihr Pferd spürt, wenn Sie zu viel verlangen, und wird dagegendrücken. Denken Sie immer an die Zielsetzung der kleinen Schritte und an das Lob für jeden kleinen Erfolg!

Wenn es Ihnen gelingt, den Kopf in tiefer Haltung von links nach rechts umzustellen, haben Sie viel erreicht und können sich und Ihr Pferd beglückwünschen. Sie haben den ersten großen Schritt in Richtung größerer Nachgiebigkeit und besserer Beweglichkeit Ihres Pferdes erreicht.

Übungen an der Hand sind in konventioneller Ausbildung sehr unüblich. Es kann sein, dass diese Ausführungen vor allen Dingen im Schritt sonderlich anmuten. Der Vorteil liegt darin, dass Ihr Pferd sie in weicher Kommunikationsform besser versteht. Daher möchte ich Sie dazu ermutigen.

**Das Umstellen des Genicks in Dehnungshaltung**

## > Sechste Übung: Dehnen in Bewegung

Probieren Sie nun auch im Schritt, ob Ihre Signalgebung funktioniert. Gehen Sie mit dem Pferd am Kopf mit und üben Sie Zügeldruck im Gehen aus. Die Handhaltung bleibt wie bisher. Das Pferd soll nicht stehen bleiben, sondern mit tiefem Kopf weitergehen. Geben Sie treibende Zeichen per Stimme oder führen Sie in der rechten Hand eine Gerte. Während des Gertenzeichens müssen Sie den äußeren Zügel loslassen. Hebt sich der Kopf, erfolgt sofort das Signal zum Kopfsenken. Sie sollen später in der Lage sein, den Pferdekopf jederzeit in die von Ihnen gewünschte Höhe – extreme Dehnung oder Dehnung bis zum Buggelenk – zu positionieren und dabei den Zügelkontakt zu erhalten.

Um eine Überleitung zu der Situation unter dem Sattel zu schaffen, verändern Sie nun Ihre Position. Bisher hatten Sie in den Trensenring gefasst und der hinter den Ohren im Genick liegende äußere Zügel wurde von Ihrer rechten Hand gehalten. Lassen Sie die Zügel los. Stellen Sie sich neben das Pferd in Höhe des Sattels, nehmen Sie die Zügel in die Hand und halten Sie beide Hände wie die eines Reiters, aufrecht über dem Widerrist rechts und links vom Hals. Geben Sie nun das Zeichen zur Dehnung. Sie gehen mit beiden Händen vor in Richtung Pferdeohren, der linke Zügel flexioniert bei hoher geöffneter Zügelführung. Lassen Sie die Zügel aus der Hand gleiten, wenn Ihr Pferd in die Dehnung strebt, und lassen Sie es, je nach Wunsch, in die extreme Dehnung oder schließen Sie die Hände, wenn Ihr Pferd die Tiefe der Ersten Dressurhaltung erreicht hat. Begreift Ihr Pferd nicht, was es tun soll, zeigen Sie ihm den Weg oder legen die Hände auf den Mähnenkamm und weisen mit leichtem Druck das Pferd in die Tiefe. Die Zügel geben nach, wenn sich das Pferd dehnt. Der nächste Schritt wäre das Dehnen aus dem Sattel – lesen Sie auf S. 166 weiter. Wir bleiben hier bei der Arbeit an der Hand.

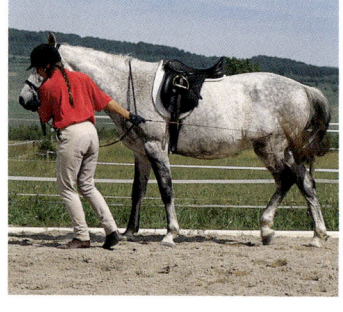

**Antreten im Schritt**

## > Arbeit an der Hand

Wenn Sie die Dehnung im Schritt beabsichtigen, fassen Sie die innere und äußere Verbindung wie bisher und arbeiten alle Situationen im Schritt wie zuvor im Stand:
- das extreme Dehnen
- das Dehnen bis zum Buggelenk = Erste Dressurhaltung
- das Flexionieren nach innen (nach außen lässt es sich in Bewegung nicht ausführen)
- das Umstellen des Genicks in Erster Dressurhaltung.

Für alle weiteren Übungen an der Hand benötigen Sie die Gerte, die Sie wie eine Reitgerte in der Hand halten.

***Vorwärts gehen*** Um das Pferd in den Schritt antreten zu lassen, geben Sie Ihr übliches Stimmsignal „Allez, Schritt", ein aufforderndes Signal am linken Zügel und gehen selber los. Sollte Ihr Pferd nicht gleich mitantreten, lassen Sie den äußeren Zügel los und touchieren es mit der Gerte an der Hinterhand. Um im Schritt mit dem Pferd geradeaus zu gehen, müssen Sie sich leicht drehen und Ihre Beine überkreuzen. Bringen Sie den Pferdekopf in eine tiefere Haltung, indem Sie Ihre Hände aufeinander zu bewegen und Druck im Maulwinkel geben – inzwischen müsste Ihr Pferd das Signal verstehen und den Kopf senken. Gehen Sie dann mit beiden Händen und Ihrem Körper nach unten mit. Lassen Sie Ihr Pferd in der extremen Dehnungshaltung gehen und beenden Sie die Übung durch Ihr eigenes Sich-Aufrichten. In dem Moment, in dem Ihr Pferd die tiefste Position erreicht hat, geben Ihre Hände im Druck nach und führen lediglich das Pferd. Hält Ihr Pferd diese gewünschte Ausführung für unmöglich und versteht Sie nicht, dann verknüpfen Sie wieder Bekanntes mit Neuem: Sie halten an, dehnen das Pferd extrem, treten im Schritt an und wiederholen: Anhalten, dehnen, gehen. Nach etlichen Wiederholungen setzen Sie nochmals das Dehnungssignal im Schritt und wenn nicht heute, so wird doch morgen der Trainingsverlauf vom Pferd sicherlich verstanden werden.

***Beschleunigen*** Um einen zügigeren Schritt zu erreichen, schreiten Sie selbst weiter aus und touchieren die Hinterhand treibend mit der Gerte. Sie sollten auch Ihre Stimme einsetzen, z.B. ein aufmunterndes „Allez" sprechen. Sie können auch mal in den Trab beschleunigen, „Allez, Trab" und deutlich treibende Zeichen durch Ihr Loslaufen im Trab werden Ihr Pferd in die schnellere Gangart auffordern.

***Verlangsamen*** Zum Abbremsen platzieren Sie sich etwas weiter vorne am Kopf, sagen Ihr verlangsamendes Stimmsignal „Ho" und bremsen auch über die Schrittlänge das Tempo ab. Setzen Sie die Gerte an der Brust touchierend ein, falls das Pferd das Tempo nicht verringert. Dazu greifen Sie die Gerte um in die Degenhaltung.

***Anhalten*** Zukünftig wird weder an der Hand noch unter dem Sattel aus Paraden angehalten. Das ist ein neues Konzept, das sich folgendermaßen begründet: Wenn die Zügelführung die Kopfposition nach rechts, nach links, nach unten und in die Tiefe bestimmt und das Gegenhalten der Hand das Rückwärtstreten einleitet, dann sind das schon viele Bedeutungen des Kontaktes zum Pferdemaul. Sie vermitteln also in Zukunft das Anhalten oder Temporeduzieren aus der Stimme und dem touchierenden Gertenzeichen an der Brust. Zum Anhalten geben Sie Ihr Haltkommando „Ho, Halt", touchieren an der Brust und bleiben stehen, sobald das Pferd steht. Loben Sie! Gewähren Sie Ihrem Pferd anfangs genügend Reaktionszeit: Zählen Sie nach dem Stimmsignal „eins, zwei", erst dann braucht das Pferd zum Halt gekommen zu sein.

*Rückwärts treten* Rückwärts an der Hand wird vor allem durch Ihr Stimmsignal eingeleitet. „Zurück" und ein gegenhaltendes Signal aus beiden Zügeln verschließt den Weg nach vorne. Wenn es nicht gleich funktioniert, schieben Sie die Gerte vor die Pferdebrust und weisen Ihr Pferd mit der Gerte touchierend nach hinten. Lob nicht vergessen! Verbessern Sie die Kopfposition Ihres Pferdes, sodass es nach einigen Übungsverläufen heute oder in Zukunft in gedehnter Haltung (= Erster Dressurhaltung) rückwärts tritt.

**Rückwärts treten:**
Bei fortschreitender Übung sollte der Hals des Pferdes noch länger werden.

## > Flexioniert gehen

Da das Pferd unter dem Sattel flexioniert gehen können soll, üben Sie diese Anforderung zunächst an der Hand. Bisher haben Sie über das Flexionieren im Stand die Dehnungshaltung provoziert bzw. abrufbar gemacht. An der Hand und unter dem Sattel hat das Flexionieren eine weitere Bedeutung. Wenn sich das Pferd in der Bewegung und nach vielen Übungsstunden schließlich auch unter dem Sattel in allen Gangarten flexioniert bewegen kann, hat es eine traumhafte Lockerheit in Genick, Hals und Schultern erreicht. Im nächsten Schritt erreicht man den Schwung der Gänge und das Schwingen des Rückens. Daher lohnt es sich, dieses Ziel zu verfolgen und die damit verbundene Anstrengung auf sich zu nehmen. Den Westernreitern sind die flexionierende Technik und alle damit verbundenen Übungen sehr geläufig.

Sie bezeichnen dies als laterale Kontrolle und trainieren sie ausgesprochen häufig. Ziel ist, dass das Pferd jederzeit in jeder Gangart dem angenommenen Zügel weich nachgibt und dem Verkürzen des Zügelmaßes widerstandslos folgt. Leichtigkeit ist das oberste Gebot in der Westernreiterei und die ergibt sich durch Pferde, die zu extremen Bewegungen fähig sind. Der erste Schritt zu dieser hehren Zielsetzung ist die flexionierende Arbeit an der Hand.

**1** Flexionierung durch die Führung des Kopfes

## Gründe für das Flexionieren
1 Das Pferd wird mithilfe dieser Technik im Genick gerundet.
2 Es wird darüber in die extreme Dehnung und Erste Dressurhaltung geschickt.
3 Das Pferd wird darüber motiviert, in der gewünschten Haltung zu bleiben.
4 Das Pferd wird beweglich gemacht.

**Zu Punkt 2** Wenn Ihr Pferd mittels des Biegens statt Flexionierens in die Dehnung strebt, ist das gut, und es wird erst allmählich das Flexionieren verlangt.

**Zu Punkt 3** Sie halten das Flexionieren also einige Schritte oder Tritte und steigern diese Leistung bis zum halben Zirkel und dann bis zu ein bis zwei Zirkelrunden. Das bedeutet, dass das Pferd aufgefordert wird, länger flexioniert zu bleiben.

Es gibt Pferde, die sofort erkennen, dass sie in die Dehnung streben sollen, verbleiben dort aber nur für eine Sekunde – sie kommen also aus der Dehnung sofort wieder hoch. Hier nutzen Sie die Alternativstrategie. Jedes Mal und ganz konsequent flexionieren Sie Ihr Pferd, wenn es die gewünschte Tiefe nicht einhält. Sie flexionieren so lange, bis das Pferd diesen Zustand als erhebliche Anstrengung empfindet. Danach bieten Sie die Dehnung an. Reagieren Sie konsequent flexionierend, wenn Ihr Pferd nicht in der Dehnung bleibt. Es wird erkennen, dass dies die weitaus angenehmere Position ist. (Hier gleicht die Situation Punkt 4 – das Pferd wird flexioniert gehalten, aber unter einem anderen Aspekt.) Hat Ihr Pferd verstanden, dass es nachgeben und dauerhaft in die Dehnung streben soll, dann setzen Sie das Flexionieren auf der hohlen Seite nicht mehr ein. Stattdessen werden Sie es auf der steiferen Hand vermehrt aus Beweglichkeitsgründen einsetzen.

**Zu Punkt 4** Haben Pferde die Fähigkeit, sich flexioniert im Schritt und Trab zu bewegen, sind sie extrem beweglich. Das zeigt sich in der Leichtigkeit des Nachgebens auf der flexionierten Hand und in der Lockerheit, dem Schwung und der Aktivität der Hinterhand. Deshalb lohnt es sich, diese Fähigkeit zu erarbeiten.

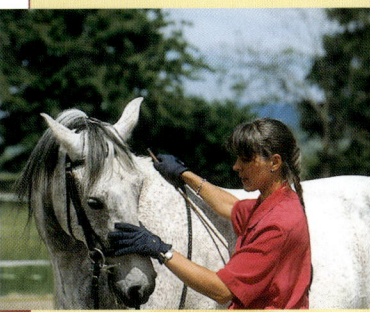

**2** Der Hals wird bis zu 90° gebogen.

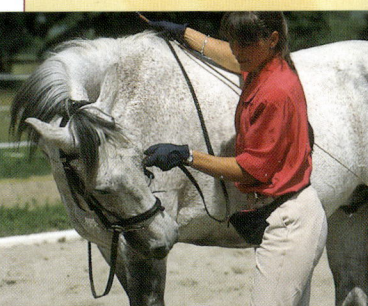

**3** Dehnung bis zum Buggelenk

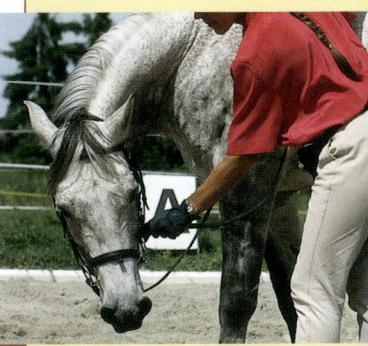

**4** Noch ist das Pferd im Hals gebogen. Gibt die Hand nach, soll das Pferd in der Dehnung bleiben und den Hals gerade richten.

*So wird's gemacht* Sie befinden sich auf der linken Seite Ihres Pferdes, das Pferd steht auf der linken Hand auf dem Hufschlag. Flexionieren Sie Ihr Pferd im Stand. Es strebt wie gewohnt in die Dehnung und Sie halten in dem Moment gegen, indem es den Kopf auf Buggelenkshöhe fallen gelassen hat. Halten Sie es in der flexionierten Stellung. Loben! Nach einiger Zeit richten Sie es gerade und wiederholen diesen Verlauf einige Male. Dann schließlich lassen Sie Ihr Pferd gerade gerichtet antreten. Verbinden Sie jetzt Bekanntes mit Neuem. Sie halten an, flexionieren, richten das Pferd gerade, treten an, halten an und flexionieren wieder. Loben. Wiederholen Sie diesen Verlauf mehrmals oder schließen Sie für heute ab – Kopf senken, loben, Futter, freuen!

In der nächsten Trainingsstunde wiederholen Sie das Vorherige und beginnen dann, das Pferd im Schritt geradeaus gehend zu flexionieren.

Auf dem Hufschlag an der Bande lassen Sie Ihr Pferd im Schritt antreten, stupsen mit der Gerte in die Schultermuskulatur und flexionieren Ihr Pferd. Treiben Sie nach, damit es weitergeht, bestimmen Sie die Schulter, auf der Linie zu bleiben, und halten Sie Ihr Pferd flexioniert. Nach einigen gelungenen Schritten anhalten, Kopf senken, loben, Futter, freuen!

Schließlich versteht Sie Ihr Pferd, und nach wiederholten, länger anhaltenden Trainingsverläufen befähigen Sie es zu gewünschter Beweglichkeit auf beiden Händen.

### › Bekanntes mit Neuem verknüpfen

Immer wenn Sie feststellen, dass Sie Inhalte in anspruchsvolleren Übungen nicht mehr vermitteln können, sollten Sie sich keinesfalls an der Übung festbeißen und mit misslungenen Wiederholungen fortfahren. Überlegen Sie, welches der letzte verstandene Schritt war. Was konnte und begriff mein Pferd zuletzt problemlos? Wiederholen Sie diesen Schritt, um sich und dem Pferd bewusst zu machen, um welche Thematik es geht. Man ist leicht versucht, Wissen über ständige Wiederholungen zu festigen. Aber oft ist es so, dass Übungen durch die Wiederholungen nicht gelingen. Stattdessen festigen sich Missverständnisse oder Fehler. Diese Verlaufsform ist die allzu häufige Praxis und führt nicht selten zur Eskalation. Man verbleibt bei der Wiederholung der Fehler, weiß nicht, warum es nicht funktioniert, und probiert mehr oder weniger missraten weiter herum. Dies ist eine für beide Seiten sehr frustrierende Angelegenheit, die Sie vermeiden sollten. Denken Sie an die Idee der kleinen Schritte. Und daran, wie viel begeisterter und bestrebter Ihr Pferd wird, wenn Sie es nicht mit

Wiederholungen langweilen, sondern für jeden kleinen neuen erfolgreichen Schritt loben! Notfalls brechen Sie ab. Eine Pause, eventuell der nächste Tag bringt die Lösung, die Sie durch Analyse und Erkennen der notwendigen Zwischenschritte herausfinden. Gratulation! Statt auf das Rechthaben zu pochen, steigen Sie – im wahrsten Sinne des Wortes – vom hohen Ross ab, um die Lösung zu finden. Ein großes Lob an Sie!

## Situationen und Korrektur

*Das Pferd drängt in die Bahn* Greifen Sie die Gerte wie eine Reitgerte und stupsen Sie mit dem Stielende in die Schultermuskulatur, um die Schulter zum Weichen zu veranlassen bzw. um das Gegenteil zu verhindern: dass die Schulter in die Bahn strebt. Das Wegweisen der Schulter erklären Sie dem Pferd zuerst im Stand. Touchieren Sie das Pferd an der Schultermuskulatur und bleiben Sie beharrlich, auch in dem Moment, in dem das Pferd aus dem

**Schulterherein an der Hand**

Reflex heraus auf Sie zudrängt. Es ist ganz natürlich, dass Pferde im ersten Ansatz gegen die wegtreibende Gerte drücken. Dass passiert sowohl mit der Schulter wie auch mit der Hinterhand, was sich durch ein Gegen- die- Gerte-Schlagen äußern kann. In diesem Fall werden Sie noch einmal zum Führtraining zurückgehen und das Pferd mittels einer außen geführten Volte und einer Hinterhandwendung von sich wegweisen. Das Pferd bekommt darüber wieder den Bezug zu der gewünschten Ausführung, kann den Gertenknauf, der die Schulter touchiert, richtig verstehen und aus dem Reflex herauskommen, gegen die Gerte zu drücken: Es beginnt, der Gerte zu weichen. Anhalten, Kopf senken, loben, Futter, freuen!

Als nächstes folgt die Vorhandwendung auf einem kleinen Kreis. Sie fassen die Gerte wie eine Reitgerte, stupsen in die linke Schultermuskulatur und touchieren die Hinterhand zum Weichen. Beide Gertenzeichen werden so oft wiederholt, bis guter Gehorsam hergestellt ist. Anhalten, Kopf senken, loben, Futter, freuen!

## › Seitengänge

An dieser Stelle Grundlegendes zum Thema Seitengänge. In den Seitengängen ist das Pferd in die oder entgegen der Bewegungsrichtung gestellt oder gebogen und weicht mit dem gesamten Körper aus. Es kreuzt sowohl mit der Vorhand als auch mit der Hinterhand, mit der das Pferd allmählich unter seinen Schwerpunkt treten soll.

Schenkelweichen unterscheidet sich von allen anderen Seitengängen darin, dass das Pferd nur im Genick gestellt und nicht im Rumpf gebogen ist. Deshalb wird das Schenkelweichen von vielen Experten verworfen, weil das Pferd in seiner Steifheit belassen wird, was völlig überflüssig ist, da dem Pferd a) das Weichen mit gebogenem Hals und beginnender Längsbiegung leicht zu vermitteln ist, b) die natürliche Form des Weichens der eines Schulterhereins entspricht (Denken Sie daran, wie ein Pferd einem Sprung ausweicht: Es dreht den Kopf zum Sprung, weicht aber in die entgegengesetzte Richtung über die Schulter aus. Bei Rangstreitigkeiten macht es das Gleiche – es fixiert den Gegner, weicht aber vor ihm weg, das Gleiche beim Stierkampf – es schaut den Bullen an und weicht über die äußere Schulter). Schritt für Schritt ist ein Weichen mit Längsbiegung dem Pferd vermittelbar, und daher ist die Lektion des Schenkelweichens in ausgeprägten Übungsverläufen abzulehnen. Es vervollkommnet die Steifheit – da der Rumpf gerade bleibt, tritt das Pferd nicht in angestrebtem Maße unter den Körper.

SEITENGÄNGE   145

1 *Zügelhaltung:* Der Zeigefinger kann evtl. in den Trensenring oder direkt dahinter greifen.

2 *Gertenhaltung:* So wird die Gerte waagerecht gehalten. Daumen und Zeigefinger kontrollieren die Gerte. Mittelfinger, Ringfinger und Kleiner Finger halten die Zügel.

Auch ganz praktische Erwägungen können Grund für die Ausführung der Seitengänge sein.
- In Volten und auf Zirkeln kann eine herein- oder herausfallende Vor- oder Hinterhand platziert werden, sodass sich das Pferd auf korrekter Linie bewegt.
- Psychologische Gründe: Das Pferd wird rangniedrig, der Mensch ranghoch.
- Sicherheitsgründe: Die Bestimmbarkeit der Vor- und Hinterhand sichert das Betreten von Hindernissen, das Reiten in der Gruppe (eine potenziell schlagende Hinterhand kann zurückgewiesen werden), am Straßenrand kann die Kruppe von der Straße gewiesen werden.
- Im Hindernis-Parcours als Geschicklichkeits- und Verständnisbeweis
- Gymnastizierung: Beweglichmachen und Dehnen der Muskeln und Bänder, der Wirbelsäule und des Beckens als lösende Übung
- Aktivierung der Hinterhand zum Kreuzen und Untertreten als Vorstufe der Versammlung.

Die Reihenfolge, in der ich die Lektionen erkläre, ist gleichzeitig die chronologische Trainingsreihenfolge, Schritt für Schritt im Schwierigkeitsgrad gesteigert.

## Zügel- und Gertentechnik
Sie greifen mit der linken Hand den inneren Trensenring, während der äußere Zügel durch die Gerte ersetzt wird. Die Gerte wird wie ein Degen gehalten und zum Treiben zur Hinterhand gewendet. Zum Anhalten und Abfangen wird die Gerte aus dem Handgelenk zur äußeren Schulter oder Brust geführt. Ein oder zwei Tage können Sie so arbeiten, aber dann fassen Sie den äußeren Zügel mit der rechten

Hand, damit Sie Ihr gezäumtes Pferd zwischen beiden Händen führen.

Bringen Sie Ihr Pferd rechts neben sich zum Halt und stellen Sie sich in Halshöhe mit Blickrichtung zum Pferd auf. Fassen Sie mit der linken Hand den linken Zügel direkt am Trensenring an, die richtige Handhaltung zeigt das Foto.

Sie können auch mit dem Zeigefinger in den Trensenring greifen, wenn das erforderlich sein sollte, um eine ganz präzise Führung des Pferdekopfes zu erreichen.

Mit der rechten Hand fassen Sie den rechten, über den Hals gelegten Zügel, der sich kurz vor dem Widerrist befindet, so tief, dass dadurch die Gerte an ihren korrekten Platz kommt. Richtig platziert ist die Gerte auf Höhe des Kniegelenks des Pferdes. Sie kann auch etwas tiefer oder durchaus höher im Bereich der Oberschenkelmuskulatur gehalten werden – probieren Sie aus, wo Ihre Signale am besten „ankommen".

Der kleine Finger, der Ringfinger und der Mittelfinger der rechten Hand sind zuständig für die Führung des Zügels und umfassen

**1** Der Zeigefinger bestimmt die Höhe der Gerte.

**2** Wird der Zeigefinger abgesenkt und der Daumen gehoben, sinkt die Gerte herunter.

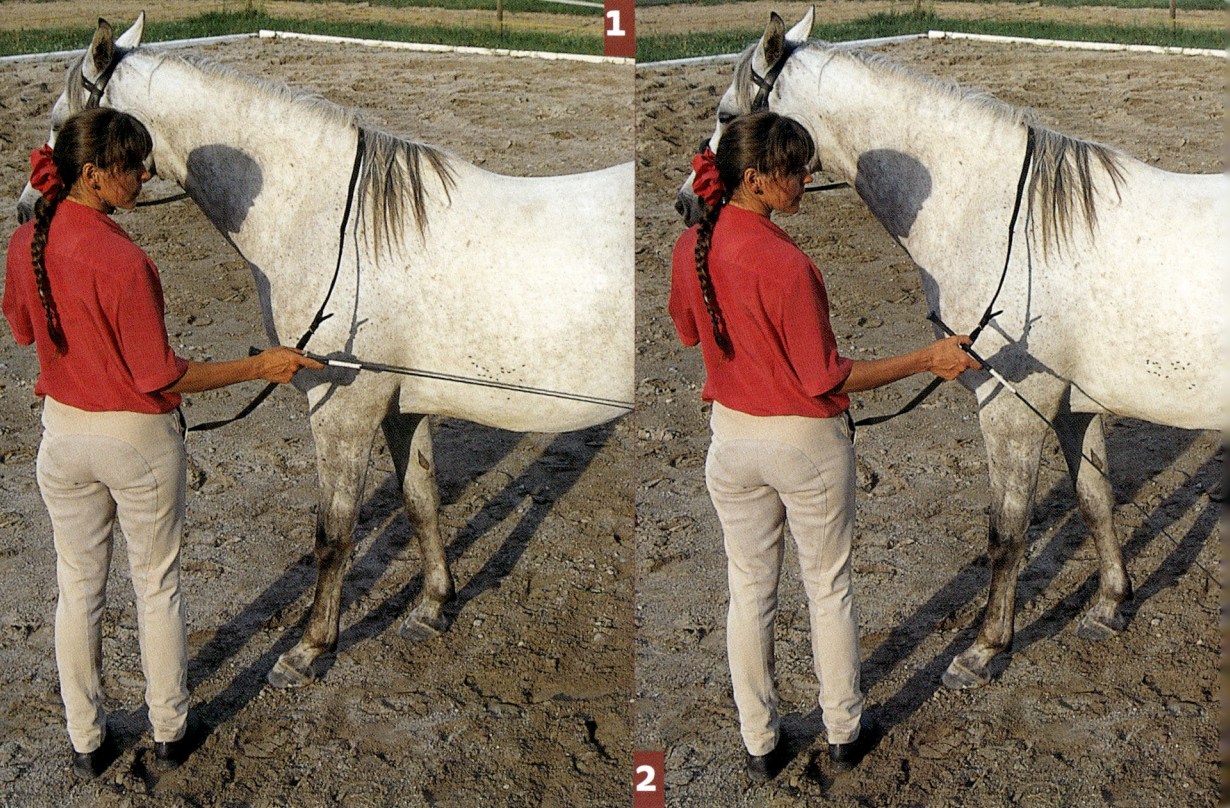

ihn. Der Zeigefinger mit dem vorderen Fingerglied ist die Stütze der Gerte, sie liegt auf dem Zeigefinger in Höhe des vordersten Fingerglieds. Stabil in Balance gehalten wird die Gerte durch den Daumen und den Daumenballen. Man könnte sagen, Sie halten die Gerte wie einen Degen.

Wenn Sie den Daumen heben, senkt sich die Gertenspitze ab. Drücken Sie den Daumen nach unten, hebt sich die Gertenspitze. Über diese kleinen Bewegungen erhalten Sie die Kontrolle über die Höhe der Gertenspitze an der Hinterhand.

Die Führung der Gerte in seitliche Richtung üben Sie über das Handgelenk aus. Wenn Sie das Handgelenk winkeln, entfernt sich die Gerte vom Pferdekörper. Wenn Sie das Handgelenk gerade stellen, berührt die Gertenspitze die Hinterhand. Die Hand, die den äußeren Zügel hält, ist zirka 50 cm vom Pferdekörper entfernt.

Beide Hände sollten in einer tiefen Position platziert sein: Ähnlich wie beim Reiten oder Longieren sollen die Hände grundsätzlich auf Hüfthöhe des Menschen abgesenkt werden.

Nur beim Herunterweisen in die Dehnung wird die linke Hand höher gehalten, folgt also dem Zügel nach oben und dann über das Flexionieren wieder in die Tiefe.

Bezogen auf das Führen im Schritt heißt das:
- Die Gertenspitze wird vom Pferd weggehalten, wenn Sie nicht treiben wollen. Dafür muss das Handgelenk nach außen gewinkelt werden.
- Die Gertenspitze berührt das Pferd, wenn Sie treiben und touchieren wollen. Dafür muss das Handgelenk gerade gehalten oder nach innen gewinkelt werden. Geben Sie die treibenden Gertensignale aus der Gertenspitze. Kommen Sie nicht in Versuchung, Ihr Pferd mit dem Druck Ihrer äußeren Hand wegzuschieben.

**Schulterherein** Das Schulterherein ist ein Seitengang, bei dem das Pferd entgegen der Bewegungsrichtung gebogen wird. Das Pferd wendet Schulter, Hals und Kopf deutlich in die Bahn herein, die Hinterhand verbleibt auf dem Hufschlag, sodass jedes seiner Hinterbeine von vorne oder hinten betrachtet in einer parallelen Linie zur Bande tritt. Man spricht von Abstellung: Das Pferd soll sich in einem Abstellungswinkel von 45° zur Bande bewegen.

Das Pferd wird zunächst einen größeren Winkel einhalten und auf vier Linien treten. Erst im späteren Verlauf wird es zum Schulterherein auf drei Linien, d.h. auf 45° kommen. Wenn man die engere Form gleich zu Anfang anstrebt, stößt man regelmäßig auf Unverständnis des Pferdes. Es drängt mit der Schulter zur

## Kurz gesagt

**Was?**
Schulterherein an der Hand
**Warum?**
Lösen des Pferdes, Gymnastizierung, Vorbereitung zum Reiten
**Womit?**
Trense, Gerte
**Wie?**
Biegung des Halses über die Zügel herstellen, inneren Zügel annehmen, äußeren Zügel nachgeben, Weichenlassen der Hinterhand durch touchierenden Einsatz der Gerte, mit leicht gestreckten Armen geradeaus gehend antreten.

Bande hin und versucht, sich der Übung zu entziehen, indem es weiter geradeaus geht oder nur den Hals biegt.

Die Trittlinien werden über die Frontalansicht definiert: Die innerste Linie wird durch das innere Vorderbein beschrieben, die zweite Linie durch das äußere Vorderbein, ganz dicht dazu die dritte Linie durch das innere Hinterbein und die vierte, der Bande am nächsten zugewandte Linie, ist die des äußeren Hinterbeins.

Man soll die Bewegung der Vorhand nicht außer Acht lassen. Die Vorderbeine kreuzen voreinander, das Gewicht wird von der inneren Schulter auf die äußere verlagert. Deshalb ist das Schulterherein auch eine gute Übung für die Seite, auf der das Pferd vermehrt nach innen strebt. Über die Schulterhereinbewegungen, auch über Zirkel- und Voltenvergrößern wird das Pferd auf die äußere Schulter gewiesen. Die seitwärts weichenden Übungen sind wichtig als Vorbereitung auf das Reiten. Ein junges Pferd sollte die weichenden Übungen beherrschen, da sie eine gute Vorbereitung für die Kommunikation in Volten und Zirkeln sind. Das Pferd „fällt" nicht in die Volte oder in den Zirkel „hinein", weil es die seitwärts treibenden Hilfen versteht.

> **Äußerer und innerer Zügel**
> Es gibt immer wieder Verwirrung über außen und innen in den Seitengängen.
> Außen und innen werden durch die Biegung des Pferdes bestimmt: Die gebogene Seite ist innen, die gedehnte Seite des Pferdes außen. Der innere Zügel ist dazu da, die hinreichende Stellung und Biegung und das Flexionieren zu fordern. Ziel ist das Nachgeben des Pferdes am inneren Zügel. Der äußere Zügel ist linienweisend und begrenzend und bestimmt durch seine Länge das Maß der Halsbiegung.

**Vorhandwendung** Die erste Lektion ist das Weichen der Hinterhand mittels einer Vorhandswendung (siehe S. 95). Dabei braucht keine korrekte komplette Wendung zu entstehen, es geht lediglich um das Weichen der Hinterhand und den Grundgedanken. Statt wie in den Führübungen am Halfter greifen Sie jetzt in den Trensenring.

Sie stabilisieren das Pferd am inneren linken Zügel und touchieren die Hinterhand deutlich, sodass diese nach rechts weicht. Sollte sie aber auf Sie zukommen, bleiben Sie beharrlich am Platz stehen und touchieren weiter, bis die Umsetzung in die gewünschte Bewegungsform erfolgt. Wenn das Pferd weicht, halten Sie nach zwei Tritten an und loben mächtig! Hier soll es

Ihnen nicht darauf ankommen, dass das Pferd gleich eine ganze Wendung durchführt, sondern es soll wie gesagt den Grundgedanken erfassen. Weicht das Pferd nach vorne, wiederholen Sie die Übung wie in der Bodenarbeit (S. 95) beschrieben. Versteht Ihr Pferd Sie besser, können Sie auch beginnen, den äußeren Zügel mit aufzunehmen und die Schulter durch weiche Paraden am äußeren Zügel abzubremsen.

Diese Übung wiederholen Sie zwei-, dreimal und können daraus in die nächste Übung übergehen.

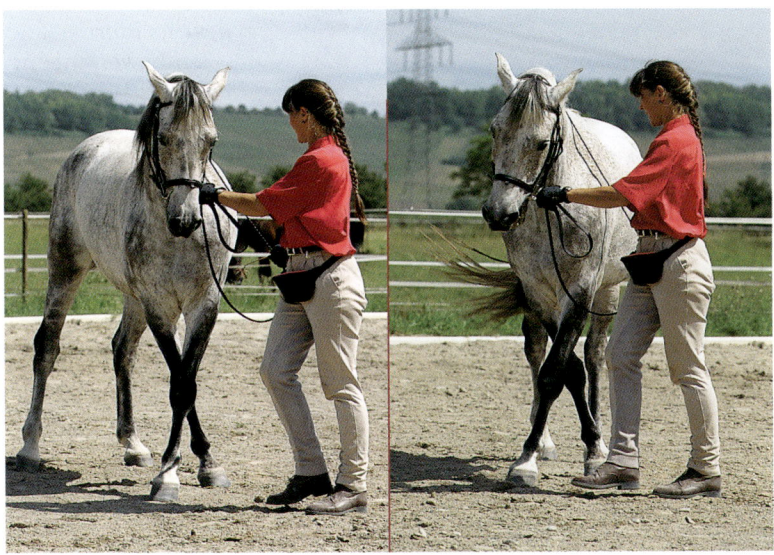

**Das Weichen lassen der Vorhand ist die Vorbereitung für das Schulterherein.**

**Das Weichen auf dem Zirkel** Beim Weichen auf dem Zirkel wird die Hinterhand freier zum Kreuzen. Die Übung ist jedoch insofern anspruchsvoll, als die gebogene Linie des Zirkels eine deutlich gymnastizierende Anforderung stellt. Die Vorhand beschreibt den kleineren Kreis, die Hinterhand den größeren. Die Balance des Pferdes verlagert sich auf die Vorhand, was die Aktivität der Hinterhand erleichtert. Deshalb folgt diese Übung als chronologisch Nächste. Die gebogene Linie führt dazu, dass das Pferd die Biegung im Körper leichter einhält. Müssen Sie das nach vorn eilende Pferd bremsen, so setzen Sie die Gerte vor der Brust ein und bewegen sich leicht vor den Pferdekopf, nachdem Sie als Erstes das Stimmkommando „Ho, langsam" gegeben haben. Lassen Sie das Pferd nur wenige Tritte durchführen, halten Sie an, lassen Sie es den Kopf senken, loben und füttern Sie es. Wiederholen Sie einige Male, bevor Sie die Arbeit beenden.

**Konterschulterherein** Wenn Ihnen das Schulterherein auf dem Zirkel nicht gelingt, sollten Sie die Bande nutzen und die Schulterhereinübung umdrehen. Sie stellen das Pferd mit dem Kopf zur Bande, biegen es entgegen der Bewegungsrichtung und lassen es jetzt seitlich weichen. Sie haben beim Konterschulterherein eine außerordentliche Unterstützung durch die Bande, denn das Pferd kann die Gerte nicht mehr vorwärts treibend interpretieren, da es ja nicht in die Wand hineinlaufen kann.

Ihre Haltung im Konterschulterherein oder Schulterherein ist wie folgt:

Der eigene Abstand zum Pferd soll so groß wie möglich sein, die leicht gestreckten Arme jedoch sollten sich noch „gemütlich" anfühlen. Auf diese Weise haben Sie einen so großen seitlichen Abstand zum Pferd, dass Sie aus dem Augenwinkel heraus die Gesamtsituation erfassen können. Sie selbst sind in Bewegungsrichtung gekehrt und bewegen sich so, als wenn Sie ohne Pferd geradeaus gehen würden und nicht im Seitengang. Sie schauen auf den Pferdehals, und je nach Größe des Pferdes bleibt Ihnen der Blick nach vorne in die Bahn versperrt. Kontrollieren können Sie die Ausführung der Übung aus den Augenwinkeln heraus oder Sie wenden gelegentlich den Kopf, um sich zu vergewissern, wo Sie

1 **Konterschulterherein von vorne gesehen**

2 **Konterschulterherein von hinten gesehen. Das Pferd darf anfänglich den Hals noch länger machen.**

sich befinden. Es ist grundsätzlich nicht erwünscht, ausschließlich die Hinterhand im Auge zu haben. Dies ist auch nicht nötig, weil Sie aus der Gesamtsituation sehr gut erfassen und erspüren können, ob das Pferd übertritt oder nicht.

Wenn das Konterschulterherein klappt, sollten Sie das Weichen auf dem Zirkel nachschieben, weil die Übung auf dem Zirkel so lohnend ist, dass Sie noch einmal testen sollten, ob das Pferd die Umsetzung jetzt begreift. Wenn das nicht der Fall ist, problematisieren Sie es bitte nicht: Bleiben Sie nicht in unbeholfenen Versuchen auf dem Zirkel, sondern gehen Sie zur Übung Konterschulterherein zurück. Befähigung durch Ermutigung!

Wie sagte doch so schön Freddy Knie: „Jeden Tag einen Millimeter wird schließlich auch zum Meter!"

### Schulterherein ganze Bahn, unterbrochen durch Volten

Wenn das Pferd Konterschulterherein und Schulterherein auf dem Zirkel ausführen kann, beginnen Sie mit dem Schulterherein ganze Bahn. Um die Anforderung angemessen kurz zu halten, unterbrechen Sie die Übung durch eine Volte, in der das Pferd keinen Seitengang geht, sondern schlichtweg nur in gebogener Stellung die Volte durchläuft, und setzen dann die Übung ganze Bahn im Schulterherein fort.

Eine Volte ist auch eine wunderbare Vorbereitung für die Schulterherein-Bewegung. Hier können Sie das Pferd in die gewünschte gebogene Position bringen - sowohl tief- wie auch nach innen gestellt - und so vorbereitet in das Schulterherein übergehen.

### Konterschulterherein auf der Diagonalen

Im Gegensatz zu einem Viereckvergrößern, das einem Schenkelweichen entspricht, führen Sie auf gleicher Linie ein Konterschulterherein aus, bei dem Sie die Längsbiegung durch den Pferdekörper anstreben. Die Linienführung kann nur wenige Meter diagonal in die Bahn gehen und dann in ein Geradeaus wechseln. Daraus kann dann wieder neu angesetzt werden.

Es ist eigentlich keine schwerere Übung als das Konterschulterherein entlang der Bande, zumindest von der Bewegungsanforderung. Sie stellen sich vor, dass Sie die Bande auf die Diagonale verschieben. Es ist aber eine für das Pferd nicht leicht zu verstehende Übung, da die räumliche Orientierung und der bremsende Moment der Bande fehlt. Es zeigt sich häufig der Konflikt, dass das Pferd die seitwärts treibende Gerte nur als vorwärts treibend versteht und sich in die Vorwärtsbewegung entzieht. Dann müsste die Kommunikation zum Seitwärtsgehen so resolut werden, dass es zu unverhältnismäßigen Unstimmigkeiten kommen kann. Deshalb sollten Sie die Übung Konterschulterherein auf der Diagonalen erst als spätere Variante einsetzen.

> *Frage*
> *Warum gehen manche Pferde lieber flexioniert statt im Schulterherein und umgekehrt?*
> *Antwort*
> *Ein Pferd, das lieber flexioniert geht, vermeidet die Biegung des Rumpfes. Ein Pferd, das lieber Schulterherein geht, vermeidet das starke Biegen des Halses. Beide Übungen haben also ihren Sinn und sollten durchführbar sein.*

**Handwechsel** Sowohl in der Boden- wie auch in der Handarbeit gilt es, das Pferd auf beiden Händen zu arbeiten. Das Pferd muss grundsätzlich symmetrisch gymnastiziert werden. Auf der hohlen Seite wird die Thematik eingeführt, die Biegung minimiert. Auf der steifen Seite wird häufiger und anhaltender geübt und die Biegung forciert. Es wird aber stetig auf beiden Händen gewechselt und die Beweglichkeit auch durch den Seitenwechsel erarbeitet.

Ich beobachte immer wieder, dass Kursteilnehmer versuchen, die Hand zu wechseln, indem entweder nur sie selbst die Führseite wechseln, das Pferd aber nicht die Hand oder indem sie das Pferd die Hand wechseln lassen, selbst aber nicht die Führseite wechseln. Wenn Sie einen wirklichen Wechsel beabsichtigen zwischen Weichen vom linken und rechten Schenkel, sprich Gerte, müssen Sie sowohl das Pferd einen Handwechsel durchführen lassen wie auch selbst die Führseite wechseln.

**Positionierung des Pferdekopfes** De facto ist es so, dass ich im Laufe der Arbeit zwei Signale habe, um den Kopf tief zu stellen. Erinnern Sie sich: In der Bodenarbeit wird es zuerst durch das Herunterwiegen, durch Druck im Genick oder später über das Zupfen am Halfter erreicht.

In der Arbeit an der Hand und beim Reiten, also mit dem gezäumten Pferd, lernen Sie, wie das Pferd durch den Druckaufbau im Maulwinkel in die Tiefe geschickt wird. Dieses Zeichen wende ich zunächst in den Seitengängen an der Hand nicht an, weil es für das Pferd zu irritierend ist, zu viele Dinge auf einmal zu lernen.

Deshalb sollten Sie auf das erste Signal zurückgreifen: Zupfen Sie das Pferd mit der inneren Hand herunter in die Tiefe.

Gelegentlich kann die Technik auch über das Zupfen hinausgehen und ein länger dauerndes Herunterweisen sein. Dadurch bauen Sie über das Zaumzeug Druck im Genick auf, dem das Pferd nach unten nachgeben soll, solange Sie diesen Druck setzen. Das kann also ein konstanter Druck statt eines Zupfens sein. Wählen Sie die Technik, auf die Ihr Pferd am ehesten und besten anspricht.

Weiterhin sollten Sie darauf achten, dass Ihnen das Pferd jetzt nicht mehr nur eine flexionierte Position anbietet. Das können Sie in den Vorstufen anstreben, aber im Übertreten wird die Längsbiegung des Rumpfes verlangt. Sie sollten also Ihr Augenmerk darauf richten, die Schulter über den äußeren Zügel in die Bahn hineinzuweisen.

**1** Die Abstellung im Schulterherein auf vier Hufspuren

Hier kann sich der Fehler ergeben, dass das Pferd viel zu stark gebogen bzw. flexioniert geht und die Hinterhand nicht aktiv unter den Schwerpunkt tritt. Der Kopf darf in der korrekten Ausführung das innere Buggelenk nicht „überholen". Das Pferd muss mit seinem Kopf innerhalb der Brustbreite bleiben, der Kopf darf nicht weiter als die Schulter nach rechts oder nach links abgestellt sein.

Ausnahme: Das Pferd baut solche Spannung auf der inneren Hand auf und gibt so wenig nach, dass Sie als erzieherische Maßnahme das Pferd bewusst flexionieren sollten, um aus dem Mehr ein Weniger zu bekommen. Das Pferd soll schließlich in Dehnungshaltung (= Erste Dressurhaltung) alle Seitengänge ausführen.

Anhalten und Antreten im Schulterherein: Dies ist die Erste versammelnde Übung im Schulterherein. Sie befinden sich auf der langen Seite im Schulterherein, geben das stimmliche Signal „Ho, Halt" und fangen das Pferd mit der Gerte bremsend an der äußeren Schulter ab.

**2** *Situation:* der Pferdekopf darf nicht zu sehr nach innen gestellt werden.

Hält Ihr Pferd nicht in der beabsichtigten Schulterhereinstellung an, dann gehen Sie weiter im Schulterherein. Pferde schwenken gerne mit der Kruppe aus, stehen dann im 90°-Winkel zur Bande und verhindern damit das korrekte Antreten in der Schulterhereinposition. Korrigieren Sie dies über die Anweisung von Seite xx.

Das wartende Pferd soll erst auf Ihr Zeichen wieder antreten. Stellen Sie sich vor, Ihr Pferd ist durch weiteres Üben so befähigt, dass es diese Lektion auch im Trab vollziehen kann, aus dem Halt in den Schritt, in den Trab und zurück in den Schritt und wieder zum Halten. Sind das leicht durchführbare Übungen geworden, dann übergehen Sie die Schrittphase und lassen es direkt aus dem Halt antraben und halten. Sie haben das Verständnis, die Reaktionsfähigkeit und das Können erarbeitet? Gratulation! Das ist die Vorstufe zur Piaffe.

**3** Der Blick auf die Hinterhand gilt als Fehler.

## Situationen und Korrektur

*Das Pferd ist einseitig steif* Eine häufige Situation ist, dass ein Pferd sich auf einer Seite besser biegen lässt als auf der anderen. Die Schwierigkeit liegt dabei nicht im Biegen, sondern im Dehnen – es fällt dem Pferd schwer, die äußere Körperhälfte zu dehnen. Stellen Sie sich vor: Sie neigen den Oberkörper nach vorne und sollen mit den Händen den Boden berühren. Die Schwierigkeit liegt nicht im Bauch, sondern im Rücken. Die Rückenmuskulatur, Sehnen und Bänder müssen gedehnt werden, damit die Übung möglich wird. Und genau dies ist auch die Problematik des Pferdes: Es ist meist einseitig in seiner Dehnungsfähigkeit eingeschränkt, es muss erst langsam an diese Anforderung herangeführt werden. Meist wird vermutet, diese Ungleichheit komme von der Lage des Embryos im Mutterleib, die entweder die rechte oder linke Seite von Geburt an dehnbarer macht.

**Wenn das Pferd mit der Schulter nicht weichen will, stupst die Gerte die Schulter an.**

Meist ist die hohle Seite die Seite, in die die Mähne natürlicherweise fällt. Die dehnungsunfähigere Seite wird als steife Seite bezeichnet. Von der schlechten Seite und der Schokoladenseite zu sprechen ist eigentlich unkorrekt, denn beide Seiten sind eingeschränkt - die eine zu hohl, die andere zu steif. Beide Seiten müssen im Training beachtet werden.

**Die hohle Seite** muss korrekt und nicht übertrieben im Hals und Genick gestellt und gebogen werden. Da das Pferd dazu tendiert, über die äußere Schulter zu fallen, muss auf die Balanceverschiebung zur inneren Seite geachtet werden. Sicherlich ist die Erarbeitung der Lektionen auf dieser Seite leichter, und deshalb beginnt man damit und merzt im Laufe der Zeit die Fehler aus.

**Die steife Seite** muss hinreichend im Genick und Hals gestellt und gebogen werden, da hilft das ausreichend häufige Flexionieren. Da das Pferd dazu tendiert, nach innen zu fallen und sich schräg zu legen statt im Rumpf zu biegen, muss auf die Balanceverschiebung zur äußeren Seite geachtet werden. Die steife Seite wird im Pensum häufiger und anhaltender trainiert als die hohle Seite.

*Das Pferd steigert das Tempo* Als erste Maßnahme wählen Sie die Übung Konterschulterherein. Die Position zur Bande müsste das Pferd deutlich bremsen. Stellen Sie sicher, dass Sie das Pferd nicht unkontrolliert oder ungewollt an der Hinterhand touchieren. Wechseln Sie in dieser Situation von der Degenhaltung in die Reitgertenhaltung, um die Gertenbenutzung unter Kontrolle zu haben.

Versuchen Sie nicht, das Tempo am äußeren Zügel zu regulieren. Das bremst die Schulter und führt dazu, dass Ihr Pferd in eine zu hohe Abstellung gerät. Halten Sie ein eilendes Pferd häufig genug an. Stellen Sie Ruhe und Entspannung durch Abstreichen und Kopfsenken her und fahren Sie energielos im Zeitlupentempo fort. Sie geben ganz weiche, sanfte Zeichen zum Antreten. Sobald das Pferd wieder eilt, halten Sie erneut an: Abstreichen, Kopf senken, loben, Futter, freuen.

Ist Ihr Pferd im Konterschulterherein geübt genug, wechseln Sie zum Schulterherein.

*Das Pferd drängelt mit der Schulter* Wenn Ihr Pferd mit der Schulter gegen Sie drängt, mit der Hinterhand aber weicht, unterbrechen Sie die Übung mit der folgenden Maßnahme: Erinnern Sie Ihr Pferd noch einmal daran, mit der Schulter zu weichen. Verknüpfen Sie Bekanntes mit Neuem.

Sie gehen an die Bande, fassen das Pferd am linken Trensenring und wenden es von sich weg in eine Hinterhandwendung, wie es auf S. 97 erklärt ist.

Die nächste Veränderung besteht darin, die Gerte wie eine Reitgerte zu halten. Drücken Sie mit dem Gertenknauf in der Mitte der Schulterpartie in die Schultermuskulatur hinein, aber durchweg als touchierendes Zeichen, nicht als konstant drückendes Signal. Versuchen Sie die Übung erneut – reservieren Sie den Hufschlag für sich und lassen Sie Ihr Pferd auf dem dritten oder vierten Hufschlag gehen.

**Die Gerte wird wie eine Reitgerte in der Hand gehalten, wenn man die Schulter deutlich herausweisen will.**

*Das Pferd entzieht sich beim Konterschulterherein bahneinwärts / beim Schulterherein gegen die Bande* Eine mögliche Schwierigkeit ist, dass das Pferd auf die äußere Schulter fällt und deshalb die Linie verlässt. Vermutlich arbeiten Sie gerade die hohle Seite Ihres Pferdes. Führen Sie Ihr Pferd gerade gestellt vorwärts in Richtung Bande und setzen Sie neu zum Konterschulterherein an. Sie verringern die Biegung auf Sie zu, denn das ist es, was das Pferd zum Fehlverhalten provoziert. Seien Sie unbesorgt, die Dehnungsfähigkeit braucht auf dieser Hand nicht verstärkt und vertieft zu werden, das zeigt Ihr Pferd durch seine übertriebene Reaktion. Im Schulterherein gilt das Gleiche – nur dass sich das Pferd nicht vom Hufschlag trennt oder gar gegen die Bande strebt oder fällt. Sie führen das Pferd also verstärkt am äußeren Zügel in die Bahn.

*Das Pferd entzieht sich beim Konterschulterherein / Schulterherein in zu große Abstellung* Eine weitere Situation, die sich ergeben kann: das Pferd entzieht sich in eine zu hohe Abstellung, zum Beispiel in einen 90°-Winkel zur Bande. Gehen Sie in ein gerade gerichtetes Vorwärtsgehen über, entwickeln Sie nur einen Hauch von Konterschulterherein und gehen Sie nach wenigen Tritten wieder geradeaus. Das Pferd geht so, noch bevor es sich in die viel zu hohe Abstellung entziehen kann, schon wieder im Geradeaus. Nach und nach verlängern Sie die Konterschulterherein-Phasen. Seien Sie sich sicher, dass es nicht der äußere Zügel war, der die Abstellung provoziert hat, und setzen Sie ihn im geringeren Maße ein.

> ### Trainingszettel: 10 Minuten Arbeit an der Hand für Einsteiger

- rechte Hand ganze Bahn
- nach der zweiten Ecke der kurzen Seite Konterschulterherein (Pferd weicht dem linken Schenkel)
- kurze Seite gerade richten, abwenden auf die Mittellinie
- Konterschulterherein auf der Diagonalen
- bei Erreichen des Hufschlags Schulterherein linke Hand
- abwenden auf die Mittellinie, Halt, Seitenwechsel
- zurück zum Hufschlag auf die linke Hand, Konterschulterherein (Pferd weicht dem rechten Schenkel)
- lange Seite Konterschulterherein
- kurze Seite Handwechsel rechte Hand
- lange Seite Schulterherein (Pferd weicht dem rechten Schenkel)
- kurze Seite gerade gerichtet abwenden auf die Mittellinie
- Konterschulterherein auf der Diagonalen
- bei Erreichen des Hufschlags Schulterherein (Pferd weicht dem rechten Schenkel)
- kurze Seite anhalten, Übung beenden, loben, Futter und freuen!

## > Trainingszettel: 10 Minuten Arbeit an der Hand für Fortgeschrittene

- linke Hand ganze Bahn, lange Seite Schulterherein
- abwenden auf den Zirkel, Schulterherein
- ganze Bahn Schulterherein
- gerade gerichtet abwenden auf die Mittellinie
- Konterschulterherein auf der Diagonalen
- bei Erreichen des Hufschlags fortfahren im Schulterherein
- anhalten und antreten im Schulterherein
- Mitte der kurzen Seite Halt, Vorhandwendung
- rechte Hand Schulterherein, ganze Bahn lange Seite
- abwenden auf den Zirkel, Schulterherein
- abwenden auf die Mittellinie, Halt, Führseitenwechsel
- zurück zum Hufschlag auf die linke Hand, Konterschulterherein (Pferd weicht dem rechten Schenkel)
- lange Seite Konterschulterherein
- kurze Seite Handwechsel rechte Hand
- lange Seite Schulterherein (Pferd weicht dem rechten Schenkel)
- kurze Seite gerade gerichtet abwenden auf die Mittellinie
- Konterschulterherein auf der Diagonalen
- bei Erreichen des Hufschlags Schulterherein (Pferd weicht dem rechten Schenkel)
- kurze Seite anhalten, Übung beenden, loben, Futter und freuen!

**Die Arbeit an der Hand findet ihre Vollendung in der Arbeit am langen Zügel.**

# Reiten: lösen, lockern, dehnen

> ## Gelöst, locker und in Dehnung reiten

Als Reiterin oder Reiter ist es Ihre Aufgabe, ein Pferd so auszubilden, dass es körperlich und geistig gesund bleiben kann. Pferde sind von Natur aus nicht dafür geschaffen, Lasten oder Menschen auf ihren Rücken zu tragen. Ein Pferd, das viele Jahre lang regelmäßig geritten werden und trotzdem gesund bleiben soll, kann sich nicht einfach bewegen, wie es das in der Wildnis tun würde. Es gilt, das Pferd unter dem Sattel in allen folgenden Übungen in der von mir dargelegten Systematik auszubilden.

Das wichtigste Ziel ist, dass Ihr Pferd lernt, „über den Rücken zu gehen". Die Hängebrücke, die der Rücken zwischen Vor- und Hinterhand bildet, muss gespannt bzw. aufgewölbt sein, denn nur auf diese Weise kann ein Pferd das Reitergewicht unbeschadet tragen. Dies können Sie erreichen, indem Sie das Pferd schulen, zunächst die extreme Dehnungshaltung und dann eine gemäßigtere Dehnungshaltung – eine lang im Hals und beigezäumt im Genick befindliche Haltung – einzunehmen, die ich „Erste Dressurhaltung" nenne. Erste Dressurhaltung deshalb, weil das Pferd in dieser Form zunächst alle Gangarten, Übergänge, Linien, Handwechsel, Seitengänge und das Rückwärtsrichten lernen soll. Es handelt sich hierbei um Übungen, die nicht zur Versammlung zählen. Seitengänge in Dehnungshaltung haben einen lösenden Effekt, Seitengänge in Aufrichtung erarbeiten die Versammlung.

### Erste Dressurhaltung

Unter Erster Dressurhaltung verstehen Philippe Karl und ich eine Bewegungsform, in der das Pferd sich im Genick rundet, die Nase leicht vor bzw. in die Senkrechte bringt, über das Maul eine Verbindung zur Reiterhand hat und den Unterkiefer mobilisiert.

Die Kopfposition in der Ersten Dressurhaltung sollte also in Höhe des Buggelenkes sein und der Hals im längsten Format, denn dadurch wird die Dehnung der Rückenmuskulatur hergestellt.

Den maximalen Dehnungsmoment erreicht das Pferd, wenn es sich im Genick rundet, den Hals so lang wie möglich nach vorne streckt und dadurch die Rückenmuskulatur mitdehnt bzw. mitzieht.

Das Genick befindet sich in der Regel auf gleicher Höhe mit dem Widerrist auf einer horizontalen Linie. Hat das Pferd deutliche Balanceprobleme, darf es in keinem Fall auf die Schulter fallen, das heißt es wird in der Kopfposition etwas höher als das Buggelenk eingestellt. Die Kopfposition richtet sich auch nach dem Gebäude des Pferdes. Um die konvexe Unterhalslinie in eine gerade Linie zu verwandeln, ist es eventuell nötig, den Hals tiefer als das Buggelenk zu dehnen.

# REITEN: LÖSEN, LOCKERN, DEHNEN

> **Check**
> **Reiten**
> Zum Reiten gehören diese Übungen/Fähigkeiten:
>
> **Ihr Pferd:**
> ☐ lässt sich zäumen und satteln
> ☐ gibt im Unterkiefer nach und lässt sich in die Dehnung schicken
> ☐ strebt im Stand in die Dehnung
> ☐ strebt in allen Gangarten in die Dehnung
> ☐ geht rückwärts
> ☐ geht im Stand und Schritt in extremer Dehnung und in der Ersten Dressurhaltung
> ☐ verbleibt in Erster Dressurhaltung weich an der Hand und gibt im Unterkiefer nach
> ☐ geht im Trab in extremer Dehnung und Erster Dressurhaltung
> ☐ geht im Galopp in Erster Dressurhaltung
> ☐ geht im Außengalopp in Erster Dressurhaltung
> ☐ geht Konterschulterherein und Schulterherein

Wieso, wie und wie lange Sie Ihr Pferd in welcher Haltung reiten – das folgt auf den nächsten Seiten des Kapitels. Sie sagen sich nun vielleicht: „Ja, das habe ich schon mehrfach gehört und gelesen. Trotzdem – eigentlich möchte ich mein Pferd einfach nur am langen oder losen Zügel reiten. Dies scheint trotz aller Theorien für das Pferd angenehm zu sein. Und ich kann es ohne Konfrontationen und Konflikte reiten. Und wenn ich mein Pferd nur zwei- bis dreimal in der Woche vor allem im Schritt bewege, kann das doch nicht schaden."

Ein wichtiger Aspekt für Ihre Entscheidung, ob Sie in einer rückenschonenden Form reiten, ist, welche Art Pferd Sie reiten. Haben Sie ein rückenschwaches Pferd oder ein den sensibleren Rassen zugehöriges wie Araber, Vollblüter, Traber, Trakehner? Oder sind Sie Besitzer eines rückenstarken Pferdes, wie das oft bei den robusteren Rassen der Fall ist, z. B. bei Norwegern, Haflingern oder auch bei Pferden im Warmbluttyp, die kurz im Rücken sind? Schauen Sie sich die Proportionen Ihres Pferdes an – ist der Rumpf mehr quadratisch oder rechteckig?

Wenn Ihr Pferd kurz und stark im Rücken ist und Sie in einer reduzierten Form, das heißt nur kurze Zeit und auch nur ein – oder zweimal die Woche reiten, dann werden Sie Ihrem Pferd wahrscheinlich keinen Schaden zufügen, wenn Sie es am langen Zügel gehen lassen.

Sobald Sie aber feststellen, dass Sie von Ihrem Reitbedürfnis her engagierter sind, Sie also vier- bis sechsmal in der Woche reiten und z. B. Geländeritte von mehr als einer Stunde unternehmen, und dies nicht nur im Schritt bummelnderweise, sondern trabend, galoppierend, dann müssen Sie sich auch bei diesem Pferdetyp sehr wohl Gedanken darüber machen, wie sich Ihr Pferd unter Ihnen bewegt.

Aufmerksam werden müssen Sie auch bei Pferden, die nicht taktrein gehen. Wenn ein Pferd zum Pass oder Tölt verschobene Gänge zeigt, dann ist das ein Zeichen für eine Verspannungssituation, die Sie dadurch beseitigen müssen, dass Sie das Pferd lösen, lockern und dehnen, und das auch psychisch.

Pass und Tölt sind, soweit nicht angeboren, Verspannungsmerkmale. Ob es sinnvoll ist, Passgänger und Tölter zu züchten und zu reiten, ist eine Frage am Rande. Sicherlich sinnvoll ist auch für diese Pferde, sie in der hier aufgezeigten Weise zu gymnastizieren und zu lösen.

**Kreislauf der Kommandos**
- *Signal*
- *warten*
- *verstehen*
- *gehorchen*
- *weichen*
- *dehnen*
- *warten*

*Lösende Arbeit zu Beginn des Trainings:* **Mitteltrab in erster Dressurhaltung**

## › Dehnungshaltung oder Erste Dressurhaltung

Kommen wir zum Thema Erste Dressurhaltung (Remontehaltung, Dehnungshaltung). Das Pferd soll in einer Haltung gehen, in der es seine Wirbelsäule und Gelenke möglichst wenig belastet. Es muss Muskeln bilden, die es befähigen, den Reiter in allen Gangarten und Übungen zu tragen. Die Erfahrung zeigt, dass manche Pferde dafür gute oder weniger gute körperliche Voraussetzungen mitbringen. Klar ist, dass Sie sich für die Ausbildung eines Pferdes Zeit nehmen müssen. Ihr Pferd kann erst durch entsprechende Ausbildung und Gymnastizierung lernen, seinen Körper richtig einzusetzen.

Wenn es um das Thema Gymnastizierung geht bzw. darum, das Pferd mittels sinnvoll gewählter Übungen zu lösen und zu lockern, dann gehören alle Seitengänge selbstverständlich dazu. Da die Arbeit in der Dehnungshaltung ein solches Stiefkind ist und die Ideen fehlen, wie man diese Haltung herstellen kann, widme ich mich in diesem Buch vordringlich diesem Thema und füge deshalb das Thema Konterschulterherein und Schulterherein an, weil sie zur Erarbeitung der Dehnungshaltung zwingend notwendig dazu gehören. Darüber hinaus Seitengänge darzustellen, würde den Rahmen dieses Buches sprengen.

**Die Dehnungshaltung zeigt Ähnlichkeit mit der Haltung „Zügel aus der Hand kauen lassen".**

## › Spannung und Entspannung

Beobachtet man ein fliehendes oder aufgeregtes Pferd, so weist sein Körper einen Spannungsbogen auf, der nach oben offen ist: Weil das Pferd zum Sichern den Kopf hebt, wird der Rücken durchgedrückt, die Bauchmuskeln werden gedehnt. Das Pferd zeigt bisweilen einen so genannten Hirschhals, das heißt es spannt seine untere Halsmuskulatur an.

Diese Haltung ist dem Fluchttier Pferd angeboren und sichert sein Überleben in der Steppe. Förderlich für seine Wirbelsäule ist sie nicht, weil die Wirbel gestaucht werden, die nach oben stehenden Dornfortsätze sich im Laufe von Monaten oder Jahren berühren und durch die Reibung entzündliche Prozesse auftreten können. Das gilt erst recht für ein Pferd, das geritten wird.

**Das Fluchttier Pferd hält den Kopf hoch, um in alle Richtungen sehen zu können.**

Ein entspanntes Pferd – in der Reiterei als „losgelassen" bezeichnet – hat einen Spannungsbogen, der nach unten offen ist: Es trägt den Kopf tief und wölbt den Rücken auf: Halsoberseite und Rückenmuskulatur sind gedehnt, untere Halsmuskeln entspannt, die Bauchmuskeln verkürzt. Diese Haltung ist gut für die Wirbelsäule, weil die Wirbel nicht gestaucht werden. Der so aufgewölbte und gespannte Rücken – die nicht mehr durchhängende Brücke – ist in der Lage, das Gewicht des Reiters zu tragen.

Die deutlichste Form eines entspannt gehenden Pferdes ist die Erste Dressurhaltung.

Ein Blick in die FN-Richtlinien zeigt eine Ähnlichkeit mit der Haltung „Zügel aus der Hand kauen lassen". In keinem Fall dürfen Anlehnung und Beizäumung durch aktiv wirkende Hände herbeigeführt werden. Das ist der Weg in viele Sackgassen. Der Anfang vom Ende. Denn bei vielen Pferden reicht das FN-Konzept, „das Pferd von hinten nach vorne zu reiten", nicht aus. Das beweist der Blick in die wahllos ausgewählte Halle eines Reitvereins oder der Blick auf den Abreiteplatz eines Turniers – einschließlich auf zugeschnallte Mäuler. Die Hilflosigkeit der Reiter, die sich bis hin zu Aggressionen steigert, wird nicht nur bei delikaten Pferden sichtbar. Auch viele talentierte bzw. im Exterieur korrekte Pferde werden unnötigerweise mit schlechter Didaktik und erfolglosen Trainingsformen trainiert. Dadurch, dass eine klare Abrufbarkeit fehlt, verzweifeln viele Reiter an der gewünschten Idee in die Dehnungshaltung, Beizäumung oder Aufrichtung mit Dehnung zu kommen.

Reißen an den Zügeln, rückwärts wirkende Zügelführung durch maßloses Verkürzen der Zügel und vermeintlich unauffällige eingedrehte Paraden, Schlaufzügel, die Position hinter der Senkrechten und zugeschnallte Mäuler stellen den Anfang vom Ende dar. Das Konzept einer stillen, über dem Widerrist federnden

**Abrufbares Dehnen macht das Hinschauen zu unbekannten Objekten möglich.**

**Futtergaben unterstützen die Entspannung.**

**Ein Pferd, das den Kopf gesenkt hat, kann nachdenken, der Fluchtinstinkt ist ausgeschaltet.**

Hand in Verbindung mit weiteren reiterlichen Elementen (z. B. von hinten nach vorne reiten, Volten und Biegungen) hat einen zu sehr abwartenden Charakter. Für das Pferd ergeben sich keine erkennbaren Signale oder damit verbundene Handlungen – und das Konzept endet im Schraubstock oder der Zwangsjacke. Traumhafte Pferde verweigern nach Jahren ihre Dienste und sind nicht mehr gewillt, mitzumachen.

> ### Erste Dressurhaltung

Das Pferd soll in Anlehnung den Kopf senken, den Hals lang machen und in eine horizontale Linie bringen. Die Nase steht an der Senkrechten. Ich strebe die Erste Dressurhaltung an, in der sich das Pferd mit einer langen Halsung beigezäumt bewegt. Der Kopf ist bis zum Buggelenk herunter gedehnt. In der Ersten Dressurhaltung sind sämtliche Seitengang-Lektionen durchzuführen. Wenn das Pferd den Kopf höher hebt, weise ich es über die tief führende innere Hand und später die flexionierende Technik, über den Druck aus beiden Händen in den Maulwinkeln, wieder in die gedehnte, aber in Anlehnung befindliche Kopfhaltung. Erst im späteren Ausbildungsstadium wird das Pferd im Hals verkürzt und mehr aufgerichtet, also stärker versammelt.

In der Ersten Dressurhaltung soll neben den bisher erwähnten Kriterien das Pferd Anlehnung, Taktreinheit, Losgelassenheit und eine aktive Hinterhand zeigen.

Kommen wir zu einer anderen interessanten Frage: Warum bieten Pferde nicht von sich aus Dehnungshaltung an, wenn das die Haltung ist, die Pferden guttut? Für das Pferd spricht einiges dagegen.

Zum einen ist es als Fluchttier stets darauf bedacht, sofort fliehen zu können. Ein alarmiertes Pferd hebt den Kopf, um in alle Richtungen sehen zu können.

Für ein junges Pferd ist die Situation, einen Reiter auf seinem Rücken zu tragen, ungewohnt. Daher kann es sich leicht eine angespannte Körperhaltung unter dem Reiter angewöhnen.

Zum anderen kann das Pferd nicht erkennen, dass ihm eine entspannte Körperhaltung wohl bekommt, da der Zusammenhang zwischen Gesundheit und Krankheit viel zu weit auseinander liegt. Würde es aufgrund seiner gewählten Haltung über dem Gebiss ein Zwicken oder Zwacken im Rücken verspüren, so würde sich dem Pferd dennoch der Zusammenhang verschließen. Dehnungshaltung bedeutet Anstrengung für das Pferd. Da es täglich bereit sein muss, Rückenmuskeln zu strecken und zu betätigen, ergibt sich für das Pferd auch nicht der Zusammenhang Kopf hoch = unangenehm, Kopf unten = angenehm, denn das spürt es nicht jetzt, sondern das spürt erst das gymnastizierte Pferd. Ein gymnastiziertes Pferd muss man zu dieser willigen Haltung nicht mehr motivieren.

Zum Dritten kann ein Pferd nur entspannt sein, wenn es Ihnen vertraut. Da wären wir wieder beim Kapitel „Vertrauen ist die Basis". Außerdem sorgt auch der Reiter immer wieder für Störungen, z. B. durch eine unruhige oder unnachgiebige Zügelhaltung, einen unausbalancierten Sitz oder klopfende Unterschenkel. Und natürlich führen auch immer wieder Reize aus der Umwelt dazu, dass ein Pferd seine entspannte Haltung aufgibt. Es ist daher sehr hilfreich, wenn Sie ein Signal kennen, das Ihr Pferd sofort wieder in eine entspannte Haltung zurückbringt. Und dieses Signal gibt es auch beim Reiten. Haben Sie aber bitte noch ein wenig Geduld, Sie sollen, bevor es zu den praktischen Übungen geht, noch etwas mehr über die Erste Dressurhaltung erfahren.

> ### Reiten in Dehnungshaltung

Tatsache ist, dass ein Pferd in extremer Dehnungshaltung seine Vorhand vermehrt belastet. Durch das hohe Gewicht von Kopf und Hals lastet grundsätzlich mehr Gewicht auf der Vorhand als auf der Hinterhand. Beim Reiten in extremer Dehnungshaltung wird, anders als in versammelter Haltung, die Vorhand nicht entlastet, weil der Kopf weit vorgestreckt und die Hinterhand nicht vermehrt eingesetzt wird. Das Pferd lernt dabei aber, sich entspannt unter dem Reiter zu bewegen und diese Entspanntheit auch in andere Körperhaltungen zu übernehmen. Dehnungshaltung in einer sehr tiefen Form – ich nenne sie extreme Dehnung – über einen zu langen Zeitraum ist also nicht erwünscht, sondern soll nur den Weg zur Ersten Dressurhaltung weisen. Beherrscht das Pferd diese Arbeit, wird es schließlich mit der entstandenen Dehnungsfähigkeit in Aufrichtung gewiesen, in der nach wie vor die Dehnungsfähigkeit wichtigstes Kriterium ist.

Die extreme Dehnungshaltung wird beim ausgebildeten Pferd während der Aufwärmphase am Anfang einer Übungseinheit eingesetzt. Sie hilft Ihnen auch, Schrecksituationen zu meistern, denn ein Pferd, das den Kopf gesenkt hat, kann seine Instinkte überwinden und nachdenken. Darüber hinaus ist sie die richtige Haltung, um ein Pferd nach anstrengenden Übungen entspannen und verschnaufen zu lassen. Die ersten Übungen zur Erarbeitung der Ersten Dressurhaltung habe ich Ihnen im Kapitel „Arbeit an der Hand" vorgestellt. Ihr Pferd lernt, auf den Zug in den Maulwinkeln den Unterkiefer zu mobilisieren und den Kopf

**Da das Reiten in extremer Dehnungshaltung das Pferd auf die Vorhand bringt, wird dieser Zustand nur vorübergehend oder kurzzeitig gewählt.**

zu senken, und dieses Signal wird durch Wiederholung und Übung an der Hand zu einem Reflex. Sie erreichen, dass Ihr Pferd auch in Schrecksituation den Kopf senkt, sobald Sie das Signal dazu geben.

> ### Flexionieren und dehnen über das Zügelsignal

Die Art der Zügelführung und die Technik, mit der ich Pferde in die Dehnung führe, ist eine Verlaufsform, die mir Philippe Karl vermittelte. Philippe Karls Wissen basiert u.a. auf den französischen Lehrmeistern wie de la Guérinière, l'Hotte, Rabe, Beudant und François Baucher. Philippe Karl schließt die von François Baucher im 19. Jahrhundert entwickelten Techniken und Erkenntnisse seit vielen Jahren in sein Reiten und seinen Unterricht mit ein. Mir war in meinem persönlichen Werdegang als Reiterin klar geworden, unterstützt durch meine verschiedenen Lehrer, wie notwendig die Dehnungshaltung für das gerittene Pferd ist. Ich probierte unterschiedliche Techniken aus, um die Dehnung zu erreichen: vom Reiten in Zirkeln und Volten über das Leichttraben bis hin zum Chiron-Sitz – dem Entlastungssitz mit tief gestellten Händen – und der Baucher'schen Abkauübung im Stand wie auch den ruhigen immobilen Händen. Mir gelang mit unterschiedlichem Erfolg, Pferde zu dehnen und zu entspannen.

Durch Philippe Karl lernte ich die Baucher'sche Abkau- und Dehnungstechnik differenzierter kennen und begann sie anzuwenden. Ich stellte fest, dass dies ein Signal ist, mit dem man ein Pferd präzise und sicher in die Dehnung bekommt, das heißt mittels des Signals wird die Dehnungshaltung erstens prompt und zweitens abrufbar erreicht. Das gilt für die Pferdetypen, die über dem Zügel gehen.

Kennzeichnend für diese Technik ist, dass die Kopfposition über die Verbindung Pferdemaul und Zügelhand bestimmt wird, also durch die Kommunikation der Hand. Das Kreuzanspannen spielt keine Rolle für die Positionierung des Kopfes. Die Schenkel zeigen den Weg nach vorne, nach hinten, zur Seite und stehen in keinem Zusammenhang mit der Kopfposition.

Das Gewicht des Reiters schiebt nicht zum Gebiss hin, sondern bestimmt ausschließlich die Richtung, in die sich das Pferd bewegen soll. Bei der Baucher'schen Technik, so wie Philippe Karl sie beschreibt, wird die Position des Kopfes und die Nachgiebigkeit an der Hand ausschließlich über die Hand geschult.

Baucher erkannte, wie wichtig es ist, das Pferd zur Mobilität des Unterkiefers, das heißt zu einer kauenden Tätigkeit zu

**Der Zügelzug bewirkt das Öffnen des Mauls und im Folgenden das Nachgeben im Unterkiefer.**

motivieren. Ohne einen lockeren Unterkiefer kann ein Pferd sich nicht im Genick runden. Baucher nutzte das Spiel mit der Zäumung als Schlüssel zum Öffnen des Mauls, zum Kauen und schließlich zum Senken des Kopfes. Er konzentrierte sich auf die Abkauübung an der Hand und beim Reiten – und hatte Erfolg. Seine Ideen sind und waren allerdings nicht unumstritten.

> ### Pro und kontra Flexionierung

Im Gegensatz zu anderen, schon erwähnten Konzepten erkannte ich in der Baucher´schen Technik die Lösung der Anforderungen: Dehnungshaltung, Beizäumung, Aufrichtung, Mobilität des Unterkiefers, Kontakt zwischen Maul und Reiterhand. Darüber hinaus gilt es einen weiteren Aspekt ins Auge zu fassen. Als Reiter erwarten Sie von Ihrem Pferd, dass es jedes Signal prompt ausführt. So soll es sofort beschleunigen, wenn Sie ein vorwärts treibendes Signal setzen, es soll sofort in eine Volte oder eine andere Wendung gehen, wenn Sie es mit klaren Schenkel- und Gewichtshilfen signalisieren. Erst recht gilt das, wenn Sie anhalten wollen.

Es gibt eine ganze Serie von Signalen, bei denen Sie sofortiges Verstehen und Gehorsam erwarten und dem Pferd durch Ihre Arbeit die Beziehung zwischen Signal und gewünschter Bewegungsform auch klar ist (siehe auch im Kapitel Kreislauf der Kommandos S. 24).

Komischerweise gilt das für die Dehnung nicht. Dort wartet man so lange, bis das Pferd durch lösende Übungen, in der Phase des sich Lösens, von selbst in die Dehnungshaltung hineinfindet. Es gibt aber viele Pferde, die kommen nicht über das lösenden Reiten dahin, oder nur nach langen vorherigen Phasen in ungesunder Haltung und verspannten Bewegungen. Mir scheint es nicht nur für diese Pferde mehr als sinnvoll zu sein, ein Signal zu nutzen, um die Dehnung sofort zu erreichen.

Ein Punkt, der viele Reiter skeptisch macht, ist die technische Durchführung des Signals mittels der Hand bzw. zusätzlich der angehobenen Zügelführung (auf die ich noch zu sprechen komme). Das Öffnen des Mauls und das Aktivieren der Unterkiefertätigkeit im Sattel wird über das Flexionieren erreicht. Um ein gerittenes Pferd flexionieren zu können, müssen die Zügelhände sehr hoch gehalten werden, um den Druck bzw. Zug auf die Maulwinkel ausüben zu können – ein sehr ungewohntes Bild! (siehe S. 126 ff. im Kapitel Arbeit an der Hand).

Der innere Zügel wird hoch und weg vom Hals, der äußere Zügel hoch und nach vorne geführt. Der Pferdehals soll nicht eng

**1** Ein Pferd, das hinter die Senkrechte tendiert, wird im Genick geöffnet. Beide Hände werden aufgehoben.

**2** Der Zügelanzug bewirkt das Nachgeben im Unerkiefer.

**3** Das Flexionieren wird zum Zeichen für die Dehnung.

gemacht, sondern in einem weiten Bogen nach links oder rechts geformt werden. Das erfordert ein deutliches Vorgehen der äußeren Hand und ein deutliches Öffnen der inneren Hand.

Erst im Laufe der Zeit können die Hände tiefer genommen werden, wenn das Pferd das Prinzip verstanden hat. Dann sind nur noch kleine Bewegungen nötig, um die Dehnung zu erreichen. Bis Sie diesen Zeitpunkt erreicht haben, nehmen Sie folgenden Rat an: Seien Sie selbstbewusst und lassen Sie Blicke und Kommentare an sich abprallen, trainieren Sie ohne neugierige Zuschauer oder besuchen Sie einen Reitkurs von Philippe Karl oder mir, um sich für diese Ausführung „Rückendeckung" zu holen.

Dieser Konflikt taucht überwiegend in der Welt des konventionellen Dressurreitens auf. Für Springreiter ist es unabdingbar, mobile Hände zu haben. Vielseitigkeitsreiter tun sich auch nicht schwer, wenn es darum geht, sinnvolle Anregungen zugunsten des Pferdes aufzugreifen. Westernreitern ist die hohe Zügelführung von Beginn an geläufig.

Ich möchte an dieser Stelle nochmals dafür plädieren, dass Sie die Flexionierungsübungen auf jeden Fall an der Hand trainieren, bevor Sie sie beim Reiten umsetzen. Ihr Pferd lernt an der Hand leichter, die Signale zu verstehen. Sie haben am Boden viel mehr Möglichkeiten, die Übung zu unterstützen und bei Nichtverstehen des Pferdes in Alternativen auszuweichen. Durch die Arbeit an der Hand wird auch Ihre eigene Befähigung gesteigert. Sie lernen Ihre Handtechnik zu verfeinern, weil beide Hände und Arme elastisch und geschmeidig sein müssen, um körpersprachlich weich zu agieren: die zügelführende Hand, um ein bremsendes oder vorwärts weisendes Signal zu geben, und die gertenführende Hand, um vom treibenden zum bremsenden Signal und umgekehrt zu wechseln.

Da die Arbeit an der Hand auf beiden Händen geübt wird, werden Ihre Hände gleich gut und intensiv trainiert. Ich beobachte bei Reiterinnen und Reitern, die ihre Pferde häufig an der Hand arbeiten, dass sie ein gutes Verständnis und Verhältnis für die Effektivität ihrer Maßnahmen entwickeln. Je nach Situation muss die Hand zufassen, sie muss beweglich sein, sich spannen und entspannen. Wenn Sie Ihr Pferd an der Hand führen, entwickeln Sie Qualitäten, die Ihnen beim Reiten sehr nützlich sind.

Im ersten Ausbildungsabschnitt müssen Sie sehr mobile Hände haben und Reflexe entwickeln, um die Reaktionen des Pferdes aus den Händen sinnvoll begleiten und entsprechend kommunizieren zu können.

Die flexionierende Zügelführung verlangt in jedem Stadium ein außerordentliches Geschick und ist mit Sicherheit nicht

## Kurz gesagt

**Was?**
Flexionieren vom Sattel
**Warum?**
Signal für die Dehnungshaltung, Steigerung der Beweglichkeit
**Womit?**
Trense, Sattel
**Wie?**
Nachgeben des Unterkiefers durch Druck in den Maulwinkeln mit dem Gebiss provozieren, Flexionierung/Biegung des Halses über die Zügel herstellen, inneren Zügel hoch und weg vom Hals, äußerer Zügel hoch und nah am Hals, weiter Zug auf die Maulwinkel, bis Dehnung des Halses erfolgt, dann vollständiges Nachgeben der Zügel, loben, streicheln, Dehnung erhalten.

einfach zu erlernen. Aber wenn Sie dieses Lernziel erreicht haben, werden Sie ein unvergleichliches Verständnis und wertvolle Fertigkeiten vorweisen können. Sie können Ihr Pferd zwischen beiden Zügeln gefühlvoll führen und sind einem Reiter mit ausschließlich erlaubten „stillen Händen" bei weitem überlegen.

Sie könnten z. B. ohne weiteres erfolgreich springreiten, weil Sie gelernt haben, jederzeit mit dem Maul des Pferdes mitzugehen.

Im Vergleich zu den bisherigen Erfahrungen sehe ich genügend Gründe, die für die Baucher´sche Technik sprechen. Deshalb habe ich begonnen, meinen Schülern diese Technik zu vermitteln. Die Vorteile liegen a) in der Mobilisierung des Unterkiefers, b) in der abrufbaren Dehnungshaltung, c) in der prompten Ausführung und in der Fähigkeit, d) das Pferd in die Tiefe reiten und zwischen beiden Händen behalten zu können, e) das Pferd in der Kopfhaltung, was Tiefe oder Höhe und Stellung oder Biegung nach links oder rechts angeht, jederzeit bestimmen zu können, und f) in der enormen Steigerung der Beweglichkeit des Pferdes, was zu schwungvolleren und elastischeren Gängen führt. Dafür nehme ich gerne in Kauf, dass diese Technik diffiziler zu erlernen ist.

## › Stellung, Biegung, Flexionierung

Lassen Sie mich den beschriebenen Begriff mit denen der FN-Richtlinien vergleichen. Wir stimmen in den Definitionen von Stellung und Biegung überein. Danach gilt:

*Stellung* Damit ist die vertikale Längsbiegung des Halses gemeint. Das Pferd wird in seinem Kopf im Gelenk zwischen Kopf und Hals – dem Genick – seitlich gewendet. Der Hals ist in seiner Stellung nur geringfügig seitlich gewölbt, ohne dass der restliche Körper des Pferdes gebogen wird. Der Pferdekopf wird durch die Zügel nach links oder rechts gestellt, indem der innere Zügel ein wenig verkürzt und der äußere um dieses Maß verlängert wird. Ein Anhaltspunkt für das richtige Maß der Stellung beim Reiten ist: Das Pferd ist im Rumpf gerade, Sie können durch die Halsbiegung das innere Auge und die innere Nüster des Pferdes sehen. Das Pferd soll sich dabei nicht im Genick verwerfen, das heißt es soll sich nicht so verdrehen, so dass ein Ohr tiefer fällt als das andere.

*Biegung* Laut FN-Richtlinien versteht man darunter die Längsbiegung durch den ganzen Körper. Das Maß der Längsbiegung wird durch die Rippen bestimmt. Ein Pferd kann sich nur so weit im

**1** Stellung

**2** Biegung

**3** Flexionierung

Rumpf biegen, wie es anatomisch bedingt die Rippen zulassen. Biegeübungen sind das Reiten auf gebogenen Linien wie Zirkel, Volten, durch den Zirkel wechseln, Figur der Acht, Schlangenlinien oder Seitengänge.

Wir stimmen zu, dass das Pferd in diesen Lektionen schließlich über eine korrekte Längsbiegung verfügen muss. Wir werden, um einige Ziele zu erreichen, dennoch das Pferd flexionieren.

*Flexionierung*  Westernreiter, klassische Reiter und auch ich verwenden den Begriff der Flexionierung für das Biegen des Halses in einem Winkel bis zu 90°. Durch die stärkere Biegung des Halses wird die äußere Halsmuskulatur, Bänder und Sehnen stark gedehnt und die inneren verkürzt. Ein Pferd mit stark gebogenem Hals lässt sich leicht in die Dehnung bringen, weil die Muskulatur einseitig entspannt ist. Ich verwende den Begriff, um diese Bewegungsform vom üblichen Biegen zu unterscheiden. Diese Übung wird in den FN-Richtlinien nicht erwähnt und würde wohl auf scharfen Widerspruch stoßen, da das Flexionieren nur unter Einsatz der Hand erreicht werden kann, wogegen sich die Richtlinien verwahren. Das Biegen über eine 30° Stellung hinaus wird klar abgelehnt. Da der Begriff des Flexionierens gar nicht auftaucht, klärt sich indirekt, dass dieser Vorgang wohl abgelehnt würde.

## › Schenkel-, Gewichts- und Zügelhilfen

Bevor Sie in den Sattel steigen, möchte ich auf die reiterliche Signalgebung eingehen.

**Schenkelhilfen**  Sie können aus einem Druck des Ober- oder Unterschenkels einseitig oder beidseitig gegeben werden.

*Vorwärts*  Das Zeichen für Vorwärts und Treiben: Beide Unterschenkel werden zur gleichen Zeit direkt hinter dem Sattelgurt in Kontakt zum Pferdeleib gebracht. Dieses Zeichen wird durch die Schenkel gegeben und eventuell durch Sporen verstärkt. Um das Pferd zur sekundenschnellen Reaktion zu erziehen, sollen die treibenden Schenkel als Signal nur einmal benutzt werden. Folgt die Reaktion des Pferdes nicht, dann setzt sofort die Ermahnung mit der Gerte ein, beim fortgeschrittenen Pferd und Reiter die mit den Sporen. Die sofortige Benutzung der Gerte hat zwei Vorteile: 1. Sie nehmen erst gar nicht die leidige Angewohnheit an, unentwegt mit den Beinen zu treiben, und erhalten somit ein an leichten Hilfen stehendes Pferd. 2. Sie behalten eine gute Beinlage. Sollte

## SCHENKEL-, GEWICHTS- UND ZÜGELHILFEN

**Die Hilfengebung soll fein und unsichtbar sein.**

Ihr Pferd keine Reaktion auf die Schenkel zeigen, bauen Sie mehrere Trainingseinheiten zum Thema „Bein ohne Hand" (Baucher) ein. Damit ist gemeint, dass Sie Ihr Pferd ohne Zügelkontakt an die Bedeutung der Schenkel gewöhnen. Sie können das z. B. am hingegebenen Zügel oder mit Halsring tun und nur diesen Inhalt erarbeiten:

Treibt die Wade, dann soll Ihr Pferd sofort antreten und fleißig gehen. Wenn nicht, folgt die deutlich ermahnende Gerte.

**Einseitig treibende Schenkelhilfen kommunizieren die Seitengänge.**

Trainieren Sie das zunächst an der Hand, um Ihr Pferd zur sofortigen Reaktion des Antretens und fleißigen Gehens zu bringen. Wenn Sie „Schritt" sagen und losgehen, muss das Pferd antreten. Ein fortgeschrittenes Pferd sollte auf das Wort und nicht auf die Körpersprache hin antreten. Sofort – ansonsten folgt die Ermahnung mit der Gerte. Vergessen Sie nie bei korrekter Umsetzung zu loben. Wenn Sie deutlich ermahnt haben, dann loben Sie überschwänglich.

Auch unter dem Sattel arbeiten Sie mehrere Trainingseinheiten an der „Bein ohne Hand"-Lektion. Schließlich nehmen Sie die Zügel wieder auf und kombinieren den gelernten Gehorsam am Bein mit den Zeichen der Zügel. Selbst jahrelange Faulenzer oder Phlegmatiker lernen sehr schnell um. Ihre Klarheit und Konsequenz sind von ausschlaggebender Bedeutung. „Spornen" Sie Ihr Pferd durch viel Lob zusätzlich an.

*Rückwärts*  Das Rückwärtssignal setzt sich aus mehreren Elementen zusammen: Dem Entlastungssitz und dem Zurücklegen beider Schenkel, die Hände halten gegen, gleichzeitig folgt das Wort „Zurück". Gegebenenfalls wird die Gerte touchierend an der Brust eingesetzt. Das Rückwärts an der Hand ist die perfekte Vorbereitung, Ihr Pferd kennt dann das Gertensignal und kann es richtig deuten. Die zurückgelegten Schenkel werden nicht zusammengedrückt, beide Schenkel bleiben im Kontakt zum Pferdekörper, aber ohne Druck! Der Druck hat immer die Bedeutung „vorwärts". Gewöhnen Sie sich eine gute Beinlage mit waagerecht gehaltenem Absatz an.

Wenn Ihr Pferd nicht reagiert, verstärken Sie mittels der Gerte. Geben Sie dem Pferd Zeit, diese Situation zu verstehen, und führen Sie die ersten Wochen Rückwärtsrichten immer nach dem Rückwärtstreten an der Hand durch.

*Seitwärts*  Einseitige Schenkelhilfen dienen den Seitengängen oder dem Abfangen der herausdriftenden Kruppe. In allen biegenden und seitwärts treibenden Lektionen liegt der innere Schenkel direkt am Gurt. Das Pferd soll sich um diesen biegen können, er liegt nicht, wie es häufig zur Gewohnheit wird, hinter dem Gurt.

Der äußere Schenkel liegt hinter dem Gurt und fängt die Kruppe ab. Auch hier gilt, dass der fordernde Schenkel keinesfalls mehrfach, sondern nur einmalig eingesetzt wird. Übungen an der Hand bereiten vor, Gerte und Sporen verstärken das Signal. Das Ziel ist auch hier der sofortige Gehorsam. Haben Sie das Ziel erreicht, loben Sie Ihr Pferd, geben ihm ein Leckerli und freuen sich!

**Gewichtshilfen** Der Reiter soll die Fähigkeit besitzen, mit den Bewegungen des Pferdes mitzugehen und mitzuschwingen. Darüber hinaus gibt er mit Gewichtsverlagerungen die Richtung an.

*Innen* Nach innen, um abzuwenden in die Volte, den Zirkel etc. und wenn ein Pferd über die äußere Schulter fällt.

*Außen* Nach außen, um ein nach innen fallendes Pferdes abzufangen, beim Angaloppieren. Im Galopp selbst dann aber wieder ausgeglichen. Nach außen auch beim Schulterherein auf der langen Seite, um die Richtung zu unterstützen – nach innen im Schulterherein auf gebogenen Linien.

*Neutral* Der Reiter sitzt neutral, wenn das Pferd zur Linienführung keine weiteren Signale benötigt, weil es die Linie einhält und die Körperdrehung des Reiters und die Zügelführung genügend Informationen bereitstellen.

*Entlastend* Der Entlastungssitz bestimmt beim jungen Pferd die Vorwärtsbewegung in Kombination mit Schenkeldruck und nachgebenden Händen. Er bestimmt auch – in Kombination mit den zurückgelegten Schenkeln und gegenhaltenden Händen – die Rückwärtsbewegung, um den jungen Pferderücken nicht unnötig zu belasten -

*Belastend* Zur Temporeduzierung sitzt der Reiter schwer ein und nimmt die Schultern leicht zurück.

**Zügelhilfen** Sie werden die Zügelführung aus sehr mobilen Händen kennen lernen. Hierbei werden die Hände bei jedem deutlichen Signal, das in den Maulwinkeln enden soll, angehoben

1 **Angehobene Hände, d.h. eine Zügelführung, die im Maulwinkel endet, geht auf Francois Baucher zurück.**

2 **Schonend für die Zunge wird im Maulwinkel agiert, das Maul geöffnet und der Unterkiefer mobilisiert.**

geführt. Eine beidhändig sehr breite und hohe Zügelführung kann den Pferdekopf sehr genau und beliebig positionieren, nach links, nach rechts, und kann ein Kopfschlagen oder Kopfhochwerfen gänzlich verhindern. Eine angehobene, geöffnete Zügelführung weist die Richtung oder dient dem Flexionieren. Eine angehobene, angelegte Zügelführung begrenzt den Weg in diese Richtung, unabhängig, ob nach außen oder innen, und weist somit verstärkt in die Gegenrichtung. Eine deutliche Zügelführung hat den Sinn, dem Pferd Signale klar zu übermitteln.

Reagiert das Pferd in der gewünschten Verlaufsform, so werden die Hände sofort abgesenkt und sowohl aus einer geöffneten, wie angelegten Zügelführung, in die bejahende, neutrale Handposition gebracht: Dicht über dem Widerrist, etwa in der Halsbreite des Pferdes auseinander und auf gleicher Höhe gehalten. Wenn der Pferdekopf sich an einer bestimmten Stelle selbst trägt und das Maul kontinuierliches Nachgeben zeigt, dann Verharren die Hände in einer Position, bleiben aber im Dialog mit dem Pferdemaul, weich und unauffällig aus den Fingern heraus spielend.

Diese Hand ist das Ziel, nicht das Mittel, etwas zu kommunizieren. Die mobile Hand agiert so wenig wie möglich, so deutlich wie nötig.

- Angelegter Zügel = begrenzt, schneidet den Weg ab.
- Geöffneter Zügel = zeigt die Richtung, öffnet den Weg.
- Breite Zügelführung = stabilisiert und positioniert den Kopf.

## > Dehnen vom Sattel aus

Führen Sie das Flexionieren wie besprochen an der Hand aus (siehe auch S. 126 ff.) und setzen Sie es dann im Stand unter dem Sattel fort. Für die Ausführung unter dem Sattel sollten Sie über einen unabhängigen Sitz in korrekter Haltung verfügen. Sie sollen sowohl Schenkel- als auch Gewichtshilfen beherrschen.

Beim Aufsteigen soll Ihr Pferd in entspannter Haltung bleiben. Fordern Sie es auf, den Kopf zu senken, und steigen Sie mit einer Aufstieghilfe auf, denn damit ist das Aufsteigen sowohl für Ihr Pferd als auch für Sie gesünder, angenehmer und entspannter.

Setzen Sie sich bewusst gerade in den Sattel. Das ungewohnt hohe Hantieren mit den Zügeln führt oft dazu, dass der Reiter sich mit dem Oberkörper nach vorne beugt oder sich mit dem Gesäß aus dem Sattel hebt.

Nehmen Sie die Zügel wie gewohnt auf und heben Sie die Hände aus den Ellenbogen heraus. Die Fäuste gehen dabei nach vorne. Nicht die Ellenbogen abspreizen, das ist anstrengend. Stellen Sie den Kopf Ihres Pferdes nach rechts auf maximal 90° und geben Sie Zügeldruck nach oben.

Bei Pferden, die sofort hinter die Senkrechte nachgeben, müssen Sie beim Flexionieren Ihre Hände sehr weit vor nehmen, um das zu verhindern. Mit der innen öffnenden und außen der Biegung folgenden Zügelführung dehnen Sie den Hals weit zur Seite. Wenn Sie den inneren Zügel zu weit zum Widerrist bewegen, führt das dazu, dass Ihr Pferd hinter die Senkrechte kommt.

Wiederholen Sie die Übung in einer links gebogenen Stellung des Kopfes. Dazu müssen Sie den linken Zügel verkürzen und den rechten verlängern. Sie müssen exakt bestimmen, wie groß die Abstellung sein soll: machen Sie sich also gedanklich ein klares Bild davon, wie es aussehen soll.

Da Ihr Pferd schon an der Hand gelernt hat, was es tun soll, ist die Dehnungsreaktion zügig zu erwarten. Wichtig ist auch jetzt das richtige Timing: reagiert das Pferd mit dem gewünschten Nachgeben im Unterkiefer und mit Kontakt zum Gebiss mit der Bewegung nach vorwärts abwärts, geben Sie sofort nach, lassen Sie die Zügel durch die Hände gleiten und loben Sie.

**Das Flexionieren im Stand**

> ### Kontakt zur Reiterhand

Wenn Sie die Zügel aufnehmen, reagieren Pferde in unterschiedlicher Weise auf den entstandenen Kontakt zur reiterlichen Hand und „klären" die Situation nach eigenen Ideen:

- Sie stellen sich über oder gegen den Zügel.
- Sie legen sich vor oder hinter der Senkrechten auf den Zügel.
- Sie stellen sich hinter die Senkrechte und vermeiden den Kontakt.
- Sie stehen am Zügel – das ist Wunsch und Ziel!

Die drei ersten Verlaufsformen müssen also korrigiert werden. Lesen Sie bitte dazu auch S. 134/135.

### Situationen und Korrektur

*Das Pferd stellt sich über den Zügel* Das verhindern Sie mittels des Flexionierens immer, indem Sie Ihr Pferd im Genick runden, an den Zügel schicken oder in die Erste Dressurhaltung bringen. Das Pferd befindet sich in der Ersten Dressurhaltung genau so am Zügel wie in der Aufrichtung.

*Das Pferd legt sich auf den Zügel* Die Korrektur gleicht der vorherigen Situation. Das Pferd wird mit der Fillis-Zügelführung (siehe S. 177) über den Zügel gestellt. In dieser Situation soll das Pferd lernen, a) dem Reiter kein Gewicht auf die Hände zu legen, b) den Kopf selber zu tragen und die Balance von der Vorhand auf die Hinterhand zu verlagern, c) kontinuierlich zu kauen. Nahziele a) und b) werden durch die erhöhte Kopfposition erreicht. Die aktive, kontinuierliche Kautätigkeit erlernt das Pferd dadurch, dass ihm in dieser Position durch wiederholtes Anziehen und Loslassen das Maul geöffnet wird. Sobald das Pferd kaut, spielen Sie mit Ihren Fingern. Hört das Pferd auf zu kauen, beginnen Sie von Neuem. Es dauert viele Trainingseinheiten, bis Ihr Pferd kontinuierlich im Unterkiefer nachgibt. Inzwischen reiten Sie die Lektionen mit der erhöhten Kopfposition und der veränderten Balance. Ist das Pferd schließlich leicht an der Hand und kaut beständig, dann wird es – wie das Pferd, das hinter der Senkrechten geht – mittels der Fillis-Zügelführung durch das Flexionieren im Genick gerundet an die Senkrechte gestellt. Dieses Pferd wird nicht bis zum Buggelenk in die Dehnung gelassen, weil dann der Teufelskreis wieder von Neuem beginnen würde, da es erneut vermehrt auf die Schulter fallen würde. Jede unerwünschte Annäherung an die reiterliche Hand wird sofort mit der Hand korrigiert und es wird kommuniziert, dass dieses Verhalten nicht gewünscht ist.

# KONTAKT ZUR REITERHAND

*Das Pferd verkriecht sich hinter den Zügel* Es gibt Pferde, die trauen sich nicht, in die Dehnung zu gehen, meist sind das die, die sich beim Reiten hinter der Senkrechten verkriechen – sie bleiben trotz Flexionierung mit dem Kopf in einer hohen Position. Diese Pferde müssen lernen, die Tür zur Dehnungshaltung aufzustupsen, indem sie Kontakt zum Gebiss aufnehmen. Sie werden mit geradem Hals in die Dehnung geschickt, der Druck auf die Maulwinkel wird auch jetzt mit beiden Händen ausgeübt.

Wahrscheinlich benötigen Sie viele Übungsstunden, bis Ihr Pferd anfängt – sehr grob und heftig –, „die Tür zur Dehnung aufzustupsen", sprich, Ihnen die Zügel aus der Hand zu ziehen. Korrigieren Sie das durch kurze Arrêts (ganz kurzes, aufwärts zupfendes Signal aus einer oder beiden Händen) und verändern Sie damit die zu energische Ausführung.

Einem schnell mitdenkenden Pferd kann man diese Verhaltensweise sofort abgewöhnen, ansonsten festigen Sie die Dehnungsidee und -manier über zwei oder drei Trainingseinheiten und korrigieren so die Heftigkeit. Ein Pferd, das man zu früh korrigiert, könnte irritiert sein und den Kontakt zum Gebiss wieder gänzlich verweigern.

Genau diese hinter die Senkrechte tendierenden Pferde haben mich zum überzeugten Baucher-Anhänger gemacht. Mein Hengst Barros war es, der mich veranlasste, über den Tellerrand zu schauen. Barros hatte mir schon die Grenzen der TTEAM-Methode gezeigt, durch ihn begann ich die Versuche mit den Vertreiben-Folgen-Rope-Ideen. Er brachte mich auch an die Grenzen meines reiterlichen Lateins. Barros dehnte sich nicht, blieb entweder hinter der Senkrechten oder rannte kopflos durch die Halle, was seiner Schönheit und Gesundheit wahrlich nicht zuträglich war. Zwei Kurse bei Philippe Karl benötigte ich, um ihn zu verwandeln. Im ersten Kurs war das Flexionieren, im zweiten das Dehnen mit der Abkautechnik das Thema. Der Hengst hatte schließlich eine derartig gute Dehnungswilligkeit, dass ich ihn wieder an die Doppellonge nehmen konnte. Das hatte ich aufgeben müssen, da er permanent hinter der Senkrechten verkrochen blieb.

Haben Sie das Pferd vom Boden aus gearbeitet, dann sitzen Sie auf und machen im Stand weiter. Greifen Sie die Zügel in der Fillis-Führung: Der Zügel verläuft von oben über den Zeigefinger gelegt durch die ganze Hand. Wenn Sie jetzt Ihre Hände soweit wie möglich nach vorne nehmen, begünstigt die Fillis-Führung die Position der Hände, um noch weiter vorne kommunizieren zu können. Sie werden nun durch resolute Arrêts und diese stark vorgenommenen Hände das Pferd in der Kopfhaltung vor die Senkrechte stellen, also im Genick öffnen.

**1** *Erster Schritt:* **Die Aufsteighilfe zeigen**

**2** *Zweiter Schritt:* **Aufsteigen in Dehnungshaltung**

**3** *Dritter Schritt:* **Entspannung mit Reiter**

**Flexionieren im Schritt** 1

**Extreme Dehnung im Schritt** 2

Dem Pferd darf es ab jetzt nie mehr gelingen, hinter die Senkrechte zu kommen. Ihr scharfes Auge und Ihre resoluten Hände werden es daran hindern. Es kann nun nicht mehr dem Kontakt mit der Hand ausweichen, gewöhnt sich daran und wird ihn akzeptieren lernen. Der nächste Schritt besteht darin, dass Sie das in der Position vor der Senkrechten – also über dem Gebiss – befindliche Pferd flexionieren, auf die Dehnungswilligkeit warten und genau in diesem Moment die Finger öffnen. Sie lassen die Zügel durch die Hände gleiten und verhindern bloß nicht durch ein Quentchen Festhalten diese Bewegung, die Sie so sehr herbeisehnen. Es hilft auch sehr, die Zügel durch herausrollende Technik mittels des Daumens und Zeigefingers aktiv zu unterstützen. Später reicht das Vorgehen der Hände. Loben Sie Ihr Pferd ausgiebig und wiederholen Sie die Übung.

Aber erinnern Sie sich? Das Pferd steht und führt die Übung im Stand aus. Verbinden Sie wieder Bekanntes mit Neuem: Antreten im Schritt – anhalten – dehnen – antreten im Schritt – anhalten – dehnen, bis Sie auf das Anhalten verzichten können. Loben Sie Ihr Pferd und schließen Sie für diesmal ab.

Die nächste Trainingseinheit gestalten Sie nur mit diesem Thema. Sie wollen Ihr Pferd korrigieren, also tun Sie das und nur das, das heißt Ihre Trainingssequenzen dauern höchstens 15 Minuten. Nach dem Warmreiten am hingegebenen Zügel, setzen Sie die Übung an der Hand im Stand fort, dann vom Sattel aus im Stand, dann im Schritt. Das etliche Male und damit schliessen Sie diese Trainingseinheit ab.

Sollte Ihr Pferd Bewegung benötigen, wird es zuvor ohne Ausbinder longiert. Aber zukünftig wird es nur korrigierend geritten. Blättern Sie auf S. 123 zur Arbeit an der Hand und lesen Sie die Zielsetzung nach. Wenn Sie bis zu diesem Punkt gekommen sind, haben Sie und Ihr Pferd eine Belohnung verdient. Die Korrektur ist nicht einfach, und Sie haben ein großes Lob verdient!

*Das Pferd ist einseitig steif* 99% aller Pferde haben eine Seite, auf der ihnen das Biegen leichter fällt. Wieso das so ist, wurde schon auf S. 154 angesprochen. Trainieren Sie die unnachgiebigere Seite öfter und länger anhaltend als die andere, damit die Beweglichkeit gesteigert wird. Wenn Sie diese Übungen fünfmal die Woche drei Wochen lang geübt haben, sollten Sie eine verbesserte seitliche Beweglichkeit Ihres Pferdes feststellen. Ist dies nicht der Fall oder verschlechtert sie sich sogar, sollten Sie Ihr Pferd durch einen Tierarzt oder Physiotherapeuten auf mögliche körperliche Ursachen untersuchen lassen – es könnte ein körperliches Problem vorliegen.

Auch bei deutlichen Widersetzlichkeiten des Pferdes ist es meines Erachtens zwingend notwendig, es tiermedizinisch untersuchen zu lassen. Es kann aber durchaus auch sein, dass ein Pferd vom Intererier her so beschaffen ist, das es sich schlichtweg weigert mitzumachen. Das trifft auf die Pferde zu, die leicht erregbar sind und hohes Schmerzempfinden haben. Wenn ein Pferd wegen seines Temperaments heftig reagiert, dann müssen Sie die Schritte klar und beharrlich durchführen und die Übungsstunde von kurzer Dauer halten. Das Motto: Kurz, aber richtig.

Junge und steife Pferde sowie Korrekturpferde reite ich grundsätzlich über Monate in gebogener Halsstellung, nicht nur im Genick gestellt. Ich flexioniere sie immer wieder und lasse sie eine adäquate Reprisenlänge in dieser Haltung, ohne sie in Dehnung zu entlassen, um sie beweglicher zu machen.

### › Tempo

Die folgenden Bemerkungen gelten für alle Gangarten. Oft versuchen sich Pferde über das Tempo der Aufgabe zu entziehen, der Faulenzer trödelt vor sich hin, der Panikmacher rast. „Modifizieren Sie immer das, was Ihnen das Pferd anbietet" lautet ein Leitsatz von Richard Hinrichs. Den Faulenzer muss man also zum Fleiß anregen, den Hektiker zur Ruhe, sodass schließlich alle Pferdetypen taktrein und fleißig gehen. Sie werden jedoch beobachten, dass Sie vor allem im Schritt sehr langsam arbeiten. Das Pferd interpretiert die Zügeleinwirkung als verzögernd, und Sie vergessen, konzentriert auf die neu gestellte Aufgabe, das Tempo. Die Technik ist neu und diffizil. Gönnen Sie sich für einige Trainingseinheiten diese Ruhe, um die Motorik zu erlernen. Bald aber sollten Sie Ihr reguläres Tempo wieder aufnehmen.

### › Dehnen im Schritt

Wenn Ihr Pferd gelernt hat, im Stand das Maul zu öffnen, im Unterkiefer nachzugeben, sich flexionieren zu lassen und dann in die Dehnung zu gehen – in dieser Reihenfolge – gehen Sie schließlich ganze Bahn im Schritt. Im Schritt gehend heben Sie beide Hände an, öffnen damit das Pferdemaul und flexionieren das Pferd zur inneren Seite. Strebt das Pferd in die Dehnung, öffnen Sie die Finger, lassen die Zügel gleiten, loben und streicheln Ihr Pferd. Diesen Verlauf üben Sie sowohl in Innen- wie auch in Außenstellung in Bewegung.

Zu beachten ist die Seite, auf der sich das Pferd steif zeigt und nach innen fällt.

> **Tipp**
>
> *Sie können die Dehnungsübung auch mit einer gebisslosen Zäumung ausführen, z.B. mit einem Sidepull oder einer Hackamore. Der Nachteil ist, dass Sie nicht auf das Maul einwirken können, aber das Pferd lernt durch die Dehnungsübungen am Halfter, den Kopf zu senken, und kann dies auch beim Reiten mit gebissloser Zäumung lernen. Nicht selten können Sie beobachten, dass das Pferd beim Flexionieren und Dehnen auch ohne ein Gebiss im Unterkiefer nachgibt. Wir arbeiten mit dem Trensengebiss (oder der Kandare), um die Aktivität der Maultätigkeit zu sichern und in Folge zu verfeinern.*

Ein Pferd, das rechts steifer ist – das heißt links hohler, meist fällt auch die Mähne nach links – fällt auf der rechten Hand nach innen. Hier ist es sinnvoll, das Pferd zu befähigen, indem Sie es auf der linken Hand nach außen stellen. Nehmen Sie sich die Bande zu Hilfe, denn Ihr Pferd bekommt durch die Wand eine Führung. Erst wenn das Pferd diese Übung beherrscht, sollten Sie auf die rechte Hand gehen und das Pferd nach innen flexionieren.

Stellen Sie dann immer noch fest, dass Ihr Pferd nach innen drängt, sollten Sie intensiv Konterschulterherein und Schulterherein rechts an der Hand (S. 147-155) üben, damit das Pferd befähigt wird, die Übung des Weichens der Schulter zu verstehen und auch körperlich umsetzen zu können.

Beim Reiten sollten Sie die Gerte senkrecht gegen die innere Schulter legen und mit der äußeren Hand eine öffnende Zügelführung einnehmen. Sitzen Sie vermehrt nach außen, legen Sie den inneren Zügel eventuell an den Mähnenkamm und hindern Sie das Pferd so daran, nach innen zu streben. Sie dürfen den inneren Zügel nicht gegen den Hals legen, sollte Ihr Pferd dadurch hinter die Senkrechte kommen. Wenn Ihr Pferd die gewünschte Linie einhält, öffnen Sie den inneren Zügel – und die äußere Zügelführung wird wieder neutral. Sollte Ihr Pferd die Übung im Schritt nicht verstehen, verbinden Sie Bekanntes mit neuen Zielen, das heißt Sie halten an, fragen die Dehnung im Stand ab, treten wieder an, halten an und dehnen das Pferd im Hals. Das wiederholen Sie so oft, bis Sie schließlich das Anhalten auslassen können. Lesen Sie weiter auf S. 202.

> ### Von extremer Dehnung zur Ersten Dressurhaltung

Für welchen Pferdetyp und welches Exterieur wir die entsprechende Kopfposition für richtig und notwendig erachten, wurde auf S. 160/161 schon angesprochen. Im Folgenden möchte ich darauf eingehen, wie man die unterschiedlichen Höhen kommunizieren kann.

Sie halten Ihr Pferd, das die extreme Dehnungshaltung kennt und somit beim Flexionieren in die Tiefe strebt, auf dem Weg in die Dehnung auf Buggelenkshöhe durch ein Schließen der Finger und Nicht-mehr-Herauslassen der Zügellänge auf. Es kann durchaus sein, dass Ihr Pferd sich wundert, weil es nicht mehr die bisherige Übung vollziehen soll. Es spürt „ein Verschließen der Tür", also ein Versperren des Weges nach unten.

Jetzt stellt sich die Frage: Wie reagieren Sie auf die Irritation Ihres Pferd, dass es nicht mehr in die Dehnung gehen darf, sondern in der Ersten Dressurhaltung verbleiben soll? Wahrscheinlich wird Ihr Pferd wieder alle Versuche zur Dehnung beenden. Arbeiten Sie zunächst an der Hand. Fragen Sie die extreme Dehnung ab, damit Ihr Pferd die Entschlossenheit, ans Gebiss zu streben, wieder kultiviert. Helfen Sie zur Not nach, indem Sie ihm den Weg nach unten zeigen.

Dann zeigen Sie ihm den begrenzten Weg: die Erste Dressurhaltung. Sie machen es im Stand und im Schritt nochmals mit beiden Möglichkeiten vertraut, indem Sie wahlweise mal das eine, mal das andere abrufen. Danach setzen Sie sich in den Sattel. Sie können von oben auch mit der Hand auf den Mähnenkamm drücken. Falls sich Ihr Pferd nicht traut, sich in die Erste Dressurhaltung zu dehnen und den Kontakt zum Gebiss aufzunehmen, machen Sie „die Tür auf", indem Sie den Kontakt aufgeben und den Weg in die extreme Dehnung freigeben. In mehreren Trainingseinheiten kombiniert mit der Arbeit an der Hand wird Ihr Pferd lernen, in Kontakt zum Gebiss zu treten und zu bleiben. Es wird sich dann auch vom Sattel aus wahlweise in die extreme Dehnung und in die Erste Dressurhaltung weisen lassen. Verbinden Sie die Standübung mit kurzen Phasen Schritt, halten, dehnen, Schritt, und Sie erhalten das Ergebnis schließlich auch im Schritt.

**Extreme Dehnungshaltung und Mobilität des Unterkiefers.**

**Reifen präzisieren die Übung. Der Abstand zum optischen Mittelpunkt kann kontrolliert werden.**

> ### Dehnen in Volten und auf dem Zirkel

Jetzt beginnen Sie in Volten und anschließend auf dem Zirkel zu arbeiten. Pferde, die die Seitengänge an der Hand kennen, sind von Anfang an viel leichter auf Zirkel- oder Voltenlinien zu reiten – denken Sie also an diese Übungen (siehe S. 93). Sie können Ihr Pferd im Laufe von Wochen und Monaten auf immer kleinere Kreislinien einstimmen – vom Zirkel bis zu Volten von 6 m Durchmesser. In den ersten Stunden sollen Sie die Dehnung aber noch vorrangig vor der exakten Linienführung behandeln.

Je gebogener die Linienführung ist, desto mehr arbeitet Sie dem Wunsch der Dehnung zu. Beginnen Sie deshalb auf Volten, der Zirkel folgt. Nach einer zumutbaren Arbeitslänge wechseln Sie von den Volten auf die Zirkel, damit sich das Pferd auf den flacher gebogenen Linien erholen kann.

Erst nach vier bis fünf Trainingseinheiten achten Sie darauf, dass Sie die korrekte Linienführung einhalten. Hilfreich sind hierfür Tonnen oder Reifen in der Bahn verteilt. Sie helfen sowohl Ihnen als auch Ihrem Pferd, sich besser zu orientieren und Kreise wirklich gleichmäßig rund anzulegen.

Ihre Aufgabe ist es weiterhin, Ihr Pferd in der Biegung durch das Flexionieren in die Dehnung zu bekommen. Anfangs lassen Sie es in die extreme Dehnung streben und lassen die Zügel komplett gleiten. Nach einigen Trainingseinheiten sollten Sie die Dehnung durch Nachgeben mit den Händen nicht mehr ganz in die Tiefe begleiten. Sie schließen also, wenn Ihr Pferd die gewünschte Dehnungstiefe erreicht hat, die Finger und halten die Dehnungsbewegung bzw. Dehnungswilligkeit Ihres Pferdes auf.

Wann reiten Sie geradeaus und wann in Volten? Sie reiten nur so lange geradeaus, wie Ihr Pferd gehorsam in Erster Dressurhaltung bleibt. Hebt es sich im Kopf und Hals, flexionieren Sie und dehnen wieder zurück in die gewünschte Position. Sollte das Flexionieren nicht reichen, wenden Sie auf die Volte oder den Zirkel ab, da diese Ihre Maßnahmen unterstützen. Ab nun haben Sie die Vision, Ihr Pferd nicht mehr am hingegebenen Zügel warm zu reiten. Die Zeit ist zu kostbar und die Dehnungshaltung viel sinnvoller für die Phase des Lösens und Lockerns.

Alle in Folge beschriebenen Übungen gehören in die Aufwärmphase und in das Programm des Lösens, Lockerns und Dehnens – auch die Trabverstärkungen und der Außengalopp.

Sie erarbeiten also je nach Erfordernissen vom Boden im Stand, anschließend vom Sattel im Stand und dann im Schritt, einige Übungsstunden später im Trab und wieder später im Galopp die Dehnungshaltung. Am hingegebenen Zügel reiten Sie Ihr Pferd nur noch, wenn Sie ihm eine absolute Pause ohne jeglichen Inhalt geben möchten oder bei längeren Ritten im Gelände. Reiten Sie Ihr Pferd konsequent, dadurch kann es schneller verstehen und geht korrekt über den Rücken.

> **Figur der Acht**

Wie die Volten und der Zirkel unterstützt die Figur der Acht sehr gut die Dehnungswilligkeit. In dieser Übung wird das Pferd wechselseitig nach links und nach rechts gebogen, und die Biegungswechsel erfolgen in kurzen Abständen. Nutzen Sie Reifen oder Hütchen, um die Orientierung in der Bahn zu vereinfachen.

Wichtig ist, die Figur klein genug zu wählen, sodass die diagonalen Wechsellinien kurz und die Halbkreisbögen eng sind. Schließen Sie den Bogen höchstens einmal zur Volte und wechseln Sie dann wieder die Hand. Die permanenten Handwechsel machen das Pferd so locker im Genick, dass es schon deshalb in die Dehnung strebt. Natürlich heben Sie die Hände an, wenn sich Ihr Pferd im Hals hebt und flexionieren es. Das Flexionieren ist das Signal, die Linienführung eine große Unterstützung. Die Figur der Acht ist dem langwierigen Wiederholen von Volten und Zirkeln deutlich vorzuziehen. Schließlich wird Ihr Pferd auch auf qualitätvolle Handwechsel vorbereitet.

Ich beobachte häufig, dass Volten im Schritt in einer viel zu großen Form geritten werden. Ein Kreisdurchmesser von 10 m ist im Schritt allenfalls für sehr große Pferde zu wählen, für ein Pferd im Stockmaß 1,40 - 1,55 m sollte eine Volte zwischen 7 m und 8 m groß sein. Reiten Sie im Schritt die Figur der Acht quer durch die Bahn, im Trab längs in der Bahn und mit Abstand zur Bande.

Wie schon am Ende des Kapitels Arbeit an der Hand erwähnt, lockern Sie bei den Handwechseln das Pferd auch im Genick und wechselseitig im Körper. Die Figur der Acht ist die beste Möglichkeit, diese Lockerheit anzustreben und zu erarbeiten. Also versuchen Sie so schnell wie möglich zu dieser Ausführung zu kommen bzw. so langsam wie nötig, so schnell wie möglich!

> **Vorbereitung Handwechsel**

Die erste Übung, die den Handwechsel vorbereitet, ist das Flexionieren im Stand von links nach rechts und umgekehrt. Ihr Pferd soll sich im Genick umstellen lassen, ohne sich im Kopf zu heben. Sollte es den Kopf heben, flexionieren Sie es sofort konsequent auf die erste Seite zurück. Wahrscheinlich müssen Sie das einige Male durchführen: Flexionieren, nachgeben, sofort zurückflexionieren, wenn das Pferd die Nase über das Gebiss oder vor die

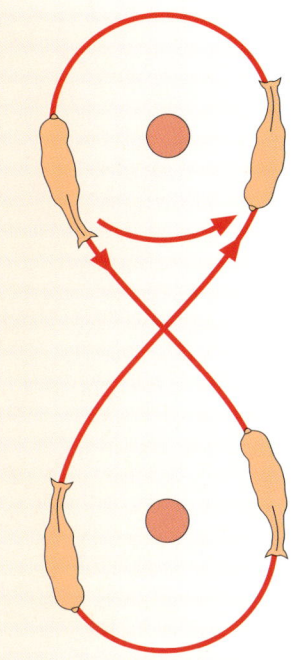

**Kurz gesagt**

**Was?**
Figur der Acht
**Warum?**
Biegen und lösen, dehnen, Vorbereitung auf den Handwechsel
**Womit?**
Trense, Sattel
**Wie?**
Volte 8 m Durchmesser links gebogen, flexionieren links, Übergang durch tiefes Umstellen nach rechts, neue Volte rechts gebogen.

Für die Handwechsel kann das Umstellen zunächst im Stand geübt werden.

Das Pferd lässt den Kopf gesenkt, während es von links nach rechts eingestellt wird.

Senkrechte nimmt – und erneut flexionieren, nachgeben, zurückflexionieren usw., bis Sie merken, dass Ihr Pferd versteht, was Sie wollen. Es soll sich umstellen und dabei in Erster Dressurhaltung bleiben. Üben Sie das zunächst mit aufgenommenen kurzen Zügeln, die Sie immer mehr verlängern, je besser das Verstehen und die Umsetzung werden.

Üben Sie dann das Umstellen im Stand von links nach rechts und von rechts nach links. Unterbrechen Sie das Reiten im Schritt mit der Übung im Stand, um Ihrem Pferd die Thematik erneut bewusst zu machen.

Sie teilen die Schritte auf. Statt im Handwechsel Ihr Pferd vor drei Anforderungen zu stellen, nämlich a) sich im Genick umzustellen, b) die Balance zu halten und c) die Richtung zu wechseln, trennen Sie Punkt a) und b) von c). Sie reiten also zunächst ganze Bahn, und das Pferd soll sich im Genick umstellen lassen. Bemerken Sie, wie es in der Balance schwankt? Pferde folgen in der Balance oft ihren Augen, das heißt sie gehen dahin, wohin sie schauen.

Denken Sie an Ausritte zurück. Ihr Pferd befindet sich am hingegebenen Zügel auf dem Feldweg. Es schaut nach links, es geht nach links. Es schaut nach rechts, es geht nach rechts. In abgeschwächter Form erleben Sie das nun in dem Moment, wo Ihre Zügelführung das Genick und damit die Augen umstellt. Also geht es erst einmal darum, nicht nur das Umstellen zu meistern, sondern auch die gerade Linienführung. Eine öffnende und schließende Zügelführung entweder der inneren oder äußeren Hand kommuniziert dem Pferd, wo es bleiben soll, einschließlich der Gewichtsverlagerung nach innen oder außen, je nachdem wohin das Pferd schwankt.

Der Grund, warum im konventionellen Reiten die Abläufe nicht gelingen, liegt häufig darin, dass nicht erkannt wird, wie viele Anforderungen gerade miteinander kombiniert werden, deren Umsetzung für das Pferd zu schwierig wird. In der Bodenarbeit wird diese Didaktik deutlich, in der Hindernisarbeit schlichtweg notwendig. In der reiterlichen Arbeit muss ständig daran gearbeitet werden, dass die Vorgehensweise für das Pferd verständlich bleibt. Pferde, die hinter die Senkrechte tendieren, werden wie beschrieben über das Gebiss gestellt und in dieser Position umgestellt. Erst wenn sie sich sicher zum Zügel dehnen, werden sie in einer Position dicht über der Ersten Dressurhaltung in die Handwechsel geführt.

Beherrscht Ihr Pferd das Umstellen auf der ganzen Bahn, fahren Sie auf dem Zirkel fort. Es ist auch Zeit, dass Sie diesen großartigen Erfolg erkennen und sich loben!

> ## Handwechsel

Für den nun folgenden Handwechsel sollten Sie anfangs lange Linien wählen, die Ihnen und dem Pferd die erforderliche Zeit lassen, die zuvor genannten Anforderungen zu bewältigen. Die Anforderungen, die sich an Sie richten, sind das entsprechende Koordinieren der Hände, korrekte Zügellängen (verkürzen innen und verlängern außen) sowie die Schenkel umzulegen und das Gewicht zu verlagern.

Die längsten Linien, die es für den Handwechsel in der Bahn gibt, sind die Diagonalen und die Länge der Bahn. Die Wechsel durch die halbe Bahn und Schlangenlinien durch die Bahn sind die kürzeren „Umstellungs-Strecken", die Sie erst wählen, wenn Sie beide mit dem kürzeren Zeitabschnitt für die korrekte Ausführung zurechtkommen. Die zuvor vorgestellte Übung der Figur der Acht hilft Ihnen in der Vorbereitung für die Handwechsel. Der Wechsel von einer Volte in die nächste unterstützt die Dehnungsbereitschaft des Pferdes.

Für das Wechseln von der linken auf die rechte Hand stellen Sie Ihr Pferd links durch die Ecke und biegen auf die Diagonale ab. Weisen Sie Ihr Pferd durch das Flexionieren links in die Dehnung und stellen Sie es in tiefer Haltung nach rechts um. Hebt das Pferd den Kopf, flexionieren Sie es wieder zurück nach links, bis Ihr Pferd zurück in die Dehnung kommt. Hebt es sich beim nächsten Umstellungsversuch erneut, wiederholen Sie das Flexionieren nach links. Sollten Sie inzwischen schon das Ende der Diagonale erreicht haben, setzen Sie trotzdem die Übung fort, bis Sie Ihr Pferd schließlich in gedehnter Haltung nach rechts umstellen können, auch wenn Sie schon längst den Hufschlag erreicht haben und damit die Hand und die Richtung gewechselt haben. Das macht gar nichts! Eins nach dem anderen und nicht zu viele Ideen gleichzeitig: erst dehnen und beigezäumt bleiben, danach umstellen.

Sie erarbeiten das Umstellen also auf der Diagonalen vor dem eigentlichen Richtungswechsel. Führen Sie beides immer dichter zusammen, bis Richtungswechsel und Umstellen gleichzeitig vielleicht erst gegen Ende der Diagonale funktionieren. Achten Sie darauf, dass Ihr Pferd in der Phase des Umstellens in Dehnungshaltung bleibt.

Es kann hilfreich sein, den Handwechsel zunächst in extremer Dehnungshaltung durchzuführen. Arbeiten Sie konsequent und klar an dieser Thematik, damit Sie sehr bald den Erfolg spüren. Den Handwechsel in der Ersten Dressurhaltung zu bewältigen ist der nächste Schritt, den Sie eifrig anstreben, damit Ihr Pferd nicht dauerhaft auf der Vorhand läuft.

---

*Das Konzept der kleinen Schritte*

*Bodenarbeit = Vorbereitung und Einübung*

*Hindernisarbeit = notwendige Durchführung*

*Reiten = souveräne Anwendung*

---

### Kurz gesagt

**Was?**
Handwechsel in Dehnungshaltung
**Warum?**
Weiches Umstellen, Vorbereitung der Übung in Aufrichtung
**Womit?**
Trense, Sattel
**Wie?**
Wechsel über die Diagonale: linke Hand Innenstellung, auf der Diagonalen flexionieren links, umstellen in Dehnung nach rechts, Innenstellung rechte Hand.

## › Schlangenlinien

Jede Übung ist die Vorbereitung für die nächste. Nach dem Handwechsel folgen jetzt die Schlangenlinien. „Schlangenlinien durch die Bahn" verlaufen quer durch die Bahn von einem Hufschlag zum anderen. Die Strecken zwischen den Biegungen auf den Hufschlägen werden gerade geritten und bieten Zeit zum Umstellen. Bei ungerader Zahl der Bögen endet die Schlangenlinie mit einem Handwechsel, bei gerader Zahl ohne Handwechsel. Je kleiner die Anzahl der Bögen, desto größer können Sie die Biegungen reiten, z. B. „Schlangenlinien durch die ganze Bahn vier Bögen".

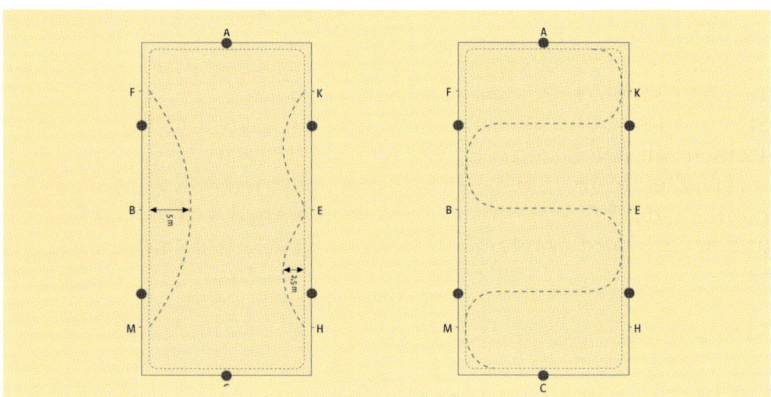

**Einfache Schlangenlinien, doppelte Schlangenlinien, Schlangenlinien durch die ganze Bahn**

Einfache und doppelte Schlangenlinien werden an der langen Seite der Bahn ausgeführt. Sie erfordern auf kurzem Weg mehrere Biegungswechsel und sind deshalb sehr nützlich für das Umstellungstraining.

Die Bahnfiguren heißen: „einfache Schlangenlinie" = ein Bogen an der langen Seite – oder „doppelte Schlangenlinie"= zwei Bögen an der langen Seite.

Reiten Sie die Schlangenlinien im Mäandermuster, so wie es vor der Änderung der FN-Richtlinien üblich war, dann verkürzen sich nochmals die zur Verfügung stehende Strecke und die Zeit für das Umstellen.

## › Rückwärtsrichten

Das Rückwärtsrichten ist eine unglaublich gute Übung, um das Pferd in den Hanken zu beugen. Das Rückwärtsrichten haben Sie wie beschrieben erst am Halfter mit Führleine und dann mit Trense an der Hand eingeübt. Denken Sie an die Begründungen und Erklärungen von S. 76 f. / S. 140 und beginnen Sie mit diesen Übungen, damit Sie nochmals überprüfen, wie das Pferd reagiert.

Unter dem Reiter ist das erste Ziel die ruhige Ausführung in Erster Dressurhaltung. Sie befähigen Ihr Pferd zum Rückwärtstreten, indem Sie diese Übung häufig genug trainieren. Je häufiger Ihr Pferd rückwärtsgeht, desto weicher und flüssiger wird es die Übung ausführen können.

Sie üben zunächst in möglichen Trittzahlen oder in kürzeren Sequenzen. Schließlich sollten Sie auf eine hohe Trittanzahl pro Übungseinheit Wert legen. Das können bis zu einhundert Tritte sein – nicht an einem Stück, aber innerhalb einer Trainingssequenz. Eine lange Seite hat circa 50 Rückwärtstritte.

Die Hilfegebung ist folgende: Legen Sie beide Schenkel zurück, halten Sie mit den Händen gegen, nehmen Sie Gewicht aus dem Sattel, indem Sie sich leicht vorbeugen, und geben Sie Ihr Stimmkommando „Zurück". Die Schenkel treiben nicht, da Treiben mit den Schenkeln eindeutig der Vorwärtsbewegung vorbehalten bleibt. Sie haben also einen kleinen Vorbereitungsmoment, danach klärt die Stimme noch einmal, was zu tun ist, und danach wird eventuell die Gerte an der Brust eingesetzt.

## Situationen und Korrektur

### *Das Pferd fällt auf die Vorhand und/oder liegt auf der Hand*
Fällt Ihr Pferd zu sehr auf die Vorhand und damit auf Ihre Hand, dann stellen Sie es zur Korrektur über das Gebiss und verlagern so die Balance auf die Hinterhand. Danach tragen deutliche Arrêts aus beiden Händen zur Korrektur bei. Fordern Sie das Rückwärtstreten mit dem Gertensignal und bieten Sie dem Pferd keinen Halt durch gegenhaltende Hände. Seien Sie mobil mit den Händen und lebendig im Kontakt zum Maul.

### *Das Pferd strebt nach vorne*
Beginnen Sie nochmals an der Hand und verwenden Sie zusätzlich zur gegenhaltenden Hand das touchierende Zeichen an der Brust. Vom Sattel aus nehmen Sie die Zügel gegenhaltend in eine Hand und die touchierende Gerte in die andere.

### *Das Pferd fällt mit der Kruppe aus*
Immerhin tritt Ihr Pferd rückwärts. Das ist ja schon einmal in Ordnung, und deshalb dürfen Sie den Fehler für ein bis mehrere Trainingseinheiten akzeptieren. Dann beginnen Sie die Korrektur. Bleiben Sie in jedem Fall auf dem Hufschlag. In der Regel fällt das Pferd zur hohl gebogenen

### Kurz gesagt

**Was?**
Rückwärts
**Warum?**
Hankenbeugung
**Womit?**
Trense, Sattel
**Wie?**
Halt, Dehnung über beide Zügel herstellen, leichtes Vorgehen des Oberkörpers, Stimmsignal „Zurück", mehrere Schritte rückwärts, Halt, loben.

Seite aus. Ist das Pferd nach links hohl gebogen oder fällt nach links aus, dann stellen Sie sicher, dass es im Hals gerade ist und verschieben mit angelegtem äußerem rechten Zügel und öffnender linken Zügelführung die Schulter nach links „vor die Kruppe". Reicht das zur Korrektur nicht aus, touchieren Sie deutlich auf der rechten Schulter, um sie in die Bahn zu weisen. Beginnen Sie das nächste Mal aus einem „Schulter vor der Kruppe".

*Das Pferd „rast" rückwärts* Beginnen Sie die Übung energielos. Immer dann, wenn Sie wenig Aktion wollen, geben Sie das durch Weichheit der Signale vor. Sie bewegen sich zeitlupenartig. Sie lassen dem Pferd Zeit rückwärts zu treten. Nach ein oder zwei Tritten Rückwärts geben Sie mit allen Signalen „Vorwärts" vor: mit Stimme, Gewicht, Schenkeln, Gerte und mit den Zügeln. Es kann als weiteres Zeichen sehr hilfreich sein, die Hände zum Abstoppen der Bewegung am Widerrist gegen den Mähnenkamm zu drücken.

Vielleicht sollten Sie auch zunächst absitzen, um vom Boden aus das Pferd weich in die Bewegung aufzufordern, aber energisch wieder nach vorne zu schicken. Danach üben Sie diesen Verlauf unter dem Sattel: weiches Rückwärtsfragen und energisches Vorwärtsschicken. Schließlich können Sie das nach vorne Antreten weglassen und aus dem Rückwärts anhalten. Nutzen Sie diese Korrektur auch für folgende Situation: Manche Pferde entziehen sich durch Rückwärtsrasen aus schwierigen Situationen. Wenn man sich schließlich über den Erfolg freut, dass das Pferd diese Verhaltensweise aufgrund der Korrektur nicht mehr vollzieht, dann stellt man die Übung Rückwärtsrichten lieber gänzlich ein. Man befürchtet mit dem Rückwärtsrichten den Fehler wieder wachzurufen. Für einige Wochen kann diese Entscheidung in Ordnung sein. Dann aber sollten Sie das Rückwärts und Vorwärts wieder abrufbar machen.

*Das Pferd hebt den Kopf* Bevor Sie rückwärts antreten, stellen Sie Ihr Pferd in die Erste Dressurhaltung. Sie flexionieren über die innere Hand, die äußere verbleibt tief am Widerrist. Lassen Sie das Pferd nur so wenige Tritte rückwärts treten, wie es in der Kopfhaltung korrekt bleibt. Halten Sie an. Loben Sie, korrigieren Sie die Kopfhaltung und wiederholen Sie. Nach und nach werden die gelungenen Strecken immer länger.

**Rückwärts auf gebogenen Linien** Eine gute Übung ist das Rückwärtstreten auf gebogenen Linien. Hierbei muss das Pferd die innere Hanke noch stärker beugen, als es ohnehin beim Rückwärtsgehen der Fall ist. Sie werden feststellen, dass das Rückwärtstreten auf der natürlicherweise hohlen Seite des Pferdes wenig Schwierigkeiten macht, auf der steiferen Seite aber sehr wohl. Ein links hohl gebogenes Pferd wird links gebogen gut gehen, sich aber entsprechend schwer mit einer Rechtsvolte tun. Üben Sie Rückwärtsvolten mit 8 m bis 6 m Durchmesser, indem Sie die Schulter vor die Kruppe schieben.

> ## Dehnen im Trab

Die Vorgehensweise ist im Trab die gleiche wie im Schritt. Achten Sie beim Antraben darauf, dass Sie Ihr Pferd vorher in Dehnungshaltung bringen. Hebt es den Kopf, flexionieren Sie es und warten mit dem Antraben, bis der Kopf tief ist. Haben Sie die nachgebende Reaktion erreicht, geben Sie das Stimmsignal „Allez, Trab", Schenkel- und eventuell Gertenzeichen und traben an. Reiten Sie auf dem Zirkel, in Volten und vor allen Dingen in der Figur der Acht und flexionieren Sie Ihr Pferd, wenn es sich im Hals hebt. Strebt es in die gewünschte Dehnung, senken Sie die Hände ab zum Widerrist.

Reiten in deutlicher Biegung, nach innen oder außen, macht das Pferd beweglicher.

Ich sprach schon im Vorfeld über die Wahl des Tempos. Sind Sie nach wenigen Arbeitseinheiten mit der Technik vertraut, sollten Sie das Pferd spätestens jetzt (wenn nicht schon von vornherein) in sehr fleißigem Tempo traben lassen. Dabei kommt ein Minimum an Aktivität der Hinterhand zu Stande, als Gegenpol zur Last auf den Schultern. Den Hektiker arbeiten Sie erst in der Ruhe, daraus können Sie dann das Tempo erhöhen.

Sie flexionieren im Trab auch nach außen – gehen Sie auf den zweiten Hufschlag – weil dies durch die Führung der Bande leichter ist. Jetzt sollten Sie spüren, dass Ihr Pferd entspannt unter Ihnen läuft. Sobald es den Kopf hebt, folgt das Flexionieren. Pferde, die sich nicht in die Tiefe trauen, motivieren Sie durch einen deutlichen Druck in den Maulwinkeln. Wenn das Pferd dem Druck nachgibt und die Dehnung anbietet, lassen Sie die Zügel durch die Finger gleiten. Sobald es die Dehnungshaltung aufgibt, scheuen Sie sich nicht, die Zügel wieder zu verkürzen und zu flexionieren. Bleibt es nicht gedehnt, wird es prompt flexioniert, so lange, bis es das als anstrengend erlebt. Fühlen Sie sich ein, wie lang der Moment sein muss, damit Ihr Pferd lieber gedehnt bleibt, statt flexioniert zu verharren. Die extreme Dehnung arbeiten Sie nur wenige Stunden oder länger bei dem Pferdetyp, der dies aufgrund seines physischen oder psychischen Zustands benötigt.

Traben Sie leicht. Das Pferd soll lernen, den Rücken aufzuwölben, also wird dieser nicht durch das reiterliche Gewicht belastet. Sie beginnen erst dann auszusitzen, wenn das Pferd die extreme Dehnung und Erste Dressurhaltung kennt und sich beim Aussitzen gut anfühlt und Sie einsitzen lässt. Ist das nicht der Fall, arbeiten Sie zunächst an den Seitengängen im Schritt und Trab. Fühlen Sie sich in den Rücken ein, das heißt traben Sie auch in den Seitengängen leicht. Sie werden sich wundern, wie viel schwungvoller diese Ausführung ist. Es kann also je nach Pferd bedeuten, dass Sie erst nach Wochen oder Monaten der Arbeit im Sattel einsitzen und Sie das Pferd zum Sitzen kommen lässt. Sie wundern sich? Ich mich auch: über den konventionellen Reitstil und das Aussitzen, das dem Pferderücken viel zu früh zu viel zumutet. Sie können selber das Aussitzen üben, um Ihren Sitz zu verbessern, wenn das Pferd soweit ist und Sie einsitzen dürfen. Alles andere geht zu Lasten des Pferdes. Ausgebundenen Schulpferden mit weggedrücktem Rücken sehe ich nur ungern bei der Arbeit zu. Es gibt moderne Trainingskonzepte (z.B. im FS-Reitzentrum Reken), die mit überzeugenden Ideen einem beginnenden Reiter das Traben, Leichttraben und Aussitzen vermitteln, natürlich auch hier wieder über den Weg der kleinen Schritte.

Handwechsel sollten Sie anfangs im Schritt durchführen (siehe S. 183), bis Sie das Gefühl haben, Ihr Pferd auch im Trab in tiefer Haltung umstellen zu können. Dann erfolgt der Handwechsel in der Ersten Dressurhaltung.

> ## Übergänge

Für alle Übergänge sollten Sie sich eine Volte zu Hilfe nehmen, sowohl bei den Temporeduzierungen als auch bei den Tempoerhöhungen innerhalb einer Gangart bzw. von Gangart zu Gangart. Führen Sie das Pferd in einer flexionierten Haltung in die Biegung, um das Nachgeben zu erreichen. Solange Ihr Pferd nicht in die Dehnung strebt, parieren Sie z.B. nicht durch.

### Kurz gesagt

**Was?**
Traben in Dehnung
**Warum?**
Lösen und lockern
**Womit?**
Trense, Sattel
**Wie?**
Schritt, flexionieren nach innen, Dehnung, Stimmsignal „Allez, Trab", Schenkelsignal, Innenstellung.

Die Signale zum Halten sind das schwerere Einsitzen in den Sattel, gefolgt von einem Ausatmen und dem Stimmsignal „Ho, Halt". Drücken Sie die Knie an den Sattel und nehmen Sie beide Zügel an. Es wird wahrscheinlich beim ersten Versuch noch nicht gelingen. Die flexionierende Technik und die Volte helfen bei der Verbesserung, und allmählich stellt sich der Erfolg ein. Hebt sich Ihr Pferd in der Kopfposition, flexionieren Sie deutlicher. Geben Sie nach, sobald das Pferd hält. Wie immer ausführlich loben!

Nach dem Antreten korrigieren Sie mittels Flexionieren die angehobene Kopfhaltung. Die Temporeduzierung vom Trab zum Schritt oder vom Galopp zum Trab wird genauso mittels Volten und Flexionieren erarbeitet. Die erhobene Hand flexioniert, die abgesenkte Hand bejaht das Nachgeben und Dehnen des Pferdes. Verbessert sich das Pferd, kann Ihre innere Hand weicher agieren und weniger stark flexionieren. Wie auch bei den übrigen Übungen wird Ihr Pferd immer verstehender, immer befähigter und die Einwirkung Ihrer Hand immer unauffälliger. Sie haben mit einer technischen Maßnahme – hohe Hand als Mittel – das Ziel erreicht: die dauerhaft abgesenkte Hand mit neutraler Handposition.

Verwenden Sie die gleiche Technik beim Tempoerhöhen. Die flexionierende Hand, das Ansteigen und Absenken der Hände, die Volten oder Zirkel sind die Mittel zum Zweck.

> **Kurz gesagt**
>
> **Was?**
> Übergange
> **Warum?**
> Durchparieren und Beschleunigen in Erster Dressurhaltung
> **Womit?**
> Trense, Sattel
> **Wie?**
> Schritt; abwenden auf Volte, Flexionierung des Halses in Innenstellung und Dehnung über die Zügel herstellen, ausatmen, Stimmsignal z.B. „Ho, Halt", Zudrücken der Knie, Annehmen und Nachgeben beider Zügel, sobald das Pferd hält, loben.

Um ein Pferd flexionieren zu können, werden die Hände hoch geführt.

Merken Sie etwas? Ich rede gar nicht von Paraden. Das Tempo wird mittels der Stimme, des Sitzes (etwas schwer machen), des Zudrückens der Oberschenkel (in der Versammlung durch Zurücklegen des Unterschenkels) und das Ausatmen bestimmt.

Die Kopfposition wird durch das Flexionieren mit den Händen bestimmt. Was machen Sie, wenn Sie sich der Straße nähern und das Pferd rennt noch? Wenn Ihr Pferd die oben genannten Signale nicht umsetzt, dann parieren Sie aus beiden hochgenommenen Händen durch. Hochgenommen deshalb, weil Ihre Hände nicht rückwärts agieren und das Pferd nicht auf der Zunge stören sollen – und aus den Händen, weil Ihnen nichts anderes übrig bleibt, wenn Ihnen Ihr Leben und das des Pferdes lieb sind.

## > Trabverstärkung

Haben Sie die Erste Dressurhaltung im Trab erreicht, sollten Sie das Tempo bis hin zum Mitteltrab steigern. Generell ist ein höheres Tempo anzustreben, um das verstärkte Abdrücken der Hinterbeine vom Boden und eine deutliche Muskelarbeit zu erreichen. Wenn ein erheblicher Teil der Muskulatur aktiv zum Schub benötigt wird, kann sich nur noch wenig Muskulatur verspannen. Das erhöhte Trabtempo kann also eine weitere Hilfe sein, ein Pferd in die Dehnung zu veranlassen.

Erarbeiten Sie die Trabverstärkung auf dem Zirkel und im Gelände, weil Pferde sie dort gerne von sich aus zeigen, und verbessern Sie sie durch kurze Reprisen, häufige Übergänge und das bewusste Zurücknehmen und Vorantreiben. Wenn ein Pferd kein Talent zu raumgreifenden Tritten hat, wird es über die Dehnungshaltung in die Motorik finden. Sollten Sie zwei, drei Tritte in raumgreifender Form erspüren, loben Sie sofort und machen Sie eine Pause. Wenn Ihr Pferd durch die Dehnungshaltung verlängerte Tritte zeigt, dann streben Sie das nächste Ziel an: Tritte bei unverändertem Takt verlängern.

### Situationen und Korrektur

*Pferd fällt im Trab nach außen* Wenn Ihr Pferd z. B. über die äußere Schulter fällt und auf diese Weise den Zirkel vergrößert – meist auf der offenen Seite – dann reagieren Sie folgendermaßen. Sie belasten vermehrt den inneren Steigbügel und den inneren Gesäßknochen, sitzen also beim Leichttraben nach innen ein. Sie legen den äußeren Zügel gegen den Hals und öffnen die Zügelführung innen. Die Hand darf aber nicht tiefer als der Widerrist heruntergehen. Schauen Sie ganz deutlich nach innen, um auch durch Ihre Blickwendung die Richtung vorzugeben. Sie erinnern sich, dass ein Pferd, das nach außen fällt, über die äußere Stellung korrigiert wird. Sie stellen also Ihr Pferd nach außen, damit es die

Trabverstärkung

Balance auf die innere linke Schulter verlegt. Genügt diese Maßnahme nicht, reiten Sie im Schritt Konterschulterherein bzw. Schulterherein im Schritt und Trab und lassen das Pferd vom rechten Schenkel weichen, damit es sein Gewicht auf die linke Schulter verlagert.

*Das Pferd fällt im Trab nach innen* Wenn Ihr Pferd auf dem Zirkel nach innen strebt, belasten Sie den äußeren Steigbügel und den äußeren Gesäßknochen vermehrt. Die Oberkörperhaltung bleibt in Bewegungsrichtung, die äußere Schulter bleibt vor. Sie öffnen die Zügelführung außen und schließen die Zügelführung innen, indem Sie den Zügel gegen den Hals legen.

Es bleibt also Gleiches zu tun wie beim Nach-außen-Streben. Ein Pferd, das über die äußere Schulter fällt (auf der linken Hand nach rechts auf die rechte Schulter), fällt beim Handwechsel auf die innere Schulter (auch auf der rechten Hand fällt es nach wie vor auf die rechte Schulter). Reiten Sie Schulterherein auf der rechten Hand oder Konterschulterherein auf der linken, damit das Pferd lernt, sein Gewicht von der rechten auf die linke Schulter zu verlagern. Ho, Halt! Nehmen Sie sich Zeit, dieses Wirrwarr zu verstehen. Lesen Sie nochmals. In diesem Moment ist es normal, über rechts und links, innen und außen, Konterschulterherein und Schulterherein nachzudenken, zu grübeln und schließlich zu verstehen. Viele andere Leserinnen und Leser tun das mit Ihnen.

*Das Pferd trabt träge* Ihr Pferd tut das nur deshalb, weil die klare Information zum gewünschten Tempo fehlt und es zur Gemütlichkeit neigt. Sie wundern sich, weil Sie doch jeden Tritt mit den Schenkeln heraustreiben? Ihr Pferd wundert sich darüber, warum Sie sich diese Mühe machen, und es gewöhnt sich daran, die unruhigen Schenkel zu ignorieren, weil sie nichts aussagen. Außerdem spürt es eine Verbindung im Maul und interpretiert diese lieber als Aufforderung zur Gelassenheit. Setzen Sie dieser

*Ein Schreckmoment:* der Pferdekopf strebt in die Höhe.

*Durch das Flexionieren wird das Pferd abrufbar in die Dehnung geschickt.*

*Wenn das Pferd in die Dehnung strebt, folgen die Reiterhände in die Tiefe.*

Situation energisch und mit voller Konzentration ein Ende. Nehmen Sie die Zügel in die äußere Hand und die Gerte in die innere. Sie beginnen im Stand. Sie drücken nur einmal die Waden zu. Nicht die Absätze hochziehen, die benötigen Sie nicht. Es reagiert nicht? Sie setzen sofort die Gerte nach, und zwar so energisch, dass Ihr Pferd sofort antritt und zügig im Schritt geht. Tut es das nicht, folgen Gertenzeichen wie erforderlich. Passen Sie auf! Sofort, wenn Ihr Pferd im Tempo nachlässt, ermahnen Sie per Gerte. Seit dem Antreten dürfen Sie kein einziges Mal die Schenkel zum Treiben benutzt haben. Warum nicht? Ihr Pferd ignoriert sie bzw. versteht sie ja sowieso nicht. Es muss erst wieder Respekt vor den Schenkeln bekommen und lernen, dass sie nur einmal eingesetzt werden. Danach folgt bei Ignoranz der Einsatz der Gerte. Das Pferd wird sehr bald das Wadenzeichen bevorzugen. Gehen Sie nur eine kurze Phase Schritt. Dann halten Sie an, es folgt das Zeichen mit der Wade und sofort die Gerte, wenn das Pferd nicht energisch genug Schritt geht. Üben Sie dies viele Male und viele Tage lang ohne Zügelführung. Sie reparieren das Gaspedal, ohne auf der Bremse zu stehen. François Baucher nannte diese Lektion „Bein ohne Hand". Nun gestalten Sie den Übergang von Schritt zum Trab genauso. Einmal Wadendruck, dann die Gerte und flüssiges Tempo vorwärts. Kurze Reprisen, damit die Zeichengebung oft genug wiederholt werden kann und Sie Klarheit und Konsequenz vermitteln können. Bietet Ihnen Ihr Pferd einen latschigen Galopp statt fleißigen Trab, dann reduzieren Sie das Tempo zum Trab und halten ihn flüssig. Erst wenn Sie merken, dass Ihr Pferd sich nicht korrigieren lässt, wählen Sie die Alternativstrategie. Wenn Galopp, dann schneller Galopp. Ihr Pferd wird sehr bald den fleißigen Trab bevorzugen.

*Das Pferd trabt zu schnell/zu erregt* Reiten Sie häufig Übergänge vom Schritt zum Trab, in Volten und die Figur der Acht. Streichen Sie Ihr Pferd im Stand, Schritt und Trab mit der Gerte ab, dort wo Sie es erreichen können. Reden Sie beruhigend mit dem Pferd. Traben Sie selbst im Zeitlupentempo leicht. Lassen Sie das Pferd im Schritt fünf bis sechs Tritte gehen, halten Sie an, gehen Sie wieder Schritt und traben dann nur wenige Tritte. Verfallen Sie nicht in den Fehler zu glauben, Ihr Pferd brauche die Bewegung. Ihr Pferd benötigt Entspannung und muss in der Ruhe zur Ruhe finden. Das Prinzip heißt „Frisch an die hohe Leistung" (Richard Hinrichs). Das Konzept beginnt im Kopf des Reiters.

Nach sechswöchiger Boxenruhe kam Barros gespannt wie ein Flitzebogen in die Halle. Er blieb auf jedem Schritt und Tritt in der Führposition der Entspannung in der Ruhe. Auch unter dem Sattel blieb er über die genannte Verlaufsform in entspannter Bewegung. Schalten Sie das Rennenlassen beim Reiten ab – lernen Sie geduldig und diszipliniert zu sein.

## > Galopp

Ein Pferd im Gelände galoppieren zu lassen, vereinfacht oft die Lektion. Die Pferde zeigen mehr Gehfreude und haben nicht mit der gebogenen Linie zumindest an der kurzen Seite zu kämpfen. Wägen Sie ab, ob das Galoppieren in der Gruppe, mit einem zweiten Pferd oder alleine hilfreich ist.

Der Galopp teilt sich in zwei Themen auf a) das Angaloppieren und b) der kontinuierliche Galopp. In diese beiden Inhalte unterteilen Sie den Galopp, damit Ihr Pferd Routine in beiden Bereichen bekommt.

In der Bahn haben Pferde oft Angst vor dem Galopp bzw. erregen sich, weil
- sie die Signale noch nicht verstehen und sie erst lernen müssen,
- das treibende Signal sie in eine Situation bringt, die sie nicht zu bewältigen wissen,
- die schnellere Gangart als solche zur Erregung beiträgt,
- sie sich nicht zu koordinieren wissen,
- sie durch die entstehende Fliehkraft nach außen driften,
- sie sich nicht dehnen können, sich daher schräg legen und Angst bekommen.

Tatsächlich hat das Pferd nicht in erster Linie ein Problem der Balance, sondern der Beweglichkeit. Auf der hohl gebogenen Seite

**Versammelter Galopp**

driftet es nach außen, auf der steifen nach innen, da es noch keine Dehnungsfähigkeit besitzt – es legt sich schräg. Sind die Probleme mit der Asymmetrie bewältigt, kann das Pferd wesentlich besser galoppieren. Das veranlasste de la Guérinière zu der Systematik, das Pferd erst in den Seitengängen Schulterherein und Travers in Schritt und Trab beweglich zu machen, da es dadurch die bessere Voraussetzung für den Galopp hat. Viele Pferde galoppieren auf der ganzen Bahn unbesorgt und ohne Schwierigkeiten. Seien Sie froh, wenn Sie eines von diesen besitzen. Bei anderen tauchen die genannten Situationen auf, deren Lösungversuche ich im Folgenden beschreiben werde. Wenn diese nicht ausreichen, sollten Sie tatsächlich nach Guérinière´scher Systematik vorgehen.

### Kurz gesagt

**Was?**
Galopp
**Warum?**
Grundausbildung
**Womit?**
Trense, Sattel
**Wie?**
Trab auf dem Zirkel, Dehnung innen, angaloppieren zur Bande hin, Gewicht nach außen, Kruppe nach innen stellen, äußerer Schenkel zurück, „Allez, Galopp", halber Zirkel Galopp, zum Durchparieren in den Trab in Volte führen.

**Angaloppieren** Beginnen Sie mit dem Angaloppieren auf der Hand, die Ihrem Pferd leichter fällt. Beim Angaloppieren ist es sehr hilfreich, die innere Körperhälfte des Pferdes, die ja vorspringen soll, vom Gewicht zu entlasten. Beim Anspringen vom Trab in den Galopp sollten Sie Ihr Gewicht also nach außen verlagern. Das ist nicht ganz leicht zu koordinieren, Sie können es aber im Schritt, Trab oder beim Schulterherein üben.

Wie üblich werden Sie Ihr Pferd vor dem Angaloppieren in Dehnung schicken, um Nachgiebigkeit zu erreichen. Wenn Ihr Pferd galoppiert, gehen Sie auf dem Zirkel nur eine halbe Runde und parieren über eine Volte wieder durch in den Trab. Wiederholen Sie mehrmals kurze Galoppsequenzen, um das Pferd immer mehr zum Galoppieren zu befähigen. Schließlich lassen Sie das Pferd eine längere Zeit kontinuierlich ein oder zwei Zirkel lang galoppieren.

### Situationen und Korrektur

*Das Pferd springt auf dem falschen Fuß an* Es gibt viele Pferde, die sich schwer tun, auf dem richtigen Fuß anzuspringen, das heißt sie springen im Außengalopp an. Hilfreich ist hierfür das Reiten auf dem Zirkel. Sie stellen das Pferd mit dem Kopf nach außen, die Kruppe kommt dadurch leicht nach innen, und geben die Galopphilfe zur geschlossenen Bande hin. Um die Kruppe nach innen zu führen, können Sie auch zuvor eine oder mehrere lange Seiten im Trab Konterschulterherein arbeiten, auf den Zirkel im Konterschulterherein abwenden und zu Beginn der geschlossenen Seite das Gewicht zur Bande hin verlagern. Setzen Sie die Gerte auf der Bandenseite ein, damit die Kruppe in den Zirkel gestellt bleibt, Schenkel umlegen, Stimme und los geht es.

Die Kopfstellung nach außen zur Bande begünstigt, dass die innere Hand freier wird und somit die innere Schulter vorspringen kann. Es ist außerdem die natürliche Bewegungsform des Galopps.

*Das Pferd galoppiert zu heftig* Ungeübte Pferde galoppieren oft heftig, weil sie sich unsicher fühlen. Versuchen Sie das Pferd mittels Stimme und Paraden aus hoher Handtechnik zu beruhigen. Gelingt das nicht, wenden Sie auf eine Volte ab und parieren innerhalb der Volte durch. Bleiben Sie so lange in der Volte, bis das Trabtempo ruhig ist. Gehen Sie auf den Zirkel zurück, stellen Sie das Pferd erneut nach außen und galoppieren Sie erneut an. Auf der Zirkellinie muss die Zügelführung innen öffnend sein, um das Pferd auf der Linie zu halten. Wiederholen Sie einige Trab – Galopp-Übergänge und schließen Sie dann ab. Manche Pferde erregen sich so sehr, dass Sie pro Trainingseinheit nur ein- bis zweimal angaloppieren sollten. Versuchen Sie nicht, mit Ungeduld den Weg zu verkürzen. Geben Sie dem Pferd Zeit. Stellen Sie immer erst wieder über Schritt und Trab Ruhe her und vertagen Sie den Galopp auf das nächste Mal. Die Übergänge bringen die Lösung, nicht das lang anhaltende Galoppieren, denn davor fürchtet sich das Pferd. Arbeiten Sie auch an der Longe und überprüfen Sie den Galopp im Gelände.

**Flexionieren im Galopp**

*Das Pferd geht im Kreuzgalopp* Im Galopp springen die beiden inneren Beine weiter vor als die äußeren. Im Kreuzgalopp bricht die korrekte Fußfolge auf. Die englische Bezeichnung ist gebrochener Galopp („broken canter"), das heißt das Pferd springt mit der Vorhand Linksgalopp und mit der Hinterhand Rechtsgalopp oder umgekehrt.

In der Bahn stößt man meistens auf folgende Variante: Die Vorhand befindet sich im Handgalopp, die Hinterhand im Außengalopp. Der Grund ist mal wieder die mangelnde Beweglichkeit, das heißt das Pferd mag nicht mit dem inneren Hinterfuß Gewicht aufnehmen und untertreten und entzieht sich durch Außengalopp.

Oft sind auch schlechte, rutschige Böden der Anlass. Das Pferd fühlt, dass es mit dem Gewicht aufnehmenden inneren Hinterbein wegrutscht und entgeht dem durch den Außengalopp. Arabische Pferde, bei denen der Kreuzgalopp häufig auftaucht, galoppieren nicht selten ganz unbeschwert im Kreuzgalopp weiter, würde man sie nicht durchparieren und neu angaloppieren.

Korrigieren Sie den Kreuzgalopp Ihres Pferdes unter dem Sattel genauso wie den Außengalopp. Die Hinterhand muss in die Bahn gewiesen werden.

*Das Pferd springt aus übereiltem Trab in den Galopp* Lassen Sie das bei den ersten Versuchen zu, damit der eigentliche Inhalt – der Galopp – sich durchsetzt. Danach, noch in der gleichen Trainingseinheit, reduzieren Sie das Tempo in einer Volte zu einem ruhigen Trab und galoppieren auf die Bande zukommend in Außenstellung an. Danach wenden Sie auf den Zirkel ab.

*Das Pferd springt nicht in den Galopp* Sollten Sie sich die mühevolle Aufgabe vorgenommen haben, einen Traber zum Reitpferd auszubilden, dann zolle ich Ihnen Respekt, denn Sie benötigen viel Geduld. Behandeln Sie dieses Pferd wie ein Jungpferd und erarbeiten Sie das Thema Schritt für Schritt und setzen auch Stimmsignale mit ein.

**Dehnen im Galopp** Erst nach und nach wird der Galopp eine Qualität erreichen, in der das Pferd gesetzt gehen und längere Zeit durchhalten kann. Dann ist der Zeitpunkt gekommen, das Pferd in die Dehnungshaltung zu bestimmen, das heißt Sie arbeiten wieder entlang des Kreislaufes der Kommandos: verstehen, gehorchen, weichen, dehnen, warten.

Wie üblich ist das Mittel der Wahl, das Pferd in die Erste Dressurhaltung zu weisen, das Flexionieren. Bei den ersten Versuchen wird sich das Pferd überrascht oder erschrocken zeigen. Befähigen Sie Ihr Pferd durch kurze flexionierte Reprisen, diese extreme Biegung durchzuführen und zu erhalten, aus der heraus es dann in die Dehnung strebt. Der Galopp hat durch seine Bewegungsmotorik eine nach der kurzen Aufwärtstendenz abfallende Bewegung. Diese ohnehin absteigende bzw. auf die Schulter fallende Tendenz verschärfen Sie keinesfalls durch die extreme Dehnungshaltung, sondern achten darauf, dass Ihr Pferd mit dem Maul nicht tiefer als bis zum Buggelenk kommt.

**Die extreme Dehnung wird im Galopp nur ausnahmsweise abgefragt.**

Nur gelegentlich stelle ich fest, dass es förderlicher wäre, das Pferd extrem zu dehnen, weil es sich darüber besser psychisch und physisch entspannt. Der Nachteil besteht in der Zukunft darin, das Pferd aufrichten zu können und seine Balance auf die Hinterhand zu verlagern. Wägen Sie die Vor- und Nachteile ab. Keinesfalls sollten Sie die extreme Dehnungshaltung ausschließlich, zu lange oder über Monate verlangen. Die Nachteile festigen sich dabei massiv. Nachdem Ihr Pferd die Dehnungshaltung im Galopp einnehmen kann, flexionieren Sie es in Innen- und Außenstellung.

**Außengalopp** Eine hilfreiche Übung, ein Pferd im Galopp zu gymnastizieren, ist der Außengalopp in Dehnung. Natürlich sollten Sie erst in den Außengalopp gehen, wenn Ihr Pferd sicher im Handgalopp, also Innengalopp, geht.

Lassen Sie Ihr Pferd im Innengalopp anspringen und es eine Runde auf dem Zirkel galoppieren. Wechseln Sie dann über die Mittellinie zum halben Bahnpunkt und galoppieren weiter, so dass es auf der neuen Hand im Außengalopp geht. Dieser Wechsel in einer Kehrtvolte stellt sicher, dass ein Teil der langen Seite genutzt werden kann, die erste Ecke der nächsten kurzen Seite nicht geschnitten wird und Ihr Pferd durch die enge Wendung nicht veranlasst wird, von selbst umzuspringen. Durchreiten Sie die kurze Seite und wenden Sie wieder auf die Diagonale ab, um in den Handgalopp zurückzukommen.

Ich möchte die Anforderung „Außengalopp" möglichst kurz halten – entsprechend der Strategie der Ermutigung. Am Ende der Kehrtvolte stellen Sie das Pferd in die Gegenstellung zum Galopp, das heißt wenn es den Hufschlag erreicht, geht es Außengalopp, und der Hals ist in die Bahnmitte gebogen. Das äußere Beinpaar läuft im Vergleich zum inneren auf dem größeren Kreis. Wenn das Pferd jetzt in die Gegenrichtung gestellt wird, dann entsteht eine sehr effektive Dehnungsanforderung. Sie flexionieren Ihr Pferd nach links, wenn Sie sich auf der linken Hand befinden, bis es in die Dehnung strebt. Sollte sich das Pferd tiefer als das Buggelenk dehnen wollen, dürfen Sie das gelegentlich zulassen. Im Handgalopp ist das wie erwähnt nicht anzustreben, weil Ihr Pferd unnötig auf die Vorhand fällt. Diese Verlaufsform habe ich von Philippe Karl übernommen, der dafür viele gute Gründe darlegt. Er begründet schlüssig, warum es unsinnig ist, ein Pferd im Kontergalopp nach außen zu stellen, da durch die Außenstellung die Schulter des Pferdes unnötig blockiert wird.

Wenn das Pferd dem halben Bogen im Außengalopp gewachsen ist, dann sollten Sie das Pferd auf dem Zirkel im Außengalopp mit Konterstellung des Kopfes nach innen arbeiten.

**Außengalopp:**
**Das Besondere daran ist, dass das Pferd in das Innere der Bahn gebogen ist, um die äußere Schulter freizugeben.**

**Außengalopp**
**in erster Dressurhaltung:**
**Auch hier bleibt das Pferd nach innen gebogen.**

Lipizzaner-Wallach Siglavy
Capriola XIV-33, genannt Kapros

> **Verlauf des Trainings**

Sämtliche Übungen, die bisher beschrieben wurden, sind gymnastizierende und lösende Übungen für die Aufwärmphase. Sie sollten Ihr Pferd von nun an nicht mehr einfach am hingegebenen Zügel ohne jeglichen Inhalt reiten, sondern von Anfang an in Dehnung oder an der Vermittlung der Dehnung arbeiten. Sie schulen Ihr Pferd in allen drei Gangarten in erster Dressurhaltung im Schritt, Trab und Galopp, in Innen- und Außenstellung zu gehen. Wenn es erforderlich ist, auch in extrem tiefer Dehnungshaltung im Stand, im Schritt und eingeschränkt auch im Trab und Galopp.

Wenn Sie sich bitte vor Augen führen, wie Ihr Pferd früher gelaufen ist und was Sie sich nun Schritt für Schritt erarbeitet haben, wie z.B. dass Sie heute Ihr Pferd nicht nur in Erster Dressurhaltung reiten können, sondern diese auch durch Einwirkung bewusst abrufen können, und wenn Sie darüber hinaus beobachten, mit wie viel Freude und Begeisterung Ihr Pferd bei der Sache ist, dann ist es Zeit, dass Sie mächtig stolz auf sich sind und ich gratuliere Ihnen herzlich. Feiern Sie sich, denn Sie haben viele geduldige, beharrliche Trainingsstunden hinter sich.

## > Trainingszettel: 10 Minuten Reiten für Einsteiger

- Halt, anreiten
- übliche Arbeit im Schritt und Trab
- linke Hand einen Zirkel Trab in Außenstellung
- im Trab durch den Zirkel wechseln
- rechte Hand, einen Zirkel Trab in Außenstellung
- im Trab durch den Zirkel wechseln
- Zirkel in Außenstellung, zu Beginn der geschlossenen Seite angaloppieren
- halber Zirkel Galopp
- in einer Volte Tempo reduzieren zum Trab
- Außenstellung, Zirkel, erneut angaloppieren
- halber Zirkel Galopp
- in einer Volte Tempo reduzieren zum Trab
- durch den Zirkel wechseln
- 1. rechte Hand Zirkel, angaloppieren in Außenstellung
- 2. halber Zirkel Galopp
- 3. in einer Volte Tempo reduzieren zum Trab
- Wiederholung 1. - 3.
- Halten, loben, Futter, freuen, hurra!

## > Trainingszettel: 10 Minuten Reiten für Fortgeschrittene

Fortgeschrittene Reiter können den vorherigen Verlauf übernehmen, verlängern nur die Galoppphasen von einer halben auf zwei bis vier Zirkelrunden und ergänzen den Trainingsverlauf um den Außengalopp.

- ganze Bahn Galopp linker Hand
- 1. Wechsel durch die ganze Bahn, Außengalopp
- 2. Wechsel durch die ganze Bahn, Innengalopp
- 3. Wechsel durch die ganze Bahn, Außengalopp
- 4. Wechsel durch die ganze Bahn, Temporeduzierung zum Trab und Schritt
- Pause am hingegebenen Zügel
- Zügel wieder aufnehmen, Handwechsel
- rechte Hand Zirkel, Galopp
- ganze Bahn, Wiederholung 1. bis 4. rechter Hand
- Ende des Trainings am hingegebenen Zügel
- Halten, loben, Futter, freuen, hurra!

**Der Shagya-Araberwallach Nemes**

## > Trainingszettel:
## 10 Minuten Reiten für Fortgeschrittene

Zunächst ist der Ablauf gleich wie auf dem vorherigen Trainingszettel von S. 201.
- linke Hand Zirkel, Galopp
- Wechsel durch die ganze Bahn, Außengalopp
- Zirkel
- Handwechsel
- Pause am hingegebenen Zügel
- Handwechsel auf die rechte Hand
- Zirkel, Galopp
- Wechsel durch die ganze Bahn
- Zirkel, Außengalopp
- Handwechsel
- Tempo reduzieren zum Trab und Schritt
- Ende des Trainings am hingegebenen Zügel
- Halten, loben, freuen, hurra!

## > Schulterherein

Die zuletzt beschriebene Übung ist das Schulterherein. Falls das Pferd beim Biegen bzw. Flexionieren nach innen fällt, kann es mit Hilfe des Schulterherein den seitwärts weichenden Schenkel besser verstehen und bleibt somit auf der Linie oder kann auf diese herausgewiesen werden.

Das Schulterherein wird im klassischen Reiten sowohl unter lösendem wie versammelndem Aspekt gearbeitet. Der lösende Effekt tritt vor allen Dingen durch die Dehnungshaltung und durch das sinnvoll gewählte ruhige Tempo in Erscheinung.

Man erarbeitet dabei das Schulterherein auf dem Zirkel oder in der Volte. Auf der geraden Linie beabsichtigt man die versammelnde Tendenz. Das Schulterherein bzw. Konterschulterherein unterscheiden sich vom Schenkelweichen dadurch, dass das Pferd bei Letzterem lediglich im Genick gestellt ist, während es im Schulterherein in der Längsachse gebogen ist. Ich möchte die Lektionen der Seitengänge hier nicht weiter vertiefen. Meine Lehrmeister Claus Penquitt, Richard Hinrichs und Philippe Karl haben das per excellence in ihren Büchern getan, auf die ich hier verweisen möchte (Näheres siehe Serviceteil).

Die Seitengänge werden dem Pferd wie an der Hand über Verlaufsformen vermittelt. Durch die Vorbereitung an der Hand hat das Pferd schon die grundsätzliche Idee der Bewegung verstanden, aber unter dem Reiter kommen jetzt die Signale mit

**Schulterherein auf gerader Linie**

Schenkel und Gewicht hinzu. Bitte lesen Sie auch die S. 144 bis 156 über das Schulterherein an der Hand und Schenkel- und Gewichtshilfen S. 170 und S. 173.

**Sitz und Gewichtshilfen im Seitengang** Der Sitz des Reiters soll generell ausbalanciert und ruhig sein. Neutral zu sitzen heißt, mit den Bewegungen mitzugehen und beide Hüften gleichmäßig zu belasten. Wenn das Pferd wendet, passen sich Schulter und Becken des Reiters der Schulterverschiebung des Pferdes an. Wendet das Pferd nach rechts, geht die rechte Schulter und rechte Hüfte des Reiters zurück, und das Gewicht verlagert sich auf den rechten Sitzbeinhöcker.

Möchten Sie Ihr Pferd durch Gewichtsverlagerung deutlicher in eine bestimmte Richtung führen, dann bringen Sie mehr Gewicht in die Richtung, in die Sie reiten wollen. Das Pferd ist bestrebt, die Gewichtsverlagerung auszugleichen, und wird seinen Körper in Richtung des vermehrten Gewichts bringen. Für die Seitengänge heißt das, dass das Gewicht stets in die Bewegungsrichtung verlagert wird.

- Abwenden in Volten, Kehrtvolten und Zirkel: Gewicht nach innen
- Konterschulterherein und Schulterherein: Gewicht nach außen
- Konterschulterherein linke Hand, das Pferd weicht dem rechten Schenkel: Gewicht nach links
- Schulterherein linke Hand, das Pferd weicht dem linken Schenkel: Gewicht nach rechts
- Schulterherein linke Hand auf dem Zirkel: Gewicht nach links.

Bei den Seitengängen sitzen Sie neutral, wenn Ihr Pferd gut geht. Sie sitzen in die Bewegungsrichtung, wenn das Pferd zögert, und entgegengesetzt der Bewegungsrichtung, wenn das Pferd eilt. Das heißt, die Gewichtsverlagerung kommuniziert die Richtung, aber auch das Tempo.

## Sitz und Gewichtshilfen im Seitengang

*Vorhandwendung* Die erste Lektion ist das Weichen der Hinterhand mittels einer Vorhandwendung (siehe S.148). Es kommt hier nicht darauf an, dass das Pferd eine korrekte Vorhandwendung durchführt, sondern es soll den Grundgedanken des Weichens mit der Hinterhand erfassen. Diese Übung wiederholen Sie zwei-, dreimal an verschiedenen Stellen. Beginnen Sie mit der leichten,

---

**Kurz gesagt**

**Was?**
Konterschulterherein/ Schulterherein

**Warum?**
Lösende und versammelnde Übung

**Womit?**
Trense, Sattel, Gerte

**Wie?**
Inneren Zügel öffnen, äußeren an den Hals legen, innerer Schenkel treibt, äußerer verwahrt, mit Gerte eventuell rechts an der Flanke touchieren, Abstellung bis 45°.

hohl gebogenen Seite des Pferdes. Lassen Sie es wie üblich nur wenige Tritte weichen und loben Sie dann. Erst allmählich soll das Pferd fließend 180° weichen. Achten Sie darauf, dass das Pferd in der Vorhand abfußt. Ein Kleben am Boden und Drehen um das ganze Bein geht unnötig auf die Gelenke.

*Konterschulterherein* Konterschulterherein vereinfacht Ihnen das Schulterherein durch die Führung der Bande. Sie wenden Ihr Pferd mittels Körperdrehung, Gewichts- und Schenkelhilfen sowie klarer Zügelführung zur Bande.

Konterschulterherein auf der rechten Hand, das Pferd weicht dem linken Schenkel:

Reiten Sie auf dem zweiten Hufschlag, wenden Sie Ihr Pferd für einen Schritt zur Bande nach links. Jetzt setzen Sie sich nach außen, der linke Schenkel liegt seitwärts treibend, der rechte Schenkel verwahrend hinter dem Gurt.

Der äußere Zügel ist leicht erhöht, da er die Richtung angeben soll – er wird geöffnet, wenn das Pferd zögert. Der innere Zügel ist so weit verkürzt, dass er die Biegung entgegen der Bewegungsrichtung herstellt.

Der häufigste Sitzfehler ist das Einknicken in der Hüfte und damit das Senken einer Schulter sowie das Nach-vorne-Legen des Oberkörpers. Sorgen Sie dafür, dass Ihr Pferd ausführt, was es tun soll – erst dann konzentrieren Sie sich auf sich und korrigieren Ihren Sitz. Der geübte Reiter soll beides zusammen beherrschen: die Kommunikation mit dem Pferd, die Einhaltung des korrekten Sitzes sowie korrekte Hilfen. Das ist nicht einfach, machen Sie Kompromisse: Konzentrieren Sie sich auf das Pferd, dann auf sich, dann wieder auf das Pferd usw. Je besser der eine wird, desto besser wird auch der andere. Versteht und gehorcht das Pferd, lässt es Sie besser sitzen, und es kann darüber die Übung verständiger ausführen. Aber zunächst einmal müssen Sie wissen, worum es geht.

Versteht Ihr Pferd Sie nicht, arbeiten Sie nochmals an der Hand oder lassen Sie das Pferd nur im Genick gestellt (im Schenkelweichen) weichen.

**Konterschulterherein auf gerader Linie**

## Situationen und Korrektur

*Das Pferd fällt in die Bahn*  Der äußere, eigentlich verwahrende Schenkel treibt vorwärts in Richtung Bande, der äußere Zügel wird an den Pferdehals gelegt. Verlagern Sie das Gewicht nach links, also nach innen.

*Das Pferd stellt sich zu hoch ab*  Das ist die übliche Reaktion auf der steifen Seite. Lassen Sie das Pferd nur wenige Tritte seitwärts und dann wieder gerade gerichtet gehen. Dieser häufige Wechsel verbessert die Übung.

### Schulterherein auf gebogenen Linien

Zuerst wird das Schulterherein auf dem Zirkel oder in der Volte erarbeitet. Die Hilfengebung ist vergleichbar den schon erwähnten Situationen im Konterschulterherein. Sollte das Pferd sich träge zeigen, dann verlangen Sie ausdrücklichen Gehorsam durch eine hohe Abstellung auf vier Trittlinien von 45° oder mehr. Gehen Sie allmählich zu den gewünschten vier Trittlinien von 45° über, wobei die beiden mittleren Linien sehr dicht beieinander liegen. Da sich die Abstellungsverhältnisse auf der gebogenen Linie schon nach jedem zweiten Tritt verändern würden, müssen Sie die Hinterhand regelmäßig zum Weichen auffordern. Das Schulterherein auf gebogenen Linien ist von hohem gymnastizierenden Wert und daher eine große Anforderung. Allerdings verschiebt sich der Schwerpunkt des Pferdes auf die Vorhand, was wiederum das Kreuzen und Untertreten der Hinterhand erleichtert, aber nicht bei Pferden häufig eingesetzt werden sollte, die ohnehin auf die Vorhand fallen. Dort dient diese Übung eher zur Erarbeitung des Gehorsams, denn das Pferd kann sich dieser Übung nicht gut entziehen, da es abwenden muss.

Wenn Sie also mit dem äußeren Zügel angelegt an den Pferdehals die Schulter deutlich bremsen, sorgt das in Verbindung mit Ihrer Körperdrehung und dem Gewicht nach innen für die Abstellung, während die Gerte mit Nachdruck für das Weichen der Hinterhand sorgt. Bleiben Sie „leger" sitzen. Ihre Schenkelhilfen werden dafür sorgen, dass die Übung gelingt.

Entspannen Sie vor allen Dingen den inneren Schenkel, geben nur einmalig ein Zeichen zum Weichen und verschaffen Sie diesem Zeichen Nachdruck mit der Gerte. Die Gerte ist zu bevorzugen, da die korrekte Schenkellage gewahrt bleibt und Sie den Körperteil des Pferdes treffen, den Sie beeinflussen wollen.

Betonen Sie die abstellungsweisenden Signale, wenn das Pferd über die äußere Schulter fällt. Betonen Sie die herausweisen-

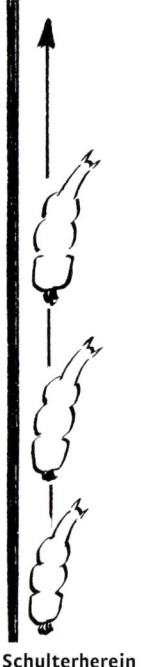

**Schulterherein auf der rechten Hand**

**Konterschulterherein auf der rechten Hand**

den Signale, wenn das Pferd in den Kreis hineinstrebt. Das sind: geöffnete hohe Zügelführung außen, angelegte Zügelführung innen, Gewicht nach außen, innerer Schenkel treibt am Gurt, Sie drehen sich in der Tendenz gerade oder wenig nach außen. Weicht das Pferd korrekt, dann reduzieren Sie alle Signale auf die begleitende neutrale Position. Entsprechend des Kreislaufs der Kommandos sorgen Sie für das Verstehen an der Hand, dann für den Gehorsam und die korrekte Abstellung und danach geben Sie, während Sie in der Lektion sind, das Zeichen zur Dehnung: Sie verstärken den Druck in den Maulwinkeln und nehmen beide Hände hoch und vor, je nach Verhalten Ihres Pferdes mit breiter, geöffneter oder angelegter Zügelführung und senken Sie ab, wenn Ihr Pferd korrekt geht.

> ## Trainingszettel: 5 Minuten Reiten im Schulterherein für Einsteiger
> - rechte Hand, antreten im Schritt, ganze Bahn, vier Volten
> - auf der kurzen Seite das Pferd im Hals gerade richten und umstellen
> - zweite Ecke der kurzen Seite Konterschulterherein
> - lange Seite Konterschulterherein
> - auf der kurzen Seite das Pferd im Hals gerade richten und umstellen
> - zweite Ecke der kurzen Seite eine Volte
> - lange Seite Schulterherein
> - vom Hufschlag aus über die Diagonale des Viereck vergrößern
> - gleicher Ablauf auf der anderen Hand
> - das Pferd in die extreme Dehnung auffordern, den Zügel hingeben, loben, Freude, hurra!

**Schulterherein auf geraden Linien** Als letztes Ziel reiten wir das Schulterherein auf der geraden Linie. Es gelten alle Erklärungen wie beim Konterschulterherein bzw. Schulterherein auf dem Zirkel. Die Schulter wird in die Bahn gewendet. Der erste Schritt gleicht dem Abwenden in eine Volte. Dann setzen die Hilfen zum Seitwärtstreten ein. Tritt das Pferd vor, setzten Sie die nach außen weisenden Signale ein. Tritt das Pferd zu langsam, setzen Sie sich deutlich nach außen. Eilt das Pferd, setzen Sie sich nach innen. Ist die Abstellung zu hoch, öffnende Zügelführung außen, ist die Abstellung zu flach, führen Sie die äußere Schulter mit dem angelegten äußeren Zügel in die Bahn.

Fängt sich das Pferd und setzt die Lektion wie gewünscht fort, dann lassen Sie es einige Tritte gehen und loben es. Verliert das Pferd an Bewegungsfluss, dann frischen Sie das Tempo in einer Volte auf und lassen es nur kurze Reprisen im Schulterherein gehen.

Fällt das Pferd nach innen, ignorieren Sie das gelassen, tun Sie so, als wenn es Ihre Idee gewesen wäre, in eine Volte abzuwenden. Nutzen Sie die Zeit, sich zu sammeln und den Neubeginn zu überlegen. Eventuell gehen Sie in eine zweite Volte, wenn Sie weitere Vorbereitung benötigen. Dann setzen Sie das Schulterherein aus der Volte heraus neu an mit deutlicher Signalgebung nach außen.

Die Vorhand wird zum Hufschlag zurück geführt. Dazu wenden Sie sich mit dem Körper in die Richtung, in die das Pferd gehen soll, eventuell setzen Sie das Gewicht nach außen, öffnen außen die Zügelführung oder heben die Hand, legen den inneren Zügel gegen den Hals, lösen den Kontakt des äußeren Schenkels. Fordern Sie das Pferd in die extreme Dehnung auf und lassen Sie es am hingegebenen Zügel eine Pause machen.

**Konterschulterherein auf gerader Linie**

Entsprechend dem Kreislauf der Kommandos muss das Pferd erst verstehen, dann bezüglich des Weichens und der Abstellung gehorchen, dann dehnen. Das Kapitel Schulterherein bekommt durch das Flexionieren eine erhebliche Bedeutung, bezogen auf die steife Seite. Wenn Sie es auf der steifen Hand, auf der es in der Regel fällt, flexionieren, tendiert das Pferd, in eine Volte auszuweichen. Manchmal wird die Volte so klein, dass sich das Pferd um sich selbst dreht. Das ist eine Situation, der durch das Weichen abgeholfen werden kann. Die Reihenfolge der zu wählenden Schritte ist dann zunächst Arbeit an der Hand im Konterschulterherein, Schulterherein auf dem Zirkel und dann Schulterherein. Wenn das in vielen Trainingseinheiten gelingt, arbeiten Sie diese Lektion unter dem Sattel und können danach mit Erfolg das Pferd auf der steifen Hand flexionieren, ohne dass es nach innen fällt, da Sie in diesem Moment das Weichen kommunizieren und das Pferd das verstehen und ausführen kann. Wenn Sie das Weichen weniger stark kommunizieren, heißt das, dass Sie mit dem inneren Bein durchkommen und das Pferd wenigstens die Linie hält, statt in die Volte zu fallen. Hat das Pferd das Verständnis für das Weichen und respektiert es den inneren Schenkel, gelingen alle Wendungen deutlich besser, da sich das Pferd nun um den inneren Schenkel biegt, ihm einen Hauch weicht und Sie mit dem Schenkel durchkommen. Das beutetet wiederum, dass Sie gleichzeitig mit den anderen Übungen Schulterherein erarbeiten sollten, da Wendungen und Dehnungen Ihr Thema sind. Sie sind im ersten Ausbildungsjahr! Ich gratuliere Ihnen zu Ihrem Erfolg!

## > Nützliche Adressen

Bea Borelle / Philippe Karl
Ferme Fortia
26510 Montréal-Les-Sources
Frankreich

Vereinigung der Freizeitreiter
in Deutschland e.V. (VFD)
Am Bauernwald 5b
81739 München
Tel. 0171-4201521
Fax 089-60608123
e-mail: bundesvorstand@vfdnet.de
Internet: www.vfdnet.de

Deutsche Reiterliche Vereinigung (FN)
Freiherr-von-Langen-Str. 13
48231 Warendorf
Tel. 02581-63620
Fax 02581-62144
e-mail: fn@fn-dokr.de
Internet: www.pferd-aktuell.de

Bundesfachverband für Reiten
und Fahren in Österreich (BFV)
Geiselbergstr. 26-35/512
A – 110 Wien
Tel. 01-7499261
Fax 01-7499261/91 oder 90
e-mail: office@fena.at
Internet: www.fena.at

FS Reit-Zentrum Reken
Frankenstr. 37
48734 Reken
Tel. 02864-2434
Fax 02864-5860
e-mail: fs.reitzentrum@t-online.de
Internet: www.fs-reitzentrum.de

Schweizerischer Verband
für Pferdesport (SVPS)
Papiermühlestr. 40 H
Postfach 726
CH – 3000 Bern 22
Tel. 031-335 43 43
Fax 031-335 43 58
e-mail: info@svps-fsse.ch
Internet: www.svps-fsse.ch

TTEAM Deutschland
Bibi Degn
Hassel 4
57589 Pracht
Tel. 02682-88 86
Fax 02682-66 83
e-mail: bibi@TTEAM.de

TTEAM Österreich
Ruth & Martin Lasser
Anningerstr. 18
A – 2353 Guntramsdorf
Tel. 02236-47 000
Fax 02236-47 070
e-mail: tteam.office@aon.at

TTEAM Schweiz
Doris Süess-Schröttle
Mascot Ausbildungszentrum AG
CH – 8566 Neuwilen
Tel. 071-69 91 825
Fax 071-69 91 827
e-mail: learn@mascot-ausbildung.ch

## › Zum Weiterlesen

Binder, Sibylle / Kärcher, Gabriele:
**Horse Feelings;** Die Welt der Pferde – frei, geheimnisvoll, faszinierend, Stuttgart 2001

Eicher, Sigrid / Weiland, Elisabeth:
**Fredy Knie;** Die sanfte Art mit Pferden umzugehen, Stuttgart 1994

GaWaNi Pony Boy:
**Horse, Follow Closely;** Indianisches Pferdetraining – Gedanken und Übungen, Stuttgart 1999

Hinrichs, Richard:
**Pferde schulen an der Hand;** Wege zum Lösen und Versammeln, Stuttgart 1999

Karl, Philippe:
**Reitkunst;** Klassische Dressur bis zur hohen Schule, München 2000

Karl, Philippe:
**Hohe Schule mit der Doppellonge**, München 2002

Krämer, Monika:
**Pferde erfolgreich motivieren;** Das 8-Punkte Programm, Stuttgart 1998

Kreinberg, Peter:
**Horsemanship Training;** Grundausbildung für Western- und Freizeitpferde, Stuttgart 2001

Penquitt, Claus:
**Die neue Freizeitreiter-Akademie;** Reiten nach altklassischen, altkalifornischen und iberischen Vorbildern, Stuttgart 2001

Penquitt, Nathalie:
**Nathalie Penquitts Pferdeschule;** Zauber der Verständigung, Stuttgart 1996

Penquitt, Nathalie:
**Erste Schritte unter dem Sattel;** Junge Pferde selber ausbilden, Stuttgart 1999

Schwaiger, Susanne E.:
**Persönlichkeitstraining mit Pferden;** Das Praxisbuch, Stuttgart 2001

Tellington-Jones, Linda:
**TTouch und TTeam für Pferde;** Das Praxisbuch, Stuttgart 2002

Tellington-Jones, Linda:
**Die Persönlichkeit Ihres Pferdes;** Die Kunst, Charakter und Temperament Ihres Pferdes zu bestimmen und positiv zu beeinflussen, Stuttgart 1995

Tellington-Jones, Linda:
**Die Linda Tellington-Jones Reitschule;** Mehr Spaß und Erfolg mit TTEam und TTouch, Stuttgart 1996

## › Empfehlenswerte Videos

GaWaNi Pony Boy:
**Horse, Follow Closely**, Indianisches Pferdetraining in 14 Übungen, Stuttgart 2001

Hinrichs, Richard:
**Reiten mit feinen Hilfen**, Stuttgart 2000

Kreinberg, Peter:
**Horsemanship Training;** Grundausbildung für Western- und Freizeitpferde, Stuttgart 2001

Penquitt, Claus:
**Die Freizeitreiter-Akademie** Teil 1–3, Stuttgart 1994, 1995, 1996

Tellington-Jones, Linda:
**Die Persönlichkeit Ihres Pferdes**, Stuttgart 2000

Tellington-Jones, Linda:
**Reiten nach der TTEAM-Methode**, Stuttgart 1999

# REGISTER

**A**bstände 112
Abzäumen 60
Alltäglicher Umgang 50, 55
Analysefähigkeit 44
Angaloppieren 196
Anhalten 76, 80, 82, 89, 139
Anlegen der Führleine 57
  des Seilhalfters 120
Antreten im Schritt 138
Arbeit an der Hand 122, 124, 138
Aufnehmen der Führleine 81
Auftrensen vom Boden 61
Aufzäumen 60
Aus Verstehen lernen 15
Ausbilder 14
Ausrüstung 123
Außengalopp 199
Autodidaktisches Training 44

**B**alancieren 110
Basisführposition 81
Basisübungen 64
Baucher, Francois 127
Baucher'sche Zügelführung 123
Bauchheben beim Satteln 63
Beckenkippen 52
Befähigen 26
Begeistert steigern 20
Bergziege 54, 108
Beschleunigen 139
Bewusst handeln 15, 20
Biegeübung 114
Biegung 169
Bodenbeschaffenheit 43
Brett 108

**C**apriole 20
Cavaletti 111

**D**ehnen 158
Dehnen an der Hand 123
  auf dem Zirkel 182
  im Galopp 198
  im Schritt 179
  im Trab 89
  in Bewegung 138
  in Volten 182
  über das Zügelsignal 166
  vom Sattel aus 174
Dehnung 124 f., 136
Dehnungshaltung
  58, 118, 133, 137, 161
Dehnungshaltung auf dem Zirkel 93
  in Volten 93
Dehnungsübung 114, 179
Drahtseilakt 110

**E**infache Schlangenlinie 88
Entspannung 49, 163
Entwicklung der Distanz 86
Erste Dressurhaltung
  125, 133, 159, 162, 164, 180
Extreme Dehnung 124, 180
Extreme Dehnungshaltung 129

**F**igur der Acht 95, 183
Flexionieren 126, 141, 167, 169
  im Stand 175
  über das Zügelsignal 166
  wie beim Reiten 132
Flexionierung vom Sattel 168
Fluchttier 163
Folgen lassen 65
Freude 4, 49
Freunde 43
Freundschafts-Ttouches 49
Führen 65, 70
  von links und rechts 74
Führleine 57
Führposition der Distanz 85
  der Entspannung 71
  der Konzentration 90
  des energischen Vorwärts 79
Führtraining 64

Führtraining mit Hindernissen 103
Futterlob 32
Fütterung 34
Fütterungszeitpunkt 34

**G**alopp 194
Gertendisziplin 72
Gertenhaltung 145
Gertensignale 89
Gertentechnik 145
Gewichtshilfen 170, 173
  im Seitengang 203
Gleichgewichtsgefühl 109

**H**alftern 56
Handlob 32
Handwechsel 93, 183, 185
Hankenbeugung 187
Hinterhandwendung 97
Hohe Leistung 37
Hohle Seite 154

**I**ndividualität des Pferdes 47

**K**auen 126
Klarheit 41
Kommandos 24, 161
Kommunikation 23, 69
Kommunikative
  Arbeitsatmosphäre 20
Kompetenz 65
Kompliment 43
Konditionierung 35
Konsequenz 41
Kontakt zur Hand 134, 176
Konterschulterherein 99, 149, 203
Konterschulterherein
  auf der Diagonalen 150
Konzentration 44
Konzept der kleinen Schritte 185
Kopfsenken 58
Körperarbeit 52
Kruppe 51

**L**abyrinth im Rückwärtsgang 78
Loben 24, 27, 33
Lockern 158
Lösen 158
Lösen an der Hand 123

**M**aul-TTouch 50
Mobilität des Unterkiefers 181
**N**achgeben im Unterkiefer 126, 166

**O**hren-TTouch 49
Operationalisierende
 Konditionierung 35
Optische Hilfsmittel 93

**P**osition zum Pferd 90
Positionierung des Pferdekopfes 152
Positive Konditionierung 17
Putzplatz 105

**Q**ualität des Ausbilders 42

**R**angstellung 91
Reifen im Stangengang 116
Reifenhindernis 116
Reiten in Dehnungshaltung 165
Rückenheben 52
Rückwärts
 auf gebogenen Linien 188
Rückwärtsrichten 186
Rückwärtstreten 76, 80, 85, 90, 140
Rückwärts-Varianten 78

**S**atteln 62
Schenkelhilfen 170
Schenkeltrense 123
Schlangenlinie 88, 186
Schlangenlinien
 durch die ganze Bahn 92
Schulterherein 99, 133, 147, 202
 an der Hand 143
 auf gebogenen Linien 205
 auf geraden Linien 206
 ganze Bahn 150
Schulterlösen 53
Seitengänge 144
Showtricks 120
Situationen und Korrektur
 bei der Extremen
 Dehnungshaltung 130
 bei der Führposition der Distanz 88
 bei der Hinterhandwendung 98
 bei der Vorhandwendung 96
 bei der Zügelführung 176
 bei Kontakt zur Hand 135
 beim Anhalten 84
 beim Flexionieren 143
 beim Galoppieren 196
 beim Rückwärtsrichten 187
 beim Rückwärtstreten 77
 beim Schulterherein 154, 205
 beim Traben 192
 der Führposition
 der Konzentration 91
 in der Basisführposition 82
Sitz im Seitengang 203
Spanischer Schritt 17
Spannung 163
Spielidee 54, 61, 120
Stangen 111, 112
Stangenviereck 104
Statue 104
Stehen 74
Steife Seite 154
Stellung 169
Stern 114
Stimmkommandos 69
Stimmliches Lob 26

Stress 24
Suggestion 30

**T**empo 179
Tonnengang mit Seilhalfter
 und frei 120
Touchieren der Beine 117
Traben 91
Traben in Dehnung 190
Trabverstärkung 191
Trainieren 103
Trainingsverlauf 200
Trainingszeit 39
Trainingszettel 45, 101, 156, 201, 207
TTouch
 Bauchheben mit Handtuch 62
 Lecken der Kuhzunge 62

**Ü**bung mit Eimern 115
Übung mit Reifen 117
Übungen mit Tonnen 119
Unruhe am Putzplatz 105

**V**erknüpfung von Bekanntem
 mit Neuem 142
Versammelter Galopp 194
Vielseitigkeit 46
Volten 93
Vor dem Pferd stehend 58
Vorhandwendung 95, 148
Vorwärts 75, 79, 81, 89, 90
Vorwärts gehen 139

**W**arten 74
Wechsel der Gangarten 92
Weichen auf dem Zirkel 148
Weichen lassen 65
Wiege 108

**Z**irkel 94
Zügel, äußerer 148
Zügel, innerer 148
Zügelhaltung 145
Zügelhilfen 170, 173
Zügeltechnik 145

**KOSMOS**

## Erlebnis Pferde

# Das neue Praxisbuch

Dieses Praxisbuch ist genau das Richtige für Pferdefreunde, die das Beste für ihre Schützlinge möchten: detaillierte Schritt-für-Schritt-Anleitungen machen es leicht, Linda Tellington-Jones' berühmte TTouches und die TTeam-Bodenarbeit zu erlernen.

- Für eine harmonische Mensch-Pferd-Beziehung
- Gymnastiziert, lockert und entspannt

Linda Tellington-Jones
**TTouch und TTeam für Pferde**

64 Seiten
146 Abbildungen
gebunden

ISBN 3-440-08957-6

www.kosmos.de

# PFERD & REITER
### Internationale Reiterreisen

**Erproben Sie Ihr Wissen aus diesem Buch in der Praxis:**

**In einem Reiterurlaub kommen Sie in sehr engen Kontakt zu „ihrem" Pferd. Unterricht/Kurse, Gestütsaufenthalte, Sternritte, Trails/Reittouren in Deutschland und weltweit.**

*Enger Kontakt zum Pferd*

Internet:
http://www.pferdreiter.de

E-Mail:
pferde@pferdreiter.de

Rader Weg 30 a,
D-22889-Tangstedt

Tel. 0 40 - 607 669-19
Fax 0 40 - 607 669-31

## Impressum

Umschlag von eStudio Calamar unter Verwendung von fünf Farbfotos
von Christiane Slawik, Würzburg.
Mit 288 Farbfotos und 7 Illustrationen.

> Alle Angaben und Methoden in diesem Buch sind sorgfältig erwogen und geprüft. Sorgfalt bei der Umsetzung ist indes doch geboten. Verlag und Autorin übernehmen keinerlei Haftung für Personen-, Sach- oder Vermögensschäden, die im Zusammenhang mit der Anwendung und Umsetzung entstehen könnten.

Die Deutsche Bibliothek – CIP-Einheitsaufnahme
Ein Titelsatz für diese Publikation ist bei der Deutschen Bibliothek erhältlich

Informationen senden wir Ihnen gerne zu
Bücher · Kalender · Spiele · Experimentierkästen · CDs · Videos · Seminare
Natur · Garten & Zimmerpflanzen · Heimtiere · Pferde & Reiten · Astronomie ·
Angeln & Jagd · Eisenbahn & Nutzfahrzeuge · Kinder & Jugend

**KOSMOS** Postfach 10 60 11
D-70049 Stuttgart
TELEFON +49 (0)711-2191-0
FAX +49 (0)711-2191-422
WEB www.kosmos.de
E-MAIL info@kosmos.de

Gedruckt auf chlorfrei gebleichtem Papier

© 2002, Franckh-Kosmos Verlags-GmbH & Co., Stuttgart
Alle Rechte vorbehalten
ISBN 3-440-08903-7
Projektleitung: Alexandra Haungs
Textlektorat: Sigrid Eicher
Gestaltungskonzept & Satz: eStudio Calamar
Produktion: Kirsten Raue, Markus Schärtlein
Reproduktion: Repro Schmid, Stuttgart
Printed in Italy / Imprimé en Italie
Druck und Bindung: Printer Trento s.r.l., Trento

## Bildnachweis

Illustrationen: Philippe Karl (S. 7, 66, 159, 162, 206), Cornelia Koller (S. 183, 186)
Das Foto auf S. 11 stammt aus Bea Borelles Privatarchiv.
Alle Farbfotos sind von Christiane Slawik, Würzburg.